Tucholsky Wagner Zola Scott Sydow Freud Schlegel
Turgenev Wallace Fonatne
Twain Walther von der Vogelweide Fouqué Friedrich II. von Preußen
Weber Freiligrath Frey
Fechner Fichte Weiße Rose von Fallersleben Kant Ernst Frommel
Richthofen
Engels Fielding Hölderlin Dumas
Fehrs Faber Flaubert Eichendorff Tacitus
Eliasberg Ebner Eschenbach
Feuerbach Maximilian I. von Habsburg Fock Zweig
Ewald Eliot Vergil
Goethe London
Mendelssohn Balzac Shakespeare Elisabeth von Österreich
Dostojewski Ganghofer
Trackl Stevenson Lichtenberg Rathenau Doyle Gjellerup
Mommsen Tolstoi Hambruch
Thoma Lenz Hanrieder Droste-Hülshoff
Dach Verne von Arnim Hägele Hauff Humboldt
Reuter Hagen Hauptmann Gautier
Karrillon Garschin Rousseau
Damaschke Defoe Hebbel Baudelaire
Descartes
Wolfram von Eschenbach Schopenhauer Hegel Kussmaul Herder
Bronner Darwin Dickens Rilke George
Melville Grimm Jerome Bebel
Campe Horváth Aristoteles Proust
Bismarck Vigny Barlach Voltaire Federer Herodot
Gengenbach Heine
Storm Casanova Tersteegen Grillparzer Georgy
Chamberlain Lessing Langbein Gilm
Brentano Gryphius
Strachwitz Claudius Schiller Lafontaine
Bellamy Schilling Kralik Iffland Sokrates
Katharina II. von Rußland Gerstäcker Raabe Gibbon Tschechow
Löns Hesse Hoffmann Gogol Wilde Gleim Vulpius
Luther Heym Hofmannsthal Klee Hölty Morgenstern
Roth Heyse Klopstock Kleist Goedicke
Luxemburg Puschkin Homer Mörike Musil
Machiavelli La Roche Horaz
Kierkegaard Kraft Kraus
Navarra Aurel Musset Lamprecht Kind Moltke
Nestroy Marie de France Kirchhoff Hugo
Laotse Ipsen Liebknecht
Nietzsche Nansen Ringelnatz
Marx Lassalle Gorki Klett Leibniz
von Ossietzky May vom Stein Lawrence Irving
Petalozzi Knigge
Platon Pückler Michelangelo Kock Kafka
Sachs Poe Liebermann
de Sade Praetorius Mistral Zetkin Korolenko

La maison d'édition tredition, basée à Hambourg, a publié dans la série **TREDITION CLASSICS** des ouvrages anciens de plus de deux millénaires. Ils étaient pour la plupart épuisés ou uniquement disponible chez les bouquinistes.

La série est destinée à préserver la littérature et à promouvoir la culture. Elle contribue ainsi au fait que plusieurs milliers d'œuvres ne tombent plus dans l'oubli.

La figure symbolique de la série **TREDITION CLASSICS**, est Johannes Gutenberg (1400 - 1468), imprimeur et inventeur de caractères métalliques mobiles et de la presse d'impression.

Avec sa série **TREDITION CLASSICS**, tredition à comme but de mettre à disposition des milliers de classiques de la littérature mondiale dans différentes langues et de les diffuser dans le monde entier. Toutes les œuvres de cette série sont chacune disponibles en format de poche et en édition relié. Pour plus d'informations sur cette série unique de livres et sur l'éditeur tredition, visitez notre site: www.tredition.com

tredition a été créé en 2006 par Sandra Latusseck et Soenke Schulz. Basé à Hambourg, en Allemagne, tredition offre des solutions d'édition aux auteurs ainsi qu'aux maisons d'édition, en combinant à la fois édition et distribution du contenu du livre en imprimé et numérique et ce dans le monde entier. tredition est idéalement positionnée pour permettre aux auteurs et maisons d'édition de créer des livres dans leurs propres domaines et sujets sans prendre de risques de fabrication conventionnelles.

Pour plus d'informations nous vous invitons à visiter notre site: www.tredition.com

Histoire de France 1305-1364 (Volume 4 of 19)

Jules Michelet

Mentions légales

Cette œuvre fait partie de la série TREDITION CLASSICS.

Auteur: Jules Michelet
Conception de couverture: toepferschumann, Berlin (Allemagne)

Editeur: tredition GmbH, Hambourg (Allemagne)
ISBN: 978-3-8491-4374-9

www.tredition.com
www.tredition.de

L'objectif de TREDITIONS CLASSICS est de mettre à nouveau à disposition des milliers d'œuvres de classiques français, allemands et d'autres langues disponible dans un format livre. Les œuvres ont été scannés et digitalisés. Malgré tous les soins apportés, des erreurs ne peuvent pas être complètement exclues. Nos partenaires et nous même, tredition, essayons d'aboutir aux meilleurs résultats. Toutefois, si des fautes subsistent, nous vous prions de nous en excuser. L'orthographe de l'œuvre originale a été reprise sans modification. Il se peut que ce dernier diffère de l'orthographe utilisée aujourd'hui.

HISTOIRE DE FRANCE

PAR

J. MICHELET

NOUVELLE ÉDITION, REVUE ET AUGMEN- TÉE

TOME QUATRIÈME

PARIS
LIBRAIRIE INTERNATIONALE
A. LACROIX & Cᵉ, ÉDITEURS
13, rue du Faubourg-Montmartre, 13

1876.

HISTOIRE DE FRANCE

(p. 001) PRÉFACE DE 1837

L'ère nationale de la France est le XIVe siècle. Les États Généraux, le Parlement, toutes nos grandes institutions, commencent ou se régularisent. La bourgeoisie apparaît dans la révolution de Marcel, le paysan dans la Jacquerie, la France elle-même dans la guerre des Anglais.

Cette locution: *Un bon Français,* date du quatorzième siècle.

Jusqu'ici la France était moins France que chrétienté. Dominée, ainsi que tous les autres États, par la féodalité et par l'Église, elle restait obscure et comme perdue dans ces grandes ombres... Le jour venant peu à peu, elle commence à s'entrevoir elle-même.

Sortie à peine de cette nuit poétique du moyen âge, elle est déjà ce que vous la voyez: peuple, prose, esprit critique, antisymbolique.

Aux prêtres, aux chevaliers, succèdent les légistes; après la foi, la loi.

(p. 002) Le petit-fils de saint Louis met la main sur le pape et détruit le Temple. La chevalerie, cette autre religion, meurt à Courtrai, à Crécy, à Poitiers.

À l'épopée succède la chronique. Une littérature se forme, déjà moderne et prosaïque, mais vraiment française: point de symboles, peu d'images; ce n'est que grâce et mouvement.

Notre vieux droit avait quelques symboles, quelques formules poétiques. Cette poésie ne comparaît pas impunément au tribunal des légistes. Le Parlement, ce grand prosateur, la traduit, l'interprète et la tue.

Au reste, le droit français avait été de tout temps moins asservi au symbolisme que celui d'aucun autre peuple. Cette vérité, pour être négative dans la forme, n'en est pas moins féconde. Nous n'avons point regret au long chemin par lequel nous y sommes arrivés. Pour apprécier le génie austère et la maturité précoce de notre droit, il nous a fallu mettre en face le droit poétique des nations diverses, opposer la France et le monde.

Cette fois donc, la *symbolique* du droit[1].—Nous en chercherons le mouvement, la *dialectique*, lorsque notre drame national sera mieux noué.(Retour à la Table des Matières)

(p. 003) LIVRE V.

CHAPITRE III.

L'OR — LE FISC — LES TEMPLIERS

1305-1307.

«L'or, dit Christophe Colomb, est une chose excellente. Avec de l'or, on forme des trésors. Avec de l'or, on fait tout ce qu'on désire en ce monde. On fait même arriver les âmes en paradis[2].»

L'époque où nous sommes parvenus doit être considérée comme l'avènement de l'or. C'est le Dieu du monde nouveau où nous entrons.—Philippe le Bel, à (p. 004) peine monté sur le trône, exclut les prêtres de ses conseils, pour y faire entrer les banquiers[3].

Gardons-nous de dire du mal de l'or. Comparé à la propriété féodale, à la terre, l'or est une forme supérieure de la richesse. Petite chose, mobile, échangeable, divisible, facile à manier, facile à cacher, c'est la richesse subtilisée déjà; j'allais dire spiritualisée. Tant que la richesse fut immobile, l'homme, rattaché par elle à la terre et comme enraciné, n'avait guère plus de locomotion que la glèbe sur laquelle il rampait. Le propriétaire était une dépendance du sol; la terre emportait l'homme. Aujourd'hui, c'est tout le contraire: il enlève la terre, concentrée et résumée par l'or. Le docile métal sert toute transaction; il suit, facile et fluide, toute circulation commerciale, administrative. Le gouvernement, obligé d'agir au loin, rapidement, de mille manières, a pour principal moyen d'action les métaux précieux. La création soudaine d'un gouvernement, au commencement du XIVe siècle, crée un besoin subit, infini de l'argent et de l'or.

Sous Philippe le Bel, le fisc, ce monstre, ce géant, naît altéré, affamé, endenté. Il crie en naissant, comme le Gargantua de Rabelais: À manger, à boire! L'enfant terrible, dont on ne peut soûler la faim atroce, mangera au besoin de la chair et boira du sang. C'est le cyclope, l'ogre, la gargouille dévorante de la Seine. La tête du monstre s'appelle grand conseil, ses longues (p. 005) griffes sont au Parlement, l'organe digestif est la chambre des comptes. Le seul aliment qui puisse l'apaiser, c'est celui que le peuple ne peut lui trouver. Fisc et peuple n'ont qu'un cri, c'est l'or.

Voyez, dans Aristophane, comment l'aveugle et inerte Plutus est tiraillé par ses adorateurs. Ils lui prouvent sans peine qu'il est le Dieu des Dieux. Et tous les Dieux lui cèdent. Jupiter avoue qu'il meurt de faim sans lui[4], Mercure quitte son métier de Dieu, se met au service de Plutus, tourne la broche et lave la vaisselle.

Cette intronisation de l'or à la place de Dieu se renouvelle au XIVᵉ siècle. La difficulté est de tirer cet or paresseux des réduits obscurs où il dort. Ce serait une curieuse histoire que celle du *thesaurus*, depuis le temps où il se tenait tapi sous le dragon de Colchos, des Hespérides ou des Nibelungen, depuis son sommeil au temple de Delphes, au palais de Persépolis. Alexandre, Carthage, Rome, l'éveillent et le secouent[5]. Au moyen âge, il est déjà rendormi dans les églises, où, pour mieux reposer, il prend forme sacrée, croix, chapes, reliquaires. Qui sera assez hardi pour le tirer (p. 006) de là, assez clairvoyant pour l'apercevoir dans la terre où il aime à s'enfouir? Quel magicien évoquera, profanera cette chose sacrée qui vaut toutes choses, cette toute-puissance aveugle que donne la nature?

Le moyen âge ne pouvait atteindre sitôt cette grande idée moderne: *l'homme sait créer la richesse*; il change une vile matière en objet précieux, lui donnant la richesse qu'il a en lui, celle de la forme, de l'art, celle d'une volonté intelligente. Il chercha d'abord la richesse moins dans la forme que dans la matière. Il s'acharna sur cette matière, tourmenta la nature d'un amour furieux, lui demanda ce qu'on demande à ce qu'on aime, la vie même, l'immortalité[6]. Mais, malgré les merveilleuses fortunes des Lulle, des Flamel, l'or tant de fois trouvé n'apparaissait que pour fuir, laissant le souffleur hors d'haleine; il fuyait, fondait impitoyablement, et avec lui la substance de l'homme, son âme, sa vie, mise au fond du creuset[7].

(p. 007) Alors l'infortuné, cessant d'espérer dans le pouvoir humain, se reniait lui-même, abdiquait tout bien, âme et Dieu. Il appelait le mal, le Diable. Roi des abîmes souterrains, le Diable était sans doute le monarque de l'or. Voyez à Notre-Dame de Paris, et sur tant d'autres églises, la triste représentation du pauvre homme qui donne son âme pour de l'or, qui s'inféode au Diable, s'agenouille devant la Bête, et baise la griffe velue...

Le Diable, persécuté avec les Manichéens et les Albigeois, chassé, comme eux, des villes, vivait alors au désert. Il cabalait sur la prairie avec les sorcières de Macbeth. La sorcellerie, débris des vieilles religions vaincues, avait pourtant cela d'être un appel, non pas seulement à la nature, comme l'alchimie, mais déjà à la volonté, à la volonté mauvaise, au Diable, il est vrai. C'était un mauvais industrialisme, qui, ne pouvant tirer de la volonté les trésors que contient son alliance avec la nature, essayait de gagner, par la violence et le crime, ce que le travail, la patience, l'intelligence, peuvent seuls donner.

Au moyen âge, celui qui sait où est l'or, le véritable alchimiste, le vrai sorcier, c'est le juif; ou le demi-juif, le Lombard[8]. Le juif, l'homme immonde, l'homme qui ne peut toucher ni denrée ni femme qu'on ne la brûle, (p. 008) l'homme d'outrage, sur lequel tout le monde crache[9], c'est à lui qu'il faut s'adresser.

Prolifique nation, qui par-dessus toutes les autres eut la force multipliante, la force qui engendre, qui féconde à volonté les brebis de Jacob ou les sequins de Shylock. Pendant tout le moyen âge, persécutés, chassés, rappelés, ils ont fait l'indispensable intermédiaire entre le fisc et la victime du fisc, entre l'agent et le patient, pompant l'or d'en bas, en le rendant au roi par en haut avec laide grimace[10]... Mais il leur en restait toujours quelque chose... Patients, indestructibles, ils ont vaincu par la durée[11]. Ils ont résolu le problème de volatiliser (p. 009) la richesse; affranchis par la lettre de change, ils sont maintenant libres, ils sont maîtres; de soufflets en soufflets, les voilà au trône du monde[12].

Pour que le pauvre homme s'adresse au juif, pour qu'il approche de cette sombre petite maison, si mal famée, pour qu'il parle à cet homme qui, dit-on, crucifie les petits enfants, il ne faut pas moins que l'horrible pression du fisc. Entre le fisc qui veut sa moelle et son sang, et le Diable qui veut son âme, il prendra le juif pour milieu.

Quand donc il avait épuisé sa dernière ressource, quand son lit était vendu, quand sa femme et ses enfants, couchés à terre, tremblaient de fièvre ou criaient du pain, alors, tête basse et plus courbé que s'il eût porté sa charge de bois, il se dirigeait lentement vers l'odieuse maison, et il y restait longtemps à la porte (p. 010) avant de frapper. Le juif ayant ouvert avec précaution la petite grille, un dialogue s'engageait, étrange et difficile. Que disait le chrétien? «Au nom de Dieu! — Le juif l'a tué, ton Dieu! — Par pitié! — Quel chrétien a jamais eu pitié du juif? Ce ne sont pas des mots qu'il faut. Il faut un gage. — Que peut donner celui qui n'a rien? Le juif lui dira doucement: Mon ami, conformément aux ordonnances du Roi, notre Sire, je ne prête ni sur habit sanglant, ni sur fer de charrue... Non, pour gage, je ne veux que vous-même. Je ne suis pas des vôtres, mon droit n'est pas le droit chrétien. C'est un droit plus antique (*in partes secanto*). Votre chair répondra. Sang pour or, comme vie pour vie. Une livre de votre chair, que je vais nourrir de mon argent, une livre seulement de votre belle chair[13].» L'or que prête le meurtrier du Fils de l'Homme, ne peut être qu'un or meurtrier, antidivin, ou, comme (p. 011) on disait dans ce temps-là *Anti-Christ*[14]. Voilà l'or *Anti-Christ*, comme Aristophane nous montrait tout à l'heure dans Plutus l'*Anti-Jupiter*.

Cet Anti-Christ, cet antidieu, doit dépouiller Dieu, c'est-à-dire l'Église; l'église séculière, les prêtres, le Pape; l'église régulière, les moines, les Templiers.

La mort scandaleusement prompte de Benoît XI fit tomber l'Église dans la main de Philippe le Bel; elle le mit à même de faire un pape, de tirer la papauté de Rome, de l'amener en France, pour, en cette geôle, la faire travailler à son profit, lui dicter des bulles lucratives, exploiter l'infaillibilité, constituer le Saint-Esprit comme scribe et percepteur pour la maison de France.

Après la mort de Benoît, les cardinaux s'étaient enfermés en conclave à Pérouse. Mais les deux partis, le français et l'antifrançais, se balançaient si bien qu'il n'y avait pas moyen d'en finir. Les gens de la ville, dans leur impatience, dans leur *furie* italienne de voir un pape fait à Pérouse, n'y trouvèrent autre remède que d'affamer les cardinaux. Ceux-ci convinrent qu'un des deux partis désignerait trois candidats, et que l'autre parti choisirait. Ce fut au parti français à choisir, et il désigna un Gascon, Bertrand de Gott, archevêque de

Bordeaux. Bertrand s'était montré jusque-là ennemi du roi, mais on savait qu'il était (p. 012) avant tout ami de son intérêt, et l'on espérait bien le convertir.

Philippe, instruit par ses cardinaux et muni de leurs lettres, donne rendez-vous au futur élu près de Saint-Jean-d'Angély, dans une forêt. Bertrand y court plein d'espérance. Villani parle de cette entrevue secrète, comme s'il y était. Il faut lire ce récit d'une maligne naïveté:

«Ils entendirent ensemble la messe, et se jurèrent le secret. Alors le roi commença à parlementer en belles paroles, pour le réconcilier avec Charles de Valois. Ensuite il lui dit: «Vois, archevêque, j'ai en mon pouvoir de te faire pape, si je veux; c'est pour cela que je suis venu vers toi; car, si tu me promets de me faire six grâces que je te demanderai, je t'assurerai cette dignité, et voici qui te prouvera que j'en ai le pouvoir.» Alors il lui montra les lettres et délégations de l'un et de l'autre collége. Le Gascon, plein de convoitise, voyant ainsi tout à coup qu'il dépendait entièrement du roi de le faire pape, se jeta, comme éperdu de joie, aux pieds de Philippe, et dit: «Monseigneur, c'est à présent que je vois que tu m'aimes plus qu'homme qui vive, et que tu veux me rendre le bien pour le mal. Tu dois commander, moi obéir, et toujours j'y serai disposé.» Le roi le releva, le baisa à la bouche, et lui dit: «Les six grâces spéciales que je te demande sont les suivantes: La première, que tu me réconcilies parfaitement avec l'Église, et me fasses pardonner le méfait que j'ai commis en arrêtant le pape Boniface; la seconde, que tu rendes la communion à moi et à tous les miens; la troisième, que tu (p. 013) m'accordes les décimes du clergé dans mon royaume pour cinq ans, afin d'aider aux dépenses faites en la guerre de Flandre; la quatrième, que tu détruises et annules la mémoire du pape Boniface; la cinquième, que tu rendes la dignité de cardinal à messer Jacobo et messer Piero de la Colonne, que tu les remettes en leur état, et qu'avec eux tu fasses cardinaux certains miens amis. Pour la sixième grâce et promesse, je me réserve d'en parler en temps et lieu: car c'est chose grande et secrète.» L'archevêque promit tout par serment sur le Corpus Domini, et de plus il donna pour otages son frère et deux de ses neveux. Le roi, de son côté, promit et jura qu'il le ferait élire pape[15].»

Le pape de Philippe le Bel, avouant hautement sa dépendance, déclara qu'il voulait être couronné à Lyon (14 nov. 1305). Ce couronnement, qui commençait la captivité de l'Église, fût dignement solennisé. Au moment où le cortége passait, un mur chargé de spectateurs s'écroule, blesse le roi et tue le duc de Bretagne. Le pape fut renversé, la tiare tomba. Huit jours après, dans un banquet du pape, ses gens et ceux des cardinaux prennent querelle, un frère du pape est tué.

Cependant la honte du marché devenait publique. (p. 014) Clément payait comptant. Il donnait en payement ce qui n'était pas à lui, en exigeant des décimes du clergé: décimes au roi de France, décimes au comte de Flandre pour qu'il s'acquitte envers le roi, décimes à Charles de Valois pour une croisade contre l'empire grec. Le motif de la croisade était étrange; ce pauvre empire, au dire du pape, était faible, et ne rassurait pas assez la chrétienté contre les infidèles.

Clément, ayant payé, croyait être quitte et n'avoir plus qu'à jouir en acquéreur et propriétaire, *à user et abuser*. Comme un baron faisait *chevauchée* autour de sa terre pour exercer son droit de gîte et de pourvoirie, Clément se mit à voyager à travers l'Église de France. De Lyon, il s'achemina vers Bordeaux, mais par Mâcon, Bourges et Limoges, afin de ravager plus de pays. Il allait, prenant et dévorant, d'évêché en évêché, avec une armée de familiers et de serviteurs. Partout où s'abattait cette nuée de sauterelles, la place restait nette. Ancien archevêque de Bordeaux, le rancuneux pontife ôta à Bourges sa primatie sur la capitale de la Guyenne. Il s'établit chez son ennemi, l'archevêque de Bourges, comme un garnisaire ou *mangeur* d'office[16], et il s'y hébergea de telle sorte, qu'il le laissa ruiné de fond en comble; ce primat des Acquitaines serait mort de faim, s'il n'était venu à la cathédrale, parmi ses chanoines, recevoir aux distributions ecclésiastiques la portion congrue[17].

Dans les vols de Clément, le meilleur était pour une (p. 015) femme qui rançonnait le pape, comme lui l'Église. C'était la véritable Jérusalem où allait l'argent de la croisade. La belle Brunissen de Talleyrand de Périgord lui coûtait, dit-on, plus que la Terre sainte.

Clément allait être bientôt cruellement troublé dans cette douce jouissance des biens de l'Église. Les décimes en perspective ne répondaient pas aux besoins actuels du fisc royal. Le pape gagna du temps en lui donnant les juifs, en autorisant le roi à les saisir. L'opération se fit en un même jour avec un secret et une promptitude qui font honneur aux gens du roi. Pas un juif, dit-on, n'échappa. Non content de vendre leurs biens, le roi se chargea de poursuivre leurs débiteurs, déclarant que leurs écritures suffisaient pour titres de créances, que l'écrit d'un juif faisait foi pour lui.

Le juif ne rendant pas assez, il retomba sur le chrétien. Il altéra encore les monnaies, augmentant le titre et diminuant le poids; avec deux livres il en payait huit. Mais quand il s'agissait de recevoir, il ne voulait de sa monnaie que pour un tiers; deux banqueroutes en sens inverse. Tous les débiteurs profitèrent de l'occasion. Ces monnaies de diverse valeur sous même titre faisaient naître des querelles sans nombre. On ne s'entendait pas: c'était une Babel. La seule chose à quoi le peuple s'accorda (voilà donc qu'il y a un peuple), ce fut à se révolter. Le roi s'était sauvé au Temple. Ils l'y auraient suivi, si on ne les eût amusés en chemin à piller la maison d'Étienne Barbet, un financier à qui l'on attribuait l'altération des monnaies. L'émeute finit ainsi. Le roi fit pendre des centaines d'hommes aux arbres des routes autour de Paris. L'effroi (p. 016) le rapprocha des nobles. Il leur rendit le combat judiciaire, autrement dit l'impunité. C'était une défaite pour le gouvernement royal. Le roi des légistes abdiquait la loi, pour reconnaître les décisions de la force. Triste et douteuse position, en législation comme en finances. Repoussé de l'Église aux juifs, de ceux-ci aux communes, des communes flamandes il retombait sur le clergé.

Le plus net des trésors de Philippe, son patrimoine à exploiter, le fonds sur lequel il comptait, s'était son pape. S'il l'avait acheté, ce pape, s'il l'engraissait de vols et de pillages, ce n'était point pour ne s'en pas servir, mais bien pour en tirer parti, pour lui lever, comme le juif, une livre de chair sur tel membre qu'il voudrait.

Il avait un moyen infaillible de presser et pressurer le pape, un tout-puissant épouvantail, savoir, le procès de Boniface VIII. Ce qu'il demandait à Clément, c'était précisément le suicide de la papauté. Si Boniface était hérétique et faux pape, les cardinaux qu'il avait faits étaient de faux cardinaux. Benoît XI et Clément, élus par eux, étaient à leur tour faux papes et sans droit, et non-seulement eux, mais tous ceux qu'ils avaient choisis ou confirmés dans les dignités ecclésiastiques; non-seulement leurs choix, mais leurs actes de toute espèce. L'Église se trouvait enlacée dans une illégalité sans fin. D'autre part, si Boniface avait été vrai pape, comme tel il était infaillible, ses sentences subsistaient, Philippe le Bel restait condamné.

À peine intronisé, Clément eût à entendre l'aigre et impérieuse requête de Nogaret, qui lui enjoignait de (p. 017) poursuivre son prédécesseur. Le marché à peine conclu, le Diable demandait son payement. Le servage de l'homme vendu commençait; cette âme, une fois garrottée des liens de l'injustice, ayant reçu le mors et le frein, devait être misérablement chevauchée jusqu'à la damnation.

Plutôt que de tuer ainsi la papauté en droit, Clément avait mieux aimé la livrer en fait. Il avait créé d'un coup douze cardinaux dévoués au roi, les deux Colonna, et dix Français ou Gascons. Ces douze, joints à ce qui restait des douze du même parti, dont on avait surpris la nomination à Célestin, assuraient à jamais au roi l'élection des papes futurs. Clément constituait ainsi la papauté entre les mains de Philippe; concession énorme, et qui pourtant ne suffit point.

Il crut qu'il fléchirait son maître en faisant un pas de plus. Il révoqua une bulle de Boniface, la bulle *Clericis laïcos*, qui fermait au roi la bourse du clergé. La bulle *Unam sanctam* contenait l'expression de la suprématie pontificale. Clément la sacrifia, et ce ne fut pas assez encore.

Il était à Poitiers, inquiet et malade de corps et d'esprit. Philippe le Bel vint l'y trouver avec de nouvelles exigences. Il lui fallait une grande confiscation, celle du plus riche des ordres religieux, de l'ordre du Temple. Le pape, serré entre deux périls, essaya de donner le change à Philippe en le comblant de toutes les faveurs qui étaient au pouvoir du saint-siége. Il aida son fils Louis Hutin à s'établir en Navarre; il déclara son frère Charles de Valois chef de la croisade. Il tâcha enfin de s'assurer la protection de la maison (p. 018) d'Anjou, déchargeant le roi de Naples d'une dette énorme envers l'Église, canonisant un de ses fils, adjugeant à l'autre le trône de Hongrie.

Philippe recevait toujours, mais il ne lâchait pas prise. Il entourait le pape d'accusations contre le Temple. Il trouva dans la maison même de Clément un Templier qui accusait l'ordre. En 1306, le roi voulant lui envoyer des commissaires pour obtenir une décision, le malheureux pape donne, pour ne pas le recevoir, la plus ridicule excuse: «De l'avis des médecins, nous allons au commencement de septembre, prendre quelques drogues préparatives, et ensuite une médecine qui, selon les susdits médecins, doit, avec l'aide de Dieu, nous être fort utile[18].»

Ces pitoyables tergiversations durèrent longtemps. Elles auraient duré toujours, si le pape n'eût appris tout à coup que le roi faisait arrêter partout les Templiers, et que son confesseur, moine dominicain et grand inquisiteur de France, procédait contre eux sans attendre d'autorisation.

Qu'était-ce donc que le Temple? Essayons de le dire en peu de mots:

À Paris, l'enceinte du Temple comprenait tout le grand quartier, triste et mal peuplé, qui en a conservé le nom[19]. C'était un tiers du Paris d'alors. À l'ombre du (p. 019) Temple et sous sa puissante protection vivait une foule de serviteurs, de familiers, d'affiliés, et aussi de gens condamnés; les maisons de l'ordre avaient droit d'asile. Philippe le Bel lui-même en avait profité en 1306, lorsqu'il était poursuivi par le peuple soulevé. Il restait encore, à l'époque de la Révolution, un monument de cette ingratitude royale, la grosse tour à quatre tourelles, bâtie en 1222. Elle servit de prison à Louis XVI.

Le Temple de Paris était le centre de l'ordre, son trésor; les chapitres généraux s'y tenaient. De cette maison dépendaient toutes les *provinces* de l'ordre: Portugal, Castille et Léon, Aragon, Majorque, Allemagne, Italie, Pouille et Sicile, Angleterre et Irlande. Dans le nord, l'ordre teutonique était sorti du Temple, comme en Espagne d'autres ordres militaires se formèrent de ses débris. L'immense majorité des Templiers étaient Français, particulièrement les grands maîtres. Dans plusieurs langues, on désignait les chevaliers par leur nom français: *Frieri del Tempio*, φρεριοι του Τεμπλου

Le Temple, comme tous les ordres militaires, dérivait de Cîteaux. Le réformateur de Cîteaux, saint Bernard, de la même plume qui commentait le Cantique des Cantiques, donna aux chevaliers leur règle enthousiaste et austère. Cette règle, c'était l'exil et la guerre sainte jusqu'à la mort. Les Templiers devaient toujours accepter le combat, fût-ce d'un contre trois, ne (p. 020) jamais demander quartier, ne point donner de rançon, *pas un pan de mur, pas un pouce de terre*. Ils n'avaient pas de repos à espérer. On ne leur permettait pas de passer dans des ordres moins austères.

«Allez heureux, allez paisibles, leur dit saint Bernard; chassez d'un cœur intrépide les ennemis de la croix de Christ, bien sûrs que ni la vie ni la mort ne pourront vous mettre hors de l'amour de Dieu qui est en Jésus. En tout péril, redites-vous la parole: *Vivants ou morts, nous sommes au Seigneur...* Glorieux les vainqueurs, heureux les martyrs!»

Voici la rude esquisse qu'il nous donne de la figure du Templier: «Cheveux tondus, poil hérissé, souillé de poussière; noir de fer, noir de hâle et de soleil... Ils aiment les chevaux ardents et rapides, mais non parés, bigarrés, caparaçonnés... Ce qui charme dans cette foule, dans ce torrent qui coule à la Terre sainte, c'est que vous n'y voyez que des scélérats et des impies. Christ d'un ennemi se fait un champion; du persécuteur Saul, il fait un saint Paul...» Puis, dans un éloquent itinéraire, il conduit les guerriers pénitents de Bethléem au Calvaire, de Nazareth au Saint-Sépulcre.

Le soldat a la gloire, le moine le repos. Le Templier abjurait l'un et l'autre. Il réunissait ce que les deux vies ont de plus dur, les périls et les abstinences. La grande affaire du moyen âge fut longtemps la guerre sainte, la croisade; l'idéal de la croisade semblait réalisé dans l'ordre du Temple. C'était la croisade devenue fixe et permanente.

Associés aux Hospitaliers dans la défense des saints lieux, ils en différaient en ce que la guerre était plus (p. 021) particulièrement le but de leur institution. Les uns et les autres rendaient les plus grands services. Quel bonheur n'était-ce pas pour le pèlerin qui voyageait sur la route poudreuse de Jaffa à Jérusalem, et qui croyait à tout moment voir fondre sur lui les brigands arabes, de rencontrer un chevalier, de reconnaître la secourable croix rouge sur le manteau blanc de l'ordre du Temple! En bataille, les deux ordres fournissaient alternativement l'avant-garde et l'arrière-garde. On mettait au milieu les croisés nouveaux venus et peu habitués aux guerres d'Asie. Les chevaliers les entouraient, les protégeaient, dit fièrement un des leurs, *comme une mère son enfant*[20]. Ces auxiliaires passagers reconnaissaient ordinairement assez mal ce dévouement. Ils servaient moins les chevaliers qu'ils ne les embarrassaient. Orgueilleux et fervents à leur arrivée, bien sûrs qu'un miracle allait se faire exprès pour eux, ils ne manquaient pas de rompre les trêves; ils entraînaient les chevaliers dans des périls inutiles, se faisaient battre, et partaient, leur laissant le poids de la guerre et les accusant de les avoir mal soutenus. Les Templiers formaient l'avant-garde à Mansourah, lorsque ce jeune fou de comte d'Artois s'obstina à la poursuite, malgré leur conseil, et se jeta dans la ville: ils le suivirent par honneur et furent tous tués.

On avait cru avec raison ne pouvoir jamais faire assez pour un ordre si dévoué et si utile. Les priviléges les plus magnifiques furent accordés. D'abord ils ne pouvaient être jugés que par le pape; mais un juge (p. 022) placé si loin et si haut n'était guère réclamé; ainsi les Templiers étaient juges dans leurs causes. Ils pouvaient encore y être témoins, tant on avait foi dans leur loyauté! Il leur était défendu d'accorder aucune de leurs commanderies à la sollicitation des grands ou des rois. Ils ne pouvaient payer ni droit, ni tribut, ni péage.

Chacun désirait naturellement participer à de tels priviléges. Innocent III lui-même voulut être affilié à l'ordre; Philippe le Bel le demanda en vain.

Mais quand cet ordre n'eût pas eu ces grands et magnifiques priviléges, on s'y serait présenté en foule. Le Temple avait pour les imaginations un attrait de mystère et de vague terreur. Les réceptions avaient lieu dans les églises de l'ordre, la nuit et portes fermées. Les membres inférieurs en étaient exclus. On disait que si le roi de France lui-même y eût pénétré, il n'en serait pas sorti.

La forme de réception était empruntée aux rites dramatiques et bizarres, aux *mystères* dont l'église antique ne craignait pas d'entourer les choses saintes. Le récipiendaire était présenté d'abord comme un pécheur, un mauvais chrétien, un renégat. Il reniait, à l'exemple de saint Pierre; le reniement, dans cette pantomime, s'exprimait par un acte[21], cracher sur la (p. 023) croix. L'ordre se chargeait de réhabiliter ce renégat, de l'élever d'autant plus que sa chute était plus profonde. Ainsi dans la fête des fols ou idiots (*fatuorum*), l'homme offrait l'hommage même de son imbécillité, de son infamie, à l'Église qui devait le régénérer. Ces comédies sacrées, chaque jour moins comprises, étaient de plus en plus dangereuses, plus capables de scandaliser un âge prosaïque, qui ne voyait que la lettre et perdait le sens du symbole.

Elles avaient ici un autre danger. L'orgueil du Temple pouvait laisser dans ses formes une équivoque impie. Le récipiendaire pouvait croire qu'au delà du christianisme vulgaire, l'ordre allait lui révéler une religion plus haute, lui ouvrir un sanctuaire derrière le sanctuaire. Ce nom du Temple n'était pas sacré pour les seuls chrétiens. S'il exprimait pour eux le Saint-Sépulcre, (p. 024) il rappelait aux juifs, aux musulmans, le temple de Salomon[22]. L'idée du Temple, plus haute et plus générale que celle même de l'Église, planait en quelque sorte par-dessus toute religion. L'Église datait, et le Temple ne datait pas. Contemporain de tous les âges, c'était comme un symbole de la perpétuité religieuse. Même après la ruine des Templiers, le Temple subsiste, au moins comme tradition, dans les enseignements d'une foule de sociétés secrètes, jusqu'aux Rose-Croix, jusqu'aux Francs-Maçons[23].

L'Église est la maison du Christ, le Temple celle du Saint-Esprit. Les gnostiques prenaient, pour leur grande fête, non pas Noël ou Pâques, mais la Pentecôte, le jour où l'Esprit descendit. Jusqu'à quel point ces vieilles sectes subsistèrent-elles au moyen âge? Les Templiers y furent-ils affiliés? De telles questions, malgré les ingénieuses conjectures des modernes, resteront toujours obscures dans l'insuffisance des monuments[24].

(p. 025) Ces doctrines intérieures du Temple semblent tout à la fois vouloir se montrer et se cacher. On croit les reconnaître, soit dans les emblèmes étranges, sculptés au portail de quelques églises, soit dans le dernier cycle épique du moyen âge, dans ces poëmes où la chevalerie épurée n'est plus qu'une odyssée, un voyage héroïque et pieux à la recherche du Graal. On appelait ainsi la sainte coupe qui reçut le sang du Sauveur. La simple vue de cette coupe prolonge la vie de cinq cents années. Les enfants seuls peuvent en approcher sans mourir. Autour du Temple qui la contient, veillent en armes les Templistes, ou chevaliers du Graal[25].

Cette chevalerie plus qu'ecclésiastique, ce froid et trop pur idéal, qui fut la fin du moyen âge et sa dernière rêverie, se trouvait, par sa hauteur même, étranger à toute réalité, inaccessible à toute pratique. Le templiste resta dans les poëmes, figure nuageuse et quasi-divine. Le Templier s'enfonça dans la brutalité.

Je ne voudrais pas m'associer aux persécuteurs de ce grand ordre. L'ennemi des Templiers les a lavés sans le vouloir; les tortures par lesquelles il leur arracha de honteux aveux semblent une présomption d'innocence. On est tenté de ne pas croire des malheureux qui s'accusent dans les gênes. S'il y eut des souillures, on est tenté de ne plus les voir, effacées qu'elles furent dans la flamme des bûchers.

Il subsiste cependant de graves aveux, obtenus hors de la question et des tortures. Les points mêmes qui ne furent pas prouvés n'en sont pas moins vraisemblables (p. 026) pour qui connaît la nature humaine, pour qui considère sérieusement la situation de l'ordre dans ces derniers temps.

Il était naturel que le relâchement s'introduisît parmi des moines guerriers, des cadets de la noblesse, qui couraient les aventures loin de la chrétienté, souvent loin des yeux de leurs chefs, entre les périls d'une guerre à mort et les tentations d'un climat brûlant, d'un pays d'esclaves, de la luxurieuse Syrie. L'orgueil et l'honneur les soutinrent tant qu'il y eut espoir pour la Terre sainte. Sachons-leur gré d'avoir résisté si longtemps, lorsqu'à chaque croisade leur attente était si tristement déçue, lorsque toute prédiction mentait, que les miracles promis s'ajournaient toujours. Il n'y avait pas de semaine que la cloche de Jérusalem ne sonnât l'apparition des Arabes dans la plaine désolée. C'était toujours aux Templiers, aux Hospitaliers à monter à cheval, à sortir des murs... Enfin ils perdirent Jérusalem, puis Saint-Jean-d'Acre. Soldats délaissés, sentinelles perdues, faut-il s'étonner si, au soir de cette bataille de deux siècles, les bras leur tombèrent?

La chute est grave après les grands efforts. L'âme montée si haut dans l'héroïsme et la sainteté tombe bien lourde en terre... Malade et aigrie, elle se plonge dans le mal avec une faim sauvage, comme pour se venger d'avoir cru.

Telle paraît avoir été la chute du Temple. Tout ce qu'il y avait eu de saint en l'ordre devint péché et souillure. Après avoir tendu de l'homme à Dieu, il tourna de Dieu[26](p. 027) à la Bête. Les pieuses agapes, les fraternités héroïques, couvrirent de sales amours de moines[27]. Ils cachèrent l'infamie en s'y mettant plus avant. Et l'orgueil y trouvait encore son compte; ce peuple éternel, sans famille ni génération charnelle, recruté par l'élection et l'esprit, faisait montre de son mépris pour la femme[28], se suffisant à lui-même et n'aimant rien hors de soi.

Comme ils se passaient de femmes, ils se passaient aussi de prêtres, péchant et se confessant entre eux[29]. (p. 028) Et ils se passèrent de Dieu encore. Ils essayèrent des superstitions orientales, de la magie sarrasine. D'abord symbolique, le reniement devint réel; ils abjurèrent un Dieu qui ne donnait pas la victoire; ils le traitèrent comme un Dieu infidèle qui les trahissait, l'outragèrent, crachèrent sur la croix.

Leur vrai Dieu, ce semble, devint l'ordre même. Ils adorèrent le Temple et les Templiers, leurs chefs, comme Temples vivants. Ils symbolisèrent par les cérémonies les plus sales et les plus repoussantes le dévouement aveugle, l'abandon complet de la volonté. L'ordre, se serrant ainsi, tomba dans une farouche religion de soi-même, dans un satanique égoïsme. Ce qu'il y a de souverainement diabolique dans le Diable, c'est de s'adorer.

Voilà, dira-t-on, des conjectures. Mais elles ressortent trop naturellement d'un grand nombre d'aveux obtenus sans avoir recours à la torture, particulièrement en Angleterre[30].

(p. 029) Que tel ait été d'ailleurs le caractère général de l'ordre, que les statuts soient devenus expressément honteux et impies, c'est ce que je suis loin d'affirmer. De telles choses ne s'écrivent pas. La corruption entre dans un ordre par connivence mutuelle et tacite. Les formes subsistent, changeant de sens, et perverties par une mauvaise interprétation que personne n'avoue tout haut.

Mais quand même ces infamies, ces impiétés auraient été universelles dans l'ordre, elles n'auraient pas suffi pour entraîner sa destruction. Le clergé les aurait couvertes et étouffées[31], comme tant d'autres désordres ecclésiastiques. La cause de la ruine du Temple, c'est qu'il était trop riche et trop puissant. Il y eut une autre cause plus intime, mais je la dirai tout à l'heure.

À mesure que la ferveur des guerres saintes diminuait en Europe, à mesure qu'on allait moins à la croisade, on donnait davantage au Temple, pour s'en dispenser. Les affiliés de l'ordre étaient innombrables. Il suffisait de payer deux ou trois deniers par an. Beaucoup de gens offraient tous leurs biens, leurs personnes même. Deux comtes de Provence se donnèrent ainsi. Un roi d'Aragon légua son royaume (Alphonse le Batailleur, 1131-1132); mais le royaume n'y consentit pas.

On peut juger du nombre prodigieux des possessions des Templiers par celui des terres, des fermes, des forts ruinés qui, dans nos villes ou nos campagnes, (p. 030) portent encore le nom du Temple. Ils possédaient, dit-on, plus de neuf mille manoirs dans la chrétienté[32]. Dans une seule province d'Espagne, au royaume de Valence, ils avaient dix-sept places fortes. Ils achetèrent argent comptant le royaume de Chypre, qu'ils ne purent, il est vrai, garder.

Avec de tels priviléges, de telles richesses, de telles possessions, il était bien difficile de rester humbles[33]. Richard Cœur-de-Lion disait en mourant: «Je laisse mon avarice aux moines de Cîteaux, ma luxure aux moines gris, ma superbe aux Templiers.»

Au défaut de musulmans, cette milice inquiète et indomptable guerroyait contre les chrétiens. Ils firent la guerre au roi de Chypre et au prince d'Antioche. Ils détrônèrent le roi de Jérusalem Henri II et le duc de Croatie. Ils ravagèrent la Thrace et la Grèce. Tous les croisés qui revenaient de Syrie ne parlaient que des trahisons des Templiers, de leurs liaisons avec les infidèles[34]. Ils étaient notoirement en rapport avec les Assassins de Syrie[35]; le peuple remarquait avec effroi l'analogie de leur costume avec celui des sectateurs du (p. 031) Vieux de la Montagne. Ils avaient accueilli le Soudan dans leurs maisons, permis le culte mahométan, averti les infidèles de l'arrivée de Frédéric II[36]. Dans leurs rivalités furieuses contre les Hospitaliers, ils avaient été jusqu'à lancer des flèches dans le Saint-Sépulcre[37]. On assurait qu'ils avaient tué un chef musulman, qui voulait se faire chrétien pour ne plus leur payer tribut.

La maison de France particulièrement croyait avoir à se plaindre des Templiers. Ils avaient tué Robert de Brienne à Athènes. Ils avaient refusé d'aider à la rançon de Saint-Louis[38]. En dernier lieu ils s'étaient déclarés pour la maison d'Aragon contre celle d'Anjou.

Cependant la Terre sainte avait été définitivement perdue en 1191, et la croisade terminée. Les chevaliers revenaient inutiles, formidables, odieux. Ils (p. 032) rapportaient au milieu de ce royaume épuisé, et sous les yeux d'un roi famélique, un monstrueux trésor de cent cinquante mille florins d'or, et en argent la charge de dix mulets[39]. Qu'allaient-ils faire en pleine paix de tant de forces et de richesses? Ne seraient-ils pas tentés de se créer une souveraineté dans l'Occident, comme les chevaliers Teutoniques l'ont fait en Prusse, les Hospitaliers dans les îles de la Méditerranée, et les Jésuites au Paraguay[40]. S'ils étaient unis aux Hospitaliers, aucun roi du monde n'eût pu leur résister[41]. Il n'était point d'État où ils n'eussent des places fortes. Ils tenaient à toutes les familles nobles. Ils n'étaient guère en tout, il est vrai, plus de quinze mille chevaliers; mais c'étaient des hommes aguerris, au milieu d'un peuple qui ne l'était plus, depuis la cessation des guerres des seigneurs. C'étaient d'admirables cavaliers, les rivaux des Mameluks, aussi intelligents, lestes et rapides, que la pesante cavalerie féodale était lourde et inerte. On les voyait partout orgueilleusement chevaucher sur leurs admirables chevaux arabes, suivis chacun d'un écuyer, d'un servant d'armes, sans compter les esclaves noirs. Ils ne pouvaient varier leurs vêtements, mais ils avaient de précieuses armes (p. 033) orientales, d'un acier de fine trempe et damasquinées richement.

Ils sentaient bien leurs forces. Les Templiers d'Angleterre avaient osé dire au roi Henri III: «Vous serez roi tant que vous serez juste.» Dans leur bouche, ce mot était une menace. Tout cela donnait à penser à Philippe le Bel.

Il en voulait à plusieurs d'entre eux de n'avoir souscrit l'appel contre Boniface qu'avec réserve, *sub protestationibus*. Ils avaient refusé d'admettre le roi dans l'ordre. Ils l'avaient refusé, et ils l'avaient servi, double humiliation. Il leur devait de l'argent[42]; le Temple était une sorte de banque, comme l'ont été souvent les temples de l'antiquité[43]. Lorsque en 1306, il trouva un asile chez eux contre le peuple soulevé, ce fut sans doute pour lui une occasion d'admirer ces trésors de l'ordre; les chevaliers étaient trop confiants, trop fiers pour lui rien cacher.

La tentation était forte pour le roi[44]. Sa victoire de (p. 034) Mons-en-Puelle l'avait ruiné. Déjà contraint de rendre la Guyenne, il l'avait été encore de lâcher la Flandre flamande. Sa détresse pécuniaire était extrême, et pourtant il lui fallut révoquer un impôt contre lequel la Normandie s'était soulevée. Le peuple était si ému, qu'on défendit les rassemblements de plus de cinq personnes. Le roi ne pouvait sortir de cette situation désespérée que par quelque grande confiscation. Or, les juifs ayant été chassés, le coup ne pouvait frapper que sur les prêtres ou sur les nobles, ou bien sur un ordre qui appartenait aux uns ou aux autres, mais qui, par cela même, n'appartenant exclusivement ni à ceux-ci, ni à ceux-là, ne serait défendu par personne. Loin d'être défendus, les Templiers furent plutôt attaqués par leurs défenseurs naturels. Les moines les poursuivirent. Les nobles, les plus grands seigneurs de France, donnèrent par écrit leur adhésion au procès.

Philippe le Bel avait été élevé par un dominicain. Il avait pour confesseur un dominicain. Longtemps ces moines avaient été amis des Templiers, au point même qu'ils s'étaient engagés à solliciter de chaque mourant qu'ils confesseraient un legs pour le Temple[45]. Mais peu à peu les deux ordres étaient devenus rivaux. Les dominicains avaient un ordre militaire à eux[46], les *Cavalieri (p. 035) gaudenti*, qui ne prit pas grand essor. À cette rivalité accidentelle il faut ajouter une cause fondamentale de haine. Les Templiers étaient nobles; les dominicains, les Mendiants, étaient en grande partie roturiers, quoique dans le tiers-ordre ils comptassent des laïcs illustres et même des rois.

Dans les Mendiants, comme dans les légistes conseillers de Philippe le Bel, il y avait contre les nobles, les hommes d'armes, les chevaliers, un fonds commun de malveillance, un levain de haine niveleuse. Les légistes devaient haïr les Templiers comme moines; les dominicains les détestaient comme gens d'armes, comme moines mondains, qui réunissaient les profits de la sainteté et l'orgueil de la vie militaire. L'ordre de saint Dominique, inquisiteur dès sa naissance, pouvait se croire obligé en conscience de perdre en ses rivaux des mécréants doublement dangereux, et par l'importation des superstitions sarrasines, et par leurs liaisons avec les mystiques occidentaux, qui ne voulaient plus adorer que le Saint-Esprit.

Le coup ne fut pas imprévu, comme on l'a dit. Les Templiers eurent le temps de le voir venir[47]. Mais l'orgueil les perdit; ils crurent toujours qu'on n'oserait.

(p. 036) Le roi hésitait en effet. Il avait d'abord essayé des moyens indirects. Par exemple, il avait demandé à être admis dans l'ordre. S'il eût réussi, il se serait probablement fait grand maître, comme fit Ferdinand le Catholique pour les ordres militaires d'Espagne. Il aurait appliqué les biens du Temple à son usage, et l'ordre eût été conservé.

Depuis la perte de la Terre sainte, et même antérieurement, on avait fait entendre aux Templiers qu'il serait urgent de les réunir aux Hospitaliers[48]. Réuni à un ordre plus docile, le Temple eût présenté peu de résistance au roi.

Ils ne voulurent point entendre à cela. Le grand maître, Jacques Molay, pauvre chevalier de Bourgogne, mais vieux et brave soldat qui venait de s'honorer en Orient par les derniers combats qu'y rendirent les chrétiens, répondit que saint Louis avait, il est vrai, proposé autrefois la réunion des deux ordres, mais que le roi d'Espagne n'y avait point consenti; que pour que les Hospitaliers fussent réunis aux Templiers, il faudrait qu'ils s'amendassent fort; que les Templiers étaient plus exclusivement fondés pour la guerre[49]. Il finissait par ces paroles hautaines: «On trouve beaucoup de gens qui voudraient ôter aux religieux (p. 037) leurs biens plutôt que de leur en donner... Mais si l'on fait cette union des deux ordres, cette Religion sera si forte et si puissante, qu'elle pourra bien défendre ses droits contre toute personne au monde.»

Pendant que les Templiers résistaient si fièrement à toute concession, les mauvais bruits allaient se fortifiant. Eux-mêmes y contribuaient. Un chevalier disait à Raoul de Presles, l'un des hommes les plus graves du temps, «que dans le chapitre général de l'ordre, il y avait une chose si secrète, que si pour son malheur quelqu'un la voyait, fût-ce le roi de France, nulle crainte de tourment n'empêcherait ceux du chapitre de le tuer, selon leur pouvoir[50].»

Un Templier nouvellement reçu avait protesté contre la forme de réception devant l'official de Paris[51]. Un autre s'en était confessé à un cordelier, qui lui donna pour pénitence de jeûner tous les vendredis un an durant sans chemise. Un autre enfin, qui était de la maison du pape, «lui avait ingénument confessé tout le mal qu'il avait reconnu en son ordre, en présence d'un cardinal, son cousin, qui écrivit à l'instant cette déposition.»

(p. 038) On faisait en même temps courir des bruits sinistres sur les prisons terribles où les chefs de l'ordre plongeaient les membres récalcitrants. Un des chevaliers déclara «qu'un de ses oncles était entré dans l'ordre sain et gai, avec chiens et faucons; au bout de trois jours, il était mort.»

Le peuple accueillait avidement ces bruits, il trouvait les Templiers trop riches[52] et peu généreux. Quoique le grand maître dans ses interrogatoires vante la munificence de l'ordre, un des griefs portés contre cette opulente corporation, c'est «que les aumônes ne s'y faisaient pas comme il convenait[53].»

Les choses étaient mûres. Le roi appela à Paris le grand maître et les chefs; il les caressa, les combla, les endormit. Ils vinrent se faire prendre au filet comme les protestants à la Saint-Barthélemy.

Il venait d'augmenter leurs priviléges[54]. Il avait prié le grand maître d'être le parrain d'un de ses enfants. (p. 039) Le 12 octobre, Jacques Molay, désigné par lui avec d'autres grands personnages, avait tenu le poêle à l'enterrement de la belle-sœur de Philippe. Le 13, il fut arrêté avec les cent quarante Templiers qui étaient à Paris.

Le même jour, soixante le furent à Beaucaire, puis une foule d'autres par toute la France.

On s'assura de l'assentiment du peuple et de l'Université[55]. Le jour même de l'arrestation, les bourgeois furent appelés par paroisses et par confréries au jardin du roi dans la Cité; des moines y prêchèrent. On peut juger de la violence de ces prédications populaires par celle de la lettre royale, qui courut par toute la France: «Une chose amère, une chose déplorable, une chose horrible à penser, terrible à entendre! chose exécrable de scélératesse, détestable d'infamie!... Un esprit, doué de raison, compatit et se trouble dans sa compassion, en voyant une nature qui s'exile elle-même hors des bornes de la nature, qui oublie son principe, qui méconnaît sa dignité, qui prodigue de soi, s'assimile aux bêtes dépourvues de sens; que dis-je? qui dépasse la brutalité (p. 040) des bêtes elles-mêmes!...» On juge de la terreur et du saisissement avec lesquels une telle lettre fut reçue de toute âme chrétienne. C'était comme un coup de trompette du jugement dernier.

Suivant l'indication sommaire des accusations: reniement, trahison de la chrétienté au profit des infidèles, initiation dégoûtante, prostitution mutuelle; enfin, le comble de l'horreur, cracher sur la croix[56]!

Tout cela avait été dénoncé par des Templiers. Deux chevaliers, un Gascon et un Italien, en prison pour leurs méfaits, avaient, disait-on, révélé tous les secrets de l'ordre.

Ce qui frappait le plus l'imagination, c'étaient les bruits qui couraient sur une idole qu'auraient adorée les Templiers.

Les rapports variaient. Selon les uns, c'était une tête barbue; d'autres disaient une tête à trois faces. Elle avait, disait-on encore, des yeux étincelants. Selon quelques-uns, c'était un crâne d'homme. D'autres y substituaient un chat[57].

(p. 041) Quoi qu'il en fût de ces bruits, Philippe le Bel n'avait pas perdu de temps. Le jour même de l'arrestation, il (p. 042) vint de sa personne s'établir au Temple avec son trésor et son Trésor des chartes, avec une armée de gens de (p. 043) loi, pour instrumenter, inventorier. Cette belle saisie l'avait fait riche tout d'un coup.(Retour à la Table des Matières)

(p. 044) CHAPITRE IV.

− SUITE −
DESTRUCTION DE L'ORDRE DU TEMPLE

1307-1314.

L'étonnement du pape fut extrême quand il apprit que le roi se passait de lui dans la poursuite d'un ordre qui ne pouvait être jugé que par le Saint-Siége. La colère lui fit oublier sa servilité ordinaire, sa position précaire et dépendante au milieu des États du roi. Il suspendit les pouvoirs des juges ordinaires, archevêques et évêques, ceux même des inquisiteurs.

La réponse du roi est rude. Il écrit au pape: Que Dieu déteste les tièdes; que ces lenteurs sont une sorte de connivence avec les crimes des accusés; que le pape (p. 045) devrait plutôt exciter les évêques. Ce serait une grave injure aux prélats de leur ôter le ministère qu'ils tiennent de Dieu. Ils n'ont pas mérité cet outrage; ils ne le supporteront pas; le roi ne pourrait le tolérer sans violer son serment... Saint Père, quel est le sacrilége qui osera vous conseiller de mépriser ceux que Jésus-Christ envoie, ou plutôt Jésus lui-même?... Si l'on suspend les inquisiteurs, l'affaire ne finira jamais... Le roi n'a pas pris la chose en main comme accusateur, mais comme champion de la foi et défenseur de l'Église, dont il doit rendre compte à Dieu[58].»

Philippe laissa croire au pape qu'il allait lui remettre les prisonniers entre les mains; il se chargeait seulement de garder les biens pour les appliquer au service de la Terre sainte (25 décembre 1307). Son but était d'obtenir que le pape rendît aux évêques et aux inquisiteurs leurs pouvoirs qu'il avait suspendus. Il lui envoya soixante-douze Templiers à Poitiers, et fit partir de Paris les principaux de l'ordre; mais il ne les fit pas avancer plus loin que Chinon. Le pape s'en contenta; il obtint les aveux de ceux de Poitiers. En même temps, il leva la suspension des juges ordinaires, (p. 046) se réservant seulement le jugement des chefs de l'ordre.

Cette molle procédure ne pouvait satisfaire le roi. Si la chose eût été traînée ainsi à petit bruit, et pardonnée, comme au confessionnal, il n'y avait pas moyen de garder les biens. Aussi, pendant que le pape s'imaginait tout tenir dans ses mains, le roi faisait instrumenter à Paris par son confesseur, inquisiteur général de France. On obtint sur-le-champ cent quarante aveux par les tortures; le fer et le feu y furent employés[59]. Ces aveux une fois divulgués, le pape ne pouvait plus arranger la chose. Il envoya deux cardinaux à Chinon demander aux chefs, au grand maître, si tout cela était vrai; les cardinaux leur persuadèrent d'avouer, et ils s'y résignèrent[60]. Le pape en effet les réconcilia, et les recommanda au roi. Il croyait les avoir sauvés.

Philippe le laissait dire et allait son chemin. Au commencement de 1308, il fit arrêter par son cousin le roi de Naples, tous les Templiers de Provence[61]. À Pâques, les États du royaume furent assemblés à (p. 047) Tours. Le roi s'y fit adresser un discours singulièrement violent contre le clergé: «Le peuple du royaume de France adresse au roi d'instantes supplications..... Qu'il se rappelle que le prince des fils d'Israël, Moïse, l'ami de Dieu, à qui le Seigneur parlait face à face, voyant l'apostasie des adorateurs du veau d'or, dit: Que chacun prenne le glaive et tue son proche parent... Il n'alla pas pour cela demander le consentement de son frère Aaron, constitué grand prêtre par l'ordre de Dieu... Pourquoi donc le roi très-chrétien ne procéderait-il pas de même, *même contre tout le clergé*, si le clergé errait ainsi, ou soutenait ceux qui errent[62].»

À l'appui de ce discours, vingt-six princes et seigneurs se constituèrent accusateurs, et donnèrent procuration pour agir contre les Templiers par-devant le pape et le roi. La procuration est signée des ducs de Bourgogne et de Bretagne, des comtes de Flandre, de Nevers et d'Auvergne, du vicomte de Narbonne, du comte de Talleyrand de Périgord. Nogaret signe hardiment entre Lusignan et Coucy[63].

Armé de ces adhésions, «le roi, dit Dupuy, alla à Poitiers, accompagné d'une grande multitude de gens, qui étaient ceux de ses procureurs que le roi avait retenus près de lui, pour prendre avis sur les difficultés qui pourraient survenir[64].

En arrivant, il baisa humblement les pieds au pape. Mais celui-ci vit bientôt qu'il n'obtiendrait rien. (p. 048) Philippe ne pouvait entendre à aucun ménagement. Il lui fallait traiter rigoureusement les personnes pour pouvoir garder les biens. Le pape, hors de lui, voulait sortir de la ville, échapper à son tyran; qui sait même s'il n'aurait pas fui hors de France? Mais il n'était pas homme à partir sans son argent. Quand il se présenta aux portes avec ses mulets, ses bagages, ses sacs, il ne put passer; il vit qu'il était prisonnier du roi, non moins que les Templiers. Plusieurs fois, il essaya de fuir, toujours inutilement. Il semblait que son tout-puissant maître s'amusât des tortures de cette âme misérable, qui se débattait encore.

Clément resta donc et parut se résigner. Il rendit, le 1er août 1308, une bulle adressée aux archevêques et aux évêques. Cette pièce est singulièrement brève et précise, contre l'usage de la cour de Rome. Il est évident que le pape écrit malgré lui, et qu'on lui pousse la main. Quelques évêques, selon cette bulle, avaient écrit qu'ils ne savaient comment on devait traiter les accusés qui s'obstineraient à nier, et ceux qui rétracteraient leurs aveux. «Ces choses, dit le pape, n'étaient pas laissées indécises par le droit écrit, dont nous savons que plusieurs d'entre nous ont pleine connaissance; nous n'entendons pour le présent faire en cette affaire un nouveau droit, et nous voulons que vous procédiez selon que le droit exige.»

Il y avait ici une dangereuse équivoque, *ura scripta* s'entendait-il du droit romain, ou du droit canonique, ou des règlements de l'inquisition?

Le danger était d'autant plus réel, que le roi ne se dessaisissait pas des prisonniers pour les remettre au (p. 049) pape, comme il le lui avait fait espérer. Dans l'entrevue, il l'amusa encore, il lui promit les biens, pour le consoler de n'avoir pas les personnes; ces biens devaient être réunis à ceux que le pape désignerait. C'était le prendre par son faible; Clément était fort inquiet de ce que ces biens allaient devenir[65].

Le pape avait rendu (5 juillet 1308) aux juges ordinaires, archevêques et évêques, leurs pouvoirs un instant suspendus. Le 1er août encore, il écrivait qu'on pouvait suivre le droit commun. Et le 12, il remettait l'affaire à une commission. Les commissaires devaient instruire le procès dans la province de Sens, à Paris, évêché dépendant de Sens. D'autres commissaires étaient nommés pour en faire autant dans les autres parties de l'Europe, pour l'Angleterre l'archevêque de (p. 050) Cantorbéry, pour l'Allemagne ceux de Mayence, de Cologne et de Trèves. Le jugement devait être prononcé d'alors en deux ans, dans un concile général, hors de France, à Vienne en Dauphiné, sur terre d'Empire.

La commission, composée principalement d'évêques[66], était présidée par Gilles d'Aiscelin, archevêque de Narbonne, homme doux et faible, de grandes lettres et de peu de cœur. Le roi et le pape, chacun de leur côté, croyaient cet homme tout à eux. Le pape crut calmer plus sûrement encore le mécontentement de Philippe, en adjoignant à la commission le confesseur du roi, moine dominicain et grand inquisiteur de France, celui qui avait commencé le procès avec tant de violence et d'audace.

Le roi ne réclama pas. Il avait besoin du pape. La mort de l'empereur Albert d'Autriche (1er mai 1308) offrait à la maison de France une haute perspective. Le frère de Philippe, Charles de Valois, dont la destinée était de demander tout et de manquer tout, se porta pour candidat à l'Empire. S'il eût réussi, le pape devenait à jamais serviteur et serf de la maison de France, Clément écrivit pour Charles de Valois ostensiblement, secrètement contre lui.

Dès lors, il n'y avait plus de sûreté pour le pape sur les terres du roi. Il parvint à sortir de Poitiers, et se (p. 051) jeta dans Avignon (mars 1309). Il s'était engagé à ne pas quitter la France, et de cette façon il ne violait pas, il éludait sa promesse. Avignon c'était la France, et ce n'était pas la France. C'était une frontière, une position mixte, une sorte d'asile, comme fut Genève pour Calvin, Ferney pour Voltaire. Avignon dépendait de plusieurs et de personne. C'était terre d'Empire, un vieux municipe, une république sous deux rois. Le roi de Naples comme comte de Provence, le roi de France comme comte de Toulouse, avaient chacun la seigneurie d'une moitié d'Avignon. Mais le pape allait y être bien plus roi qu'eux, lui dont le séjour attirerait tant d'argent dans cette petite ville.

Clément se croyait libre, mais tramait sa chaîne. Le roi le tenait toujours par le procès de Boniface. À peine établi dans Avignon, il apprend que Philippe lui fait amener par les Alpes une armée de témoins. À leur tête marchait ce capitaine de Ferentino, ce Raynaldo de Supino, qui avait été dans l'affaire d'Anagni le bras droit de Nogaret. À trois lieues d'Avignon, les témoins tombèrent dans une embuscade, qui leur avait été dressée. Raynaldo se sauva à grand'peine à Nîmes, et fit dresser acte, par les gens du roi, de ce guet-apens[67].

Le pape écrivit bien vite à Charles de Valois pour le prier de calmer son frère. Il écrivit au roi lui-même (23 août 1309), que si les témoins étaient retardés dans leur chemin, ce n'était pas sa faute, mais celle des gens du roi, qui devaient pourvoir à leur sûreté. (p. 052) Philippe lui reprochait d'ajourner indéfiniment l'examen des témoins, vieux et malades, et d'attendre qu'ils fussent morts. Des partisans de Boniface avaient, disait-on, tué ou torturé des témoins; un de ceux-ci avait été trouvé mort dans son lit. Le pape répond qu'il ne sait rien de tout cela, ce qu'il sait, c'est que pendant ce long procès, les affaires des rois, des prélats, du monde entier, dorment et attendent. Un des témoins qui, dit-on, a disparu, se trouve précisément en France et chez Nogaret.

Le roi avait dénoncé au pape certaines lettres injurieuses. Le pape répond qu'elles sont, pour le latin et l'orthographe, manifestement indignes de la cour de Rome. Il les a fait brûler. Quant à en poursuivre les auteurs, *une expérience récente a prouvé que ces procès subits contre des personnages importants, ont une triste et dangereuse issue*[68].

Cette lettre du pape était une humble et timide profession d'indépendance à l'égard du roi, une révolte à genoux. L'allusion aux Templiers qui la termine, indiquait assez l'espoir que plaçait le pape dans les embarras où ce procès devait jeter Philippe le Bel.

La commission pontificale, rassemblée le 7 août (p. 053) 1309, à l'évêché de Paris, avait été entravée longtemps. Le roi n'avait pas plus envie de voir justifier les Templiers que le pape de condamner Boniface. Les témoins à charge contre Boniface étaient maltraités à Avignon, les témoins à décharge dans l'affaire des Templiers étaient torturés à Paris. Les évêques n'obéissaient point à la commission pontificale, et ne lui envoyaient point les prisonniers[69]. Chaque jour la commission assistait à une messe, puis siégeait; un huissier criait à la porte de la salle: «Si quelqu'un veut défendre l'ordre de la milice du Temple, il n'a qu'à se présenter.» Mais personne ne se présentait. La commission revenait le lendemain, toujours inutilement.

Enfin, le pape ayant, par une bulle (13 septembre 1309), ouvert l'instruction du procès contre Boniface, le roi permit, en novembre, que le grand maître du Temple fût amené devant les commissaires[70]. Le vieux (p. 054) chevalier montra d'abord beaucoup de fermeté. Il dit que l'ordre était privilégié du Saint-Siége, et qu'il lui semblait bien étonnant que l'Église romaine voulût procéder subitement à sa destruction, lorsqu'elle avait sursis à la déposition de l'empereur Frédéric II, pendant trente-deux ans.

Il dit encore qu'il était prêt à défendre l'ordre, selon son pouvoir; qu'il se regarderait lui-même comme un misérable, s'il ne défendait un ordre dont il avait reçu tant d'honneur et d'avantages; mais qu'il craignait de n'avoir pas assez de sagesse et de réflexion, qu'il était prisonnier du roi et du pape, qu'il n'avait pas quatre deniers à dépenser pour la défense, pas d'autre conseil qu'un frère servant; qu'au reste, la vérité paraîtrait, non-seulement par le témoignage des Templiers, mais par celui des rois, princes, prélats, ducs, comtes et barons, dans toutes les parties du monde.

Si le grand maître se portait ainsi pour défenseur de l'ordre, il allait prêter une grande force à la défense, et sans doute compromettre le roi. Les commissaires l'engagèrent à délibérer mûrement. Ils lui firent lire sa déposition devant les cardinaux; cette déposition n'émanait pas directement de lui-même; par pudeur ou pour tout autre motif, il avait renvoyé les cardinaux à un frère servant qu'il chargeait de parler pour lui. Mais lorsqu'il fut devant la commission, et que les gens d'église lui lurent à haute voix ces tristes aveux, (p. 055) le vieux chevalier ne put entendre de sang-froid de telles choses dites en face. Il fit le signe de la croix, et dit que si les seigneurs commissaires du pape[71] eussent été autres personnes, il aurait eu quelque chose à leur dire. Les commissaires répondirent qu'ils n'étaient pas gens à relever un gage de bataille. — «Ce n'est pas là ce que j'entends, dit le grand maître, mais plût à Dieu qu'en tel cas on observât contre les pervers la coutume des Sarrasins et des Tartares; ils leur tranchent la tête ou les coupent par le milieu.»

Cette réponse fit sortir les commissaires de leur douceur ordinaire. Ils répondirent avec une froide dureté: «Ceux que l'Église trouve hérétiques, elle les juge hérétiques, et abandonne les obstinés au tribunal séculier.»

L'homme de Philippe le Bel, Plasian, assistait à cette audience, sans y avoir été appelé. Jacques Molay, effrayé de l'impression que ses paroles avaient produite sur ces prêtres, crut qu'il valait mieux se confier à un chevalier. Il demanda la permission de conférer avec Plasian; celui-ci l'engagea, en ami, à ne pas se perdre, et le décida à demander un délai jusqu'au vendredi suivant. Les évêques le lui donnèrent, et ils lui en auraient donné davantage de grand cœur[72].

Le vendredi, Jacques Molay reparut, mais tout changé. Sans doute Plasian l'avait travaillé dans sa (p. 056) prison. Quand on lui demanda de nouveau s'il voulait défendre l'ordre, il répondit humblement qu'il n'était qu'un pauvre chevalier illettré; qu'il avait entendu lire une bulle apostolique où le pape se réservait le jugement des chefs de l'ordre, que, pour le présent, il ne demandait rien de plus.

On lui demanda expressément s'il voulait défendre l'ordre. Il dit que non; il priait seulement les commissaires d'écrire au pape qu'il le fît venir au plus tôt devant lui. Il ajoutait avec la naïveté de l'impatience et de la peur: «Je suis mortel, les autres aussi; nous n'avons à nous que le moment présent.»

Le grand maître, abandonnant ainsi la défense, lui ôtait l'unité et la force qu'elle pouvait recevoir de lui. Il demanda seulement à dire trois mots en faveur de l'ordre. D'abord, qu'il n'y avait nulle église où le service divin se fît plus honorablement que dans celles des Templiers. Deuxièmement, qu'il ne savait nulle Religion où il se fît plus d'aumônes qu'en la Religion du Temple; qu'on y faisait trois fois la semaine l'aumône à tout venant. Enfin, qu'il n'y avait, à sa connaissance, nulle sorte de gens qui eussent tant versé de sang pour la foi chrétienne, et qui fussent plus redoutés des infidèles; qu'à Mansourah, le comte d'Artois les avait mis à l'avant-garde, et que s'il les avait crus...

(p. 057) Alors une voix s'éleva: «Sans la Foi, tout cela ne sert de rien au salut.»

Nogaret, qui se trouvait là, prit aussitôt la parole: «J'ai ouï dire qu'en les chroniques qui sont à Saint-Denis, il était écrit qu'au temps du sultan de Babylone, le Maître d'alors et les autres grands de l'ordre avaient fait hommage à Saladin, et que le même Saladin, apprenant un grand échec de ceux du Temple, avait dit publiquement que cela leur était advenu en châtiment d'un vice infâme, et de leur prévarication contre leur loi.»

Le grand maître répondit qu'il n'avait jamais ouï dire pareille chose; qu'il savait seulement que le grand maître d'alors avait maintenu les trêves, parce que autrement il n'aurait pu garder tel ou tel château. Jacques Molay finit par prier humblement les commissaires et le chancelier Nogaret, qu'on lui permît d'entendre la messe et d'avoir sa chapelle et ses chapelains. Ils le lui promirent en louant sa dévotion.

Ainsi commençaient en même temps les deux procès du Temple et de Boniface VIII. Ils présentaient l'étrange spectacle d'une guerre indirecte du roi et du pape. Celui-ci, forcé par le roi de poursuivre Boniface, était vengé par les dépositions des Templiers contre la barbarie avec laquelle les gens du roi avaient dirigé les premières procédures. Le roi déshonorait la papauté, le pape déshonorait la royauté. Mais le roi avait la force; il empêchait les évêques d'envoyer aux commissaires du pape des Templiers prisonniers, et en même temps il poussait sur Avignon des nuées de témoins qu'on lui ramassait en Italie. Le pape, en (p. 058) quelque sorte assiégé par eux, était condamné à entendre les plus effrayantes dépositions contre l'honneur du pontificat.

Plusieurs des témoins s'avouaient infâmes, et détaillaient tout au long dans quelles saletés ils avaient trempé en commun avec Boniface[73]. L'une de leurs dépositions les moins dégoûtantes, de celles qu'on peut traduire, c'est que Boniface avait fait tuer son prédécesseur; il aurait dit à l'un de ces misérables: «Ne reparais pas devant moi que tu n'aies tué Célestin.» Le même Boniface aurait fait un sabbat, un sacrifice au diable. Ce qui est plus vraisemblable dans ce vieux légiste italien, dans ce compatriote de l'Arétin et Machiavel, c'est qu'il était incrédule, impie et cynique en ses paroles... Des gens ayant peur dans un orage, et disant que c'était la fin du monde, il aurait dit: «Le monde a toujours été et sera toujours.—Seigneur, on assure qu'il y aura une résurrection?—Avez-vous jamais vu ressusciter personne?»

Un homme lui apportant des figues de Sicile, lui disait: «Si j'étais mort en mon voyage, Christ eût eu pitié de moi.» À quoi Boniface aurait répondu: «Va, je suis bien plus puissant que ton Christ; moi, je puis donner des royaumes.»

Il parlait de tous les mystères avec une effroyable impiété. Il disait de la Vierge: «Non credo in Mariolâ, Mariolâ, Mariolâ!» Et ailleurs: «Nous ne croyons plus ni l'ânesse, ni l'ânon[74].»

(p. 059) Ces bouffonneries ne sont pas bien prouvées. Ce qui l'est mieux et ce qui fut peut-être plus funeste à Boniface, c'est sa tolérance. Un inquisiteur de Calabre avait dit: «Je crois que le pape favorise les hérétiques, car il ne nous permet plus de remplir notre office.» Ailleurs ce sont des moines qui font poursuivre leur abbé pour hérésie; il est convaincu par l'inquisition. Mais le pape s'en moque: «Vous êtes des idiots, leur dit-il; votre abbé est un savant homme, et il pense mieux que vous: allez et croyez comme il croit.»

Après tous ces témoignages, il fallut que Clément V endurât face à face l'insolence de Nogaret (16 mars 1310). Il vint en personne à Avignon, mais accompagné de Plasian et d'une bonne escorte de gens armés. Nogaret, ayant pour lui le roi et l'épée, était l'oppresseur de son juge.

Dans les nombreux factums qu'il avait déjà lancés, on trouve la substance de ce qu'il put dire au pape; c'est un mélange d'humilité et d'insolence, de servilisme monarchique et de républicanisme classique, d'érudition pédantesque et d'audace révolutionnaire. On aurait tort d'y voir un petit Luther. L'amertume de Nogaret ne rappelle pas les belles et naïves colères du bonhomme de Wittemberg, dans lequel il y avait tout ensemble un enfant et un lion; c'est plutôt la bile (p. 060) amère et recuite de Calvin, cette haine à la quatrième puissance...

Dans son premier factum, Nogaret avait déclaré ne pas lâcher prise. L'action contre l'hérésie, dit-il, ne s'éteint point par la mort, *morte non exstinguitur*. Il demandait que Boniface fût exhumé et brûlé.

En 1310, il veut bien se justifier; mais c'est qu'il est d'une bonne âme de craindre la faute, même où il n'y a pas faute; ainsi firent Job, l'Apôtre, et saint Augustin... Ensuite, il sait des gens qui, par ignorance, sont scandalisés à cause de lui; il craint, s'il ne se justifie, que ces gens-là ne se damnent, en pensant mal de lui, Nogaret. Voilà pourquoi il supplie, demande, postule et *requiert comme droit*, avec larmes et gémissements, mains jointes, genoux en terre... En cette humble posture, il prononce, en guise de justification, une effroyable invective contre Boniface. Il n'y a pas moins de soixante chefs d'accusation.

Boniface, dit-il encore, ayant décliné le jugement et repoussé la convocation du concile, était, par cela seul, contumace et convaincu. Nogaret n'avait pas une minute à perdre pour accomplir son mandat. À défaut de la puissance ecclésiastique ou civile, il fallait bien que le corps de l'Église fût défendu par un catholique quelconque; tout catholique est tenu d'exposer sa vie pour l'Église. «Moi donc, Guillaume Nogaret, homme privé, mais chevalier, tenu, par devoir de chevalerie, à défendre la république, il m'était permis, il m'était imposé de résister au susdit tyran pour la vérité du Seigneur. — Item, comme ainsi soit que chacun est tenu de défendre sa patrie, *au point qu'on (p. 061) mériterait récompense si, en cette défense, on tuait son père*[75]; il m'était loisible, que dis-je? obligatoire, de défendre ma patrie, le royaume de France, qui avait à craindre le ravage, le glaive, etc.»

Puis donc que Boniface sévissait contre l'Église et contre lui-même, *more furiosi*, il fallait bien lui lier les pieds et les mains. Ce n'était pas là acte d'ennemi, bien au contraire.

Mais voilà qui est plus fort. C'est Nogaret qui a sauvé la vie à Boniface, et il a encore sauvé un de ses neveux. Il n'a laissé donner à manger au pape que par gens à qui il se fiait. Aussi Boniface délivré lui a donné l'absolution. À Anagni même, Boniface a prêché devant une grande multitude, que tout ce qui lui était arrivé par Nogaret ou ses gens lui était venu du Seigneur.

Cependant le procès du Temple avait commencé à grand bruit, malgré la désertion du grand maître. Le 28 mars 1310, les commissaires se firent amener dans le jardin de l'évêché les chevaliers qui déclaraient vouloir défendre l'ordre; la salle n'eût pu les contenir: ils étaient cinq cent quarante-six. On leur lut en latin les articles de l'accusation. On voulait ensuite les leur lire en français. Mais ils s'écrièrent que c'était bien assez de les avoir entendus en latin, qu'ils ne se souciaient pas que l'on traduisît de telles turpitudes en langue vulgaire. Comme ils étaient si nombreux, pour éviter le tumulte, on leur dit de déléguer des procureurs, (p. 062) de nommer quelques-uns d'entre eux qui parleraient pour les autres. Ils auraient voulu parler tous, tant ils avait repris courage. «Nous aurions bien dû aussi, s'écrièrent-ils, n'être torturés que par procureurs[76].» Ils déléguèrent pourtant deux d'entre eux, un chevalier, frère Raynaud de Pruin, et un prêtre, frère Pierre de Boulogne, procureur de l'ordre près la cour pontificale. Quelques autres leur furent adjoints.

Les commissaires firent ensuite recueillir par toutes les maisons de Paris, qui servaient de prison aux Templiers[77], les dépositions de ceux qui voudraient défendre l'ordre. Ce fut un jour affreux qui pénétra dans les prisons de Philippe le Bel. Il en sortit d'étranges voix, les unes fières et rudes, d'autres pieuses, exaltées, plusieurs naïvement douloureuses. Un des chevaliers dit seulement: «Je ne puis pas plaider à moi seul contre le pape et le roi de France[78].» Quelques-uns remettent pour toute disposition une prière à la sainte Vierge: «Marie, étoile des mers, conduis-nous au port du salut[79].» Mais la pièce la plus curieuse est une (p. 063) protestation en langue vulgaire, où, après avoir soutenu l'innocence de l'ordre, les chevaliers nous font connaître leur humiliante misère, le triste calcul de leurs dépenses[80]. Étranges détails et qui font un cruel contraste avec la fierté et la richesse tant célébrée de cet ordre!... Les malheureux, sur leur pauvre paye de douze deniers par jour, étaient obligés de payer le passage de l'eau pour aller subir leurs interrogatoires dans la Cité, et de donner de l'argent à l'homme qui ouvrait ou rivait leurs chaînes.

(p. 064) Enfin les défenseurs présentèrent un acte solennel au nom de l'ordre. Dans cette protestation singulièrement forte et hardie, ils déclarèrent ne pouvoir se défendre sans le grand maître, ni autrement que devant le concile général. Ils soutiennent: «Que la religion du Temple est sainte, pure et immaculée devant Dieu et son Père[81]. L'institution régulière, l'observance salutaire, y ont *toujours* été, y sont *encore* en vigueur. Tous les frères n'ont qu'une profession de foi qui dans tout l'univers a été, est *toujours observée de tous*, depuis la fondation jusqu'au jour présent. Et qui dit ou croit autrement, erre totalement, pèche mortellement.» C'était une affirmation bien hardie de soutenir que *tous* étaient restés fidèles aux règles de la fondation primitive; qu'il n'y avait eu nulle déviation, nulle corruption. Lorsque le juste pèche sept fois par jour, cet ordre superbe se trouvait pur et sans péché. Un tel orgueil faisait frémir.

Ils ne s'en tenaient pas là. Ils demandaient que les frères apostats fussent mis sous bonne garde jusqu'à ce qu'il apparût s'ils avaient porté un vrai témoignage.

Ils auraient voulu encore qu'aucun laïque n'assistât aux interrogatoires. Nul doute, en effet, que la présence d'un Plasian, d'un Nogaret, n'intimidât les accusés et les juges.

(p. 065) Ils finissent par dire que la commission pontificale ne peut aller plus avant: «Car enfin nous ne sommes pas en lieu sûr; nous sommes et avons toujours été au pouvoir de ceux qui suggèrent des choses fausses au seigneur roi. Tous les jours, par eux ou par d'autres, de vive voix, par lettres ou messages, ils nous avertissent de ne pas rétracter les fausses dépositions qui ont été arrachées par la crainte; qu'autrement nous serons brûlés[82].»

Quelques jours après nouvelle protestation, mais plus forte encore, moins apologétique que menaçante et accusatrice. «Ce procès, disent-ils, a été soudain, violent, inique et injuste; ce n'est que violence atroce, intolérable erreur... Dans les prisons et les tortures, beaucoup et beaucoup sont morts; d'autres en resteront infirmes pour leur vie; plusieurs ont été contraints de mentir contre eux-mêmes et contre leur ordre. Ces violences et ces tourments leur ont totalement enlevé le libre arbitre, c'est-à-dire tout ce que l'homme peut avoir de bon. Qui perd le libre arbitre, perd tout bien, science, mémoire et intellect[83]... Pour les pousser au mensonge, au faux témoignage, on leur montrait des lettres où pendait le sceau du roi, et qui leur garantissaient la conservation de leurs membres, de la vie, de la liberté; on promettait de pourvoir soigneusement à ce qu'ils eussent de bons revenus pour leur vie; on leur assurait d'ailleurs que l'ordre était condamné sans remède...»

(p. 066) Quelque habitué que l'on fût alors à la violence des procédures inquisitoriales, à l'immoralité des moyens employés communément pour faire parler les accusés, il était impossible que de telles paroles ne soulevassent les cœurs! Mais ce qui en disait plus que toutes les paroles, c'était le pitoyable aspect des prisonniers, leur face pâle et amaigrie, les traces hideuses des tortures... L'un d'eux, Humbert Dupuy, le quatorzième témoin, avait été torturé trois fois, retenu trente-six semaines au fond d'une tour infecte, au pain et à l'eau. Un autre avait été pendu par les parties génitales. Le chevalier Bernard Dugué (de Vado), dont on avait tenu les pieds devant un feu ardent, montrait deux os qui lui étaient tombés des talons.

C'étaient là de cruels spectacles. Les juges mêmes, tout légistes qu'ils étaient, et sous leur sèche robe de prêtre, étaient émus et souffraient. Combien plus le peuple, qui chaque jour voyait ces malheureux passer l'eau en barque, pour se rendre dans la Cité, au palais épiscopal, où siégeait la commission! L'indignation augmentait contre les accusateurs, contre les Templiers apostats. Un jour, quatre de ces derniers se présentent devant la commission, gardant encore la barbe, mais portant leurs manteaux à la main. Ils les jettent aux pieds des évêques, et déclarent qu'ils renoncent à l'habit du Temple. Mais les juges ne les virent qu'avec dégoût; ils leur dirent qu'ils fissent dehors ce qu'ils voudraient.

Le procès prenait une tournure fâcheuse pour ceux qui l'avaient commencé avec tant de précipitation et de violence. Les accusateurs tombaient peu à peu à la (p. 067) situation d'accusés. Chaque jour, les dépositions de ceux-ci révélaient les barbaries, les turpitudes de la première procédure. L'intention du procès devenait visible. On avait tourmenté un accusé pour lui faire dire à combien montait le trésor rapporté de la Terre sainte. Un trésor était-il un crime, un titre d'accusation?

Quand on songe au grand nombre d'affiliés que le Temple avait dans le peuple, aux relations des chevaliers avec la noblesse, dont ils sortaient tous, on ne peut douter que le roi ne fût effrayé de se voir engagé si avant. Le but honteux, les moyens atroces, tout avait été démasqué. Le peuple, troublé et inquiet dans sa croyance depuis la tragédie de Boniface VIII, n'allait-il pas se soulever? Dans l'émeute des monnaies, le Temple avait été assez fort pour protéger Philippe le Bel; aujourd'hui tous les amis du Temple étaient contre lui...

Ce qui aggravait encore le danger, c'est que dans les autres contrées de l'Europe[84], les décisions des conciles étaient favorables aux Templiers. Ils furent déclarés innocents, le 17 juin 1310 à Ravenne, le 1er juillet à Mayence, le 21 octobre à Salamanque. Dès le commencement de l'année, on pouvait prévoir ces jugements et la dangereuse réaction qui s'ensuivrait à Paris. Il (p. 068) fallait la prévenir, se réfugier dans l'audace. Il fallait à tout prix prendre en main le procès, le brusquer, l'étouffer.

Au mois de février 1310, le roi s'était arrangé avec le pape. Il avait déclaré s'en remettre à lui pour le jugement de Boniface VIII. En avril, il exigea en retour que Clément nommât à l'archevêché de Sens le jeune Marigni, frère du fameux Enguerrand, vrai roi de France sous Philippe le Bel. Le 10 mai, l'archevêque de Sens assemble à Paris un concile provincial, et y fait paraître les Templiers. Voilà deux tribunaux qui jugent en même temps les mêmes accusés, en vertu de deux bulles du pape. La commission alléguait la bulle qui lui attribuait le jugement[85]. Le concile s'en rapportait à la bulle précédente, qui avait rendu aux juges ordinaires leurs pouvoirs, d'abord suspendus. Il ne reste point d'acte de ce concile, rien que le nom de ceux qui siégèrent et le nombre de ceux qu'ils firent brûler.

Le 10 mai, le dimanche, jour où la commission était assemblée, les défenseurs de l'ordre s'étaient présentés devant l'archevêque de Narbonne et les autres commissaires pontificaux pour porter appel. L'archevêque de Narbonne répondit qu'un tel appel ne regardait ni lui ni ses collègues; qu'ils n'avaient pas à s'en mêler, puisque ce n'était pas de leur tribunal que l'on appelait; que s'ils voulaient parler pour la défense de l'ordre, on les entendrait volontiers.

(p. 069) Les pauvres chevaliers supplièrent qu'au moins on les menât devant le concile pour y porter leur appel, en leur donnant deux notaires qui en dresseraient acte authentique; ils priaient la commission, ils priaient même les notaires présents. Dans leur appel qu'ils lurent ensuite, ils se mettaient sous la protection du pape, dans les termes les plus pathétiques. «Nous réclamons les saints Apôtres, nous les réclamons encore une fois, c'est avec la dernière instance que nous les réclamons.» Les malheureuses victimes sentaient déjà les flammes et se serraient à l'autel qui ne pouvait les protéger.

Tout le secours que leur avait ménagé ce pape sur lequel ils comptaient, et dont ils se recommandaient comme de Dieu, fut une timide et lâche consultation, où il avait essayé d'avance d'interpréter le mot de *relaps*, dans le cas où l'on voudrait appliquer ce nom à ceux qui avaient rétracté leurs aveux: «Il semble en quelque sorte contraire à la raison de juger de tels hommes comme relaps... En telles choses douteuses, il faut restreindre et modérer les peines.»

Les commissaires pontificaux n'osèrent faire valoir cette consultation. Ils répondirent, le dimanche soir, qu'ils éprouvaient grande compassion pour les défenseurs de l'ordre et les autres frères; mais que l'affaire dont s'occupaient l'archevêque de Sens et ses suffragants était toute autre que la leur; qu'ils ne savaient ce qui se faisait dans ce concile; que si la commission était autorisée par le Saint-Siége, l'archevêque de Sens l'était aussi; que l'une n'avait nulle autorité sur l'autre; qu'*au premier coup d'œil,* ils ne voyaient rien (p. 070) à objecter à l'archevêque de Sens; que toutefois ils aviseraient.

Pendant que les commissaires avisaient, ils apprirent que cinquante-quatre Templiers allaient être brûlés. Un jour avait suffi pour éclairer suffisamment l'archevêque de Sens et ses suffragants. Suivons pas à pas le récit des notaires de la commission pontificale, dans sa simplicité terrible.

«Le mardi 12, pendant l'interrogatoire du frère Jean Bertaud[86], il vint à la connaissance des commissaires que cinquante-quatre Templiers allaient être brûlés[87]. Ils chargèrent le prévôt de l'église de Poitiers et l'archidiacre d'Orléans, clerc du roi, d'aller dire à l'archevêque de Sens et ses suffragants de délibérer mûrement et de différer, attendu que les frères morts en prison affirmaient, disait-on, sur le péril de leurs âmes, qu'ils étaient faussement accusés. Si cette exécution avait lieu, elle empêcherait les commissaires de procéder en leur office, les accusés étant tellement effrayés qu'ils semblaient hors de sens. En outre l'un des commissaires les chargea de signifier à l'archevêque que frère Raynaud de Pruin, Pierre de Boulogne, prêtre, Guillaume de Chambonnet et Bertrand de Sartiges, chevaliers, avaient interjeté certain appel par-devant les commissaires.»

Il y avait là une grave question de juridiction. Si le concile et l'archevêque de Sens reconnaissaient la validité d'un (p. 071) appel porté devant la commission papale, ils avouaient la supériorité de ce tribunal, et les libertés de l'Église gallicane étaient compromises. D'ailleurs sans doute les ordres du roi pressaient; le jeune Marigni, créé archevêque tout exprès, n'avait pas le temps de disputer. Il s'absenta pour ne pas recevoir les envoyés de la commission; puis quelqu'un (on ne sait qui) révoqua en doute qu'ils eussent parlé au nom de la commission; Marigni douta aussi, et l'on passa outre[88].

Les Templiers, amenés le dimanche devant le concile, avaient été jugés le lundi; les uns, qui avouaient, mis en liberté; d'autres qui avaient toujours nié, emprisonnés pour la vie; ceux qui rétractaient leurs aveux, déclarés relaps. Ces derniers, au nombre de cinquante-quatre, furent dégradés le même jour par l'évêque de Paris et livrés au bras séculier. Le mardi, ils furent brûlés à la porte Saint-Antoine. Ces malheureux avaient varié dans les prisons, mais ils ne varièrent point dans les flammes; ils protestèrent jusqu'au bout de leur innocence. La foule était muette et comme stupide d'étonnement[89].

(p. 072) Qui croirait que la commission pontificale eut le cœur de s'assembler le lendemain, de continuer cette inutile procédure, d'interroger pendant qu'on brûlait?

«Le mardi 13 mai, par-devant les commissaires, fut amené frère Aimeri de Villars-le-Duc, barbe rase, sans manteau ni habit du Temple, âgé, comme il disait, de cinquante ans, ayant été environ huit années dans l'ordre comme frère servant et vingt comme chevalier. Les seigneurs commissaires lui expliquèrent les articles sur lesquels il devait être interrogé. Mais ledit témoin, pâle et tout épouvanté[90], déposant sous serment et au péril de son âme, demandant, s'il mentait, à mourir subitement, et à être d'âme et de corps, en présence même de la commission, soudain englouti en enfer, se frappant la poitrine des poings, fléchissant les genoux et élevant les mains vers l'autel, dit que toutes les erreurs imputées à l'ordre étaient de toute fausseté, quoiqu'il en eût confessé quelques-unes au milieu des tortures auxquelles l'avaient soumis Guillaume de Marcillac et Hugues de Celles, chevaliers du roi. Il ajoutait pourtant qu'*ayant vu emmener sur des (p. 073) charrettes, pour être brûlés, cinquante-quatre frères de l'ordre*, qui n'avaient pas voulu confesser lesdites erreurs, et AYANT ENTENDU DIRE QU'ILS AVAIENT ÉTÉ BRÛLÉS, lui qui craignait, s'il était brûlé, de n'avoir pas assez de force et de patience, il était prêt à confesser et jurer par crainte, devant les commissaires ou autres, toutes les erreurs imputées à l'ordre, à dire même, si l'on voulait, *qu'il avait tué Notre-Seigneur...* Il suppliait et conjurait lesdits commissaires et nous, notaires présents, de ne point révéler aux gens du roi ce qu'il venait de dire, craignant, disait-il, que s'ils en avaient connaissance, il ne fût livré au même supplice que les cinquante-quatre Templiers... — Les commissaires, voyant le péril qui menaçait les déposants s'ils continuaient à les entendre pendant cette terreur, et mus encore par d'autres causes, résolurent de surseoir pour le présent.»

La commission semble avoir été émue de cette scène terrible. Quoique affaibli par la désertion de son président, l'archevêque de Narbonne et l'évêque de Bayeux, qui ne venaient plus aux séances, elle essaya de sauver, s'il en était encore temps, les trois principaux défenseurs.

«Le lundi 18 mai, les commissaires pontificaux chargèrent le prévôt de l'église de Poitiers et l'archidiacre d'Orléans d'aller trouver de leur part le vénérable père en Dieu, le seigneur archevêque de Sens et ses suffragants, pour réclamer les défenseurs, Pierre de Boulogne, Guillaume de Chambonnet et Bertrand de Sartiges, de sorte qu'ils pussent être amenés sous bonne garde toutes les fois qu'ils le demanderaient, (p. 074) pour la défense de l'ordre.» Les commissaires avaient bien soin d'ajouter: «qu'ils ne voulaient faire aucun empêchement à l'archevêque de Sens et à son concile, mais seulement décharger leur conscience.»

«Le soir, les commissaires se réunirent à Sainte-Geneviève dans la chapelle de Saint-Éloi, et reçurent des chanoines qui venaient de la part de l'archevêque de Sens. L'archevêque répondait qu'il y avait deux ans que le procès avait été commencé contre les chevaliers ci-dessus nommés, comme membres particuliers de l'ordre, qu'il voulait le terminer selon la forme du mandat apostolique. Que du reste il n'entendait aucunement troubler les commissaires en leur office[91].» Effroyable dérision!

«Les envoyés de l'archevêque de Sens s'étant retirés, on amena devant les commissaires Raynaud de Pruin, Chambonnet et Sartiges, lesquels annoncèrent qu'on avait séparé d'eux Pierre de Boulogne sans qu'ils sussent pourquoi, ajoutant qu'ils étaient gens simples, sans expérience, d'ailleurs stupéfaits et troublés, en sorte qu'ils ne pouvaient rien ordonner ni dicter (p. 075) pour la défense de l'ordre sans le conseil dudit Pierre. C'est pourquoi ils suppliaient les commissaires de le faire venir, de l'entendre, et de savoir comment et pourquoi il avait été retiré d'eux, et s'il voulait persister dans la défense de l'ordre ou l'abandonner. Les commissaires ordonnèrent au prévôt de Poitiers et à Jehan de Teinville, que le lendemain au matin ils amenassent ledit frère en leur présence.»

Le lendemain, on ne voit pas que Pierre de Boulogne ait comparu. Mais une foule de Templiers vinrent déclarer qu'ils abandonnaient la défense. Le samedi, la commission, délaissée encore par un de ses membres, s'ajourna au 3 novembre suivant.

À cette époque, les commissaires étaient moins nombreux encore. Ils se trouvaient réduits à trois. L'archevêque de Narbonne avait quitté Paris *pour le service du roi*. L'évêque de Bayeux était près du pape *de la part du roi*. L'archidiacre de Maguelonne était malade. L'évêque de Limoges s'était mis en route pour venir, *mais le roi lui avait fait dire* qu'il fallait surseoir encore jusqu'au prochain parlement[92]. Les membres présents firent pourtant demander à la porte de la salle si quelqu'un avait quelque chose à dire pour l'ordre du Temple. Personne ne se présenta.

Le 27 décembre, les commissaires reprirent les interrogatoires et redemandèrent les deux principaux défenseurs de l'ordre. Mais le premier de tous, Pierre de Boulogne, avait disparu. Son collègue, Raynaud de Pruin, ne pouvait plus répondre, disait-on, ayant été (p. 076) dégradé par l'archevêque de Sens. Vingt-six chevaliers, qui déjà avaient fait serment comme devant déposer, furent retenus par les gens du roi, et ne purent se présenter.

C'est une chose admirable qu'au milieu de ces violences, et dans un tel péril, il se soit trouvé un certain nombre de chevaliers pour soutenir l'innocence de l'ordre; mais ce courage fut rare. La plupart étaient sous l'impression d'une profonde terreur[93].

La perte des Templiers était partout poursuivie avec acharnement dans les conciles provinciaux[94]; neuf chevaliers venaient encore d'être brûlés à Senlis. Les interrogatoires avaient lieu sous la terreur des exécutions. Le procès était étouffé dans les flammes... La commission continua ses séances jusqu'au 11 juin 1311. Le résultat de ses travaux est consigné dans un registre[95], qui finit par ses paroles: «Pour surcroît de précaution, (p. 077) nous avons déposé ladite procédure, rédigée par les notaires en acte authentique, dans le trésor de Notre-Dame de Paris, pour n'être exhibée à personne que sur lettres spéciales de Votre Sainteté.»

(p. 078) Dans tous les États de la chrétienté, on supprima l'ordre, comme inutile ou dangereux. Les rois prirent les biens ou les donnèrent aux autres ordres. Mais les individus furent ménagés. Le traitement le plus sévère qu'ils éprouvèrent fut d'être emprisonnés dans des monastères, souvent dans leurs propres couvents. C'est l'unique peine à laquelle on condamna en Angleterre les chefs de l'ordre qui s'obstinaient à nier.

Les Templiers furent condamnés en Lombardie et en Toscane, justifiés à Ravenne et à Bologne[96]. En Castille, on les jugea innocents. Ceux d'Aragon, qui avaient des places fortes, s'y jetèrent et firent résistance, principalement dans leur fameux fort de Monçon[97]. Le roi d'Aragon emporta ces forts, et ils n'en furent pas plus mal traités. On créa l'ordre de Monteza, où ils entrèrent en foule. En Portugal, ils recrutèrent les ordres d'Avis et du Christ. Ce n'était pas dans l'Espagne, en face des Maures, sur la terre classique de (p. 079) la croisade, qu'on pouvait songer à proscrire les vieux défenseurs de la chrétienté[98].

La conduite des autres princes, à l'égard des Templiers, faisait la satire de Philippe le Bel. Le pape blâma cette douceur; il reprocha aux rois d'Angleterre, de Castille, d'Aragon, de Portugal, de n'avoir pas employé les tortures. Philippe l'avait endurci, soit en lui donnant part aux dépouilles, soit en lui abandonnant le jugement de Boniface. Le roi de France s'était décidé à céder quelque peu sur ce dernier point. Il voyait tout remuer autour de lui. Les États sur lesquels il étendait son influence semblaient près d'y échapper. Les barons anglais voulaient renverser le gouvernement des favoris d'Édouard II, qui les tenait humiliés devant la France. Les Gibelins d'Italie appelaient le nouvel empereur, Henri de Luxembourg, pour détrôner le petit-fils de Charles d'Anjou, le roi Robert, grand clerc et pauvre roi, qui n'était habile qu'en astrologie. La maison de France risquait de perdre son ascendant dans la chrétienté. L'Empire, qu'on avait cru mort, menaçait de revivre. Dominé par ces craintes, Philippe permit à Clément de déclarer que Boniface n'était point hérétique[99], en assurant toutefois que le roi avait agi sans malignité, qu'il eût plutôt, (p. 080) comme un autre Sem, caché la honte, la nudité paternelle... Nogaret lui-même est absous, à la condition qu'il ira à la croisade (s'il y a croisade), et qu'il servira toute la vie à la Terre sainte; en attendant, il fera tel et tel pèlerinage. Le continuateur de Nangis ajoute malignement une autre condition, c'est que Nogaret fera le pape son héritier.

Il y eut ainsi compromis. Le roi cédant sur Boniface, le pape lui abandonna les Templiers. Il livrait les vivants pour sauver un mort. Mais ce mort était la papauté elle-même.

Ces arrangements faits en famille, il restait à les faire approuver par l'Église. Le concile de Vienne s'ouvrit le 16 octobre 1312, concile œcuménique, où siégèrent plus de trois cents évêques; mais il fut plus solennel encore par la gravité des matières que par le nombre des assistants.

D'abord on devait parler de la délivrance des saints lieux. Tout concile en parlait; chaque prince prenait la croix, et tous restaient chez eux. Ce n'était qu'un moyen de tirer de l'argent[100].

(p. 081) Le concile avait à régler deux grandes affaires, celle de Boniface et celle du Temple. Dès le mois de novembre, neuf chevaliers se présentèrent aux prélats, s'offrant bravement à défendre l'ordre, et déclarant que (p. 082) quinze cents ou deux mille des leurs étaient à Lyon ou dans les montagnes voisines, tout prêts à les soutenir. Effrayé de cette déclaration, ou plutôt de (p. 083) l'intérêt qu'inspirait le dévouement des neuf, le pape les fit arrêter[101].

Dès lors, il n'osa plus rassembler le concile. Il tint les évêques inactifs tout l'hiver dans cette ville étrangère, loin de leur pays et de leurs affaires, espérant sans doute les vaincre par l'ennui, et les pratiquant un à un.

(p. 084) Le concile avait encore un objet, la répression des mystiques, béghards et franciscains *spirituels*. Ce fut une triste chose de voir devant le pape de Philippe le Bel, aux genoux de Bertrand de Gott, le pieux et enthousiaste Ubertino, le premier auteur connu d'une Imitation de Jésus-Christ[102]. Toute la grâce qu'il demandait pour lui et ses frères, les Franciscains réformés, c'était qu'on ne les forçât pas de rentrer dans les couvents trop relâchés, trop riches, où ils ne se trouvaient pas assez pauvres à leur gré.

L'Imitation, pour ces mystiques, c'était la charité et la pauvreté. Dans l'ouvrage le plus populaire de ce temps, dans la Légende dorée, un saint donne tout ce (p. 085) qu'il a, sa chemise même; il ne garde que son Évangile. Mais un pauvre survenant encore, le saint donne l'Évangile[103]...

La pauvreté, sœur de la charité, était alors l'idéal des Franciscains[104]. Ils aspiraient à ne rien posséder. Mais cela n'est pas si facile que l'on croit. Ils mendiaient, ils recevaient; le pain même reçu pour un jour, n'est-ce pas une possession? Et quand les aliments étaient assimilés, mêlés à leur chair, pouvait-on dire qu'ils ne fussent à eux? Plusieurs s'obstinaient à le nier[105]. Bizarre effort pour échapper vivant aux conditions de la vie.

Cela pouvait paraître sublime ou risible; mais au premier coup d'œil, on n'en voyait pas le danger. Cependant, faire de la pauvreté absolue la loi de l'homme, n'est-ce pas condamner la propriété? précisément comme, à la même époque, les doctrines de fraternité idéale et d'amour sans borne annulaient le mariage, cette autre base de la société civile.

À mesure que l'autorité s'en allait, que le prêtre (p. 086) tombait dans l'esprit des peuples, la religion, n'étant plus contenue dans les formes, se répandait en mysticisme[106].

Les *Petits Frères* (fraticelli) mettaient en commun les biens et les femmes. À l'aurore de l'âge de charité, disaient-ils, on ne pouvait rien garder pour soi. Dans l'Italie, où l'imagination est impatiente, au Piémont, pays d'énergie, ils entreprirent de fonder sur une montagne[107] la première cité vraiment fraternelle. Ils y soutinrent un siége sous leur chef, le brave et éloquent Dulcino. Sans doute, il y avait quelque chose en cet homme: lorsqu'il fut pris et déchiré avec des tenailles ardentes, sa belle Margareta refusa tous les chevaliers qui voulaient la sauver en l'épousant, et aima mieux partager cet effroyable supplice.

Les femmes tiennent une grande place dans l'histoire de la religion à cette époque. Les grands saints sont des femmes: sainte Brigitte et sainte Catherine de Sienne. Les grands hérétiques sont aussi des femmes. En 1310, en 1315, on voit, selon le continuateur de Nangis, des femmes d'Allemagne ou des Pays-Bas (p. 087) enseigner que l'âme anéantie dans l'amour du Créateur peut laisser faire le corps, sans plus s'en soucier. Déjà (1300) une Anglaise était venue en France, persuadée qu'elle était le Saint-Esprit incarné pour la rédemption des femmes; on la croyait volontiers; elle était belle et de doux langage[108].

Le mysticisme des Franciscains n'était guère moins alarmant[109]. Le pape devait condamner leur trop rigoureuse logique, leur charité, leur pauvreté absolue. L'idéal devait être condamné, l'idéal des vertus chrétiennes!

Chose dure et odieuse à dire! combien plus choquante encore, quand la condamnation partait de la bouche d'un Clément V ou d'un Jean XXII. Quelque morte que pût être la conscience de ces papes, ne devaient-ils pas se troubler et souffrir en eux-mêmes, quand il leur fallait juger, proscrire, ces malheureux sectaires, cette folle sainteté, dont tout le crime était de vouloir être pauvres, de jeûner, de pleurer d'amour, (p. 088) de s'en aller pieds nus par le monde, de jouer, innocents comédiens, le drame suranné de Jésus[110]?

L'affaire des Templiers fut reprise au printemps. Le roi mit la main sur Lyon, leur asile. Les bourgeois l'avaient appelé contre leur archevêque; cette ville impériale était délaissée de l'Empire, et elle convenait trop bien au roi, non-seulement comme le nœud de la Saône et du Rhône, la pointe de la France à l'Est, la tête de route vers les Alpes ou la Provence, mais surtout comme asile de mécontents, comme nid d'hérétiques. Philippe y tint une assemblée de notables. Puis il vint au concile avec ses fils, ses princes et un grand cortége de gens armés; il siégea à côté du pape, un peu au-dessous.

Jusque-là, les évêques s'étaient montrés peu dociles: ils s'obstinaient à vouloir entendre la défense des Templiers. Les prélats d'Italie, moins un seul; ceux d'Espagne, ceux d'Allemagne et de Danemark; ceux d'Angleterre, d'Écosse et d'Irlande; les Français même, sujets de Philippe (sauf les archevêques de Reims, de Sens et de Rouen), déclarèrent qu'ils ne pouvaient condamner sans entendre[111].

Il fallut donc qu'après avoir assemblé le concile, le (p. 089) pape s'en passât. Il assembla ses évêques les plus sûrs, et quelques cardinaux, et dans ce Consistoire, il abolit l'ordre, de son autorité pontificale[112]. L'abolition fut prononcée ensuite, en présence du roi et du concile. Aucune réclamation ne s'éleva.

Il faut avouer que ce procès n'était pas de ceux qu'on peut juger. Il embrassait l'Europe entière; les dépositions étaient par milliers, les pièces innombrables; les procédures avaient différé dans les différents États. La seule chose certaine, c'est que l'ordre était désormais inutile, et de plus dangereux. Quelque peu honorables qu'aient été ses secrets motifs, le pape agit sensément. Il déclare dans sa bulle explicative, que les informations ne sont pas assez sûres, qu'il n'a pas le droit de juger, mais que l'ordre est suspect: *ordinem valde suspectum*[113]. Clément XIV n'agit pas autrement à l'égard des Jésuites.

(p. 090) Clément V s'efforça ainsi de couvrir l'honneur de l'Église. Il falsifia secrètement les registres de Boniface[114] mais il ne révoqua par-devant le concile qu'une seule de ses bulles (*Clericis laïcos*), celle qui ne touchait point la doctrine, mais qui empêchait le roi de prendre l'argent du clergé.

Ainsi, ces grandes querelles d'idées et de principes retombèrent aux questions d'argent. Les biens du Temple devaient être employés à la délivrance de la Terre sainte, et donnés aux Hospitaliers[115]. On accusa même cet ordre d'avoir acheté l'abolition du Temple. S'il le fit, il fut bien trompé. Un historien assure qu'il en fut plutôt appauvri.

Jean XXII se plaignait, en 1316, de ce que le roi se payait de la garde des Templiers, en saisissant les biens mêmes des Hospitaliers[116]. En 1317, ils furent trop heureux de donner quittance finale aux administrateurs royaux des biens du Temple. Le pape s'affligeait, en 1309, de n'avoir encore qu'un peu de (p. 091) mobilier, *pas même de quoi couvrir les frais*. Mais il n'eut pas finalement à se plaindre[117].

Restait une triste partie de la succession du Temple, la plus embarrassante. Je parle des prisonniers que le roi gardait à Paris, particulièrement du grand maître. Écoutons, sur ce tragique événement, le récit de l'historien anonyme, du continuateur de Guillaume de Nangis:

«Le grand maître du ci-devant ordre du Temple et trois autres Templiers, le Visiteur de France, les maîtres de Normandie et d'Aquitaine, sur lesquels le pape s'était réservé de prononcer définitivement[118], comparurent par-devant l'archevêque de Sens, et une assemblée d'autres prélats et docteurs en droit divin et en droit canon, convoqués spécialement dans ce but à Paris sur l'ordre du pape, par l'évêque d'Albano et deux autres cardinaux légats. Comme les quatre susdits avouaient les crimes dont ils étaient chargés, publiquement et solennellement, et qu'ils persévéraient dans cet aveu et paraissaient vouloir y persévérer jusqu'à la fin, après mûre délibération du conseil, sur la place du parvis de Notre-Dame, le lundi après la Saint-Grégoire, ils furent condamnés à être emprisonnés pour toujours et murés. Mais comme les cardinaux croyaient avoir mis fin à l'affaire, voilà que tout à (p. 092) coup, sans qu'on pût s'y attendre, deux des condamnés, le maître d'Outre-mer et le maître de Normandie, se défendent opiniâtrement contre le cardinal qui venait de parler et contre l'archevêque de Sens, en reviennent à renier leur confession et tous leurs aveux précédents, sans garder de mesure, au grand étonnement de tous. Les cardinaux les remirent au prévôt de Paris, qui se trouvait présent, pour les garder jusqu'à ce qu'ils en eussent plus pleinement délibéré le lendemain. Mais dès que le bruit en vint aux oreilles du roi, qui était alors dans son palais royal, ayant communiqué avec les siens, *sans appeler les clercs*, par un avis prudent, vers le soir du même jour, il les fit brûler tous deux sur le même bûcher dans une petite île de la Seine, entre le Jardin royal et l'Église des Frères Ermites de Saint-Augustin. Ils parurent soutenir les flammes avec tant de fermeté et de résolution, que la constance de leur mort et leurs dénégations finales frappèrent la multitude d'admiration et de stupeur. Les deux autres furent enfermés, comme le portait leur sentence[119].»

(p. 093) Cette exécution, à l'insu des juges, fut évidemment un assassinat. Le roi, qui, en 1310, avait au moins réuni un concile pour faire périr les cinquante-quatre, dédaigna ici toute apparence de droit et n'employa que la force. Il n'avait pas même ici l'excuse du danger, la raison d'État, celle du *Salus populi*, qu'il inscrivait sur ses monnaies[120]. Non, il considéra la dénégation du grand maître comme un outrage personnel, une insulte à la royauté, tant compromise dans cette affaire. Il le frappa sans doute comme *reum læsæ majestatis*.[121].

Maintenant comment expliquer les variations du grand maître et sa dénégation finale? Ne semble-t-il pas que, par fidélité chevaleresque, par orgueil militaire, il ait couvert à tout prix l'orgueil de l'ordre? que la *superbe* du Temple se soit réveillée au dernier moment? que le vieux chevalier, laissé sur la brèche comme dernier défenseur, ait voulu, au péril de son âme, rendre à jamais impossible le jugement de l'avenir sur cette obscure question?

On peut dire aussi que les crimes reprochés à l'ordre (p. 094) étaient particuliers à telle province du Temple, à telle maison, que l'ordre en était innocent; que Jacques Molay, après avoir avoué comme homme, et par humilité, put nier comme grand maître.

Mais il y a autre chose à dire. Le principal chef d'accusation, le reniement[122], reposait sur une équivoque. Ils pouvaient avouer qu'ils avaient renié, sans être en effet apostats. Ce reniement, plusieurs le déclarèrent, était symbolique; c'était une imitation du reniement de saint Pierre, une de ces pieuses comédies dont l'Église antique entourait les actes les plus (p. 095) sérieux de la religion[123], mais dont la tradition commençait à se perdre au XIVe siècle. Que cette cérémonie ait été quelquefois accomplie avec une légèreté coupable, ou même avec une dérision impie, c'était le crime de quelques-uns et non la règle de l'ordre.

(p. 096) Cette accusation est pourtant ce qui perdit le Temple. Ce ne fut pas seulement l'infamie des mœurs; elle n'était pas générale[124]. Ce ne fut pas l'hérésie, les doctrines gnostiques; vraisemblablement les chevaliers s'occupaient peu de dogme.

La vraie cause de leur ruine, celle qui mit tout le peuple contre eux, qui ne leur laissa pas un défenseur parmi tant de familles nobles auxquelles ils appartenaient, ce fut cette monstrueuse accusation d'avoir renié et craché sur la croix. Cette accusation est justement celle qui fut avouée du plus grand nombre. La simple énonciation du fait éloignait d'eux (p. 097) tout le monde; chacun se signait et ne voulait plus rien entendre.

Ainsi l'ordre qui avait représenté au plus haut degré le génie symbolique du moyen âge mourut d'un symbole non compris[125].

Cet événement n'est qu'un épisode de la guerre éternelle que soutiennent l'un contre l'autre l'esprit et (p. 098) la lettre, la poésie et la prose. Rien n'est cruel, ingrat, comme la prose, au moment où elle méconnaît les vieilles et vénérables formes poétiques, dans lesquelles elle a grandi.

Le symbolisme occulte et suspect du Temple n'avait rien à espérer au moment où le symbolisme pontifical, jusque-là révéré du monde entier, était lui-même sans pouvoir.

La poésie mystique de l'*Unam sanctam*, qui eût fait tressaillir tout le XIIe siècle, ne disait plus rien aux contemporains de Pierre Flotte et de Nogaret. Ni la *colombe*, ni l'*arche*, ni la *tunique sans couture*, tous ces innocents symboles ne pouvaient plus défendre la papauté. Le glaive spirituel était émoussé. Un âge prosaïque et froid commençait, qui n'en sentait plus le tranchant[126].

Ce qu'il y a de tragique ici, c'est que l'Église est tuée par l'Église.

Boniface est moins frappé par le gantelet de Colonna que par les adhésions des gallicans à l'appel de Philippe le Bel.

Le Temple est poursuivi par les inquisiteurs, aboli par le pape; les dépositions les plus graves contre les Templiers sont celles des prêtres[127]. Nul doute que (p. 099) le pouvoir d'absoudre, qu'usurpaient les chefs de l'ordre, ne leur ait fait des ecclésiastiques d'irréconciliables ennemis[128].

Quelle fut sur les hommes d'alors l'impression de ce grand suicide de l'Église, les inconsolables tristesses de Dante le disent assez. Tout ce qu'on avait cru ou révéré, papauté, chevalerie, croisade, tout semblait finir.

Le moyen âge est déjà une seconde antiquité qu'il faut avec Dante chercher chez les morts. Le dernier (p. 100) poète de l'âge symbolique[129] vit assez pour pouvoir lire la prosaïque allégorie du Roman de la Rose. L'allégorie tue le symbole, la prose la poésie.(Retour à la Table des Matières)

CHAPITRE V.

SUITE DU RÈGNE DE PHILIPPE LE BEL
— SES TROIS FILS — PROCÈS — INSTITUTIONS

1314-1328.

La fin du procès du Temple fut le commencement de vingt autres. Les premières années du XIVᵉ siècle ne sont qu'un long procès. Ces hideuses tragédies avaient troublé les imaginations, effarouché les âmes. Il y eut comme une épidémie de crimes. Des supplices atroces, obscènes, qui étaient eux-mêmes des crimes, les punissaient et les provoquaient.

Mais les crimes eussent-ils manqué, ce gouvernement (p. 102) de robe longue, de *jugeurs*, ne pouvait s'arrêter aisément, une fois en train de juger. L'humeur militante des gens du roi, si terriblement éveillée par leurs campagnes contre Boniface et contre le Temple, ne pouvait plus se passer de guerre. Leur guerre, leur passion, c'était un grand procès, un grand et terrible procès, des crimes affreux, étranges, punis dignement par de grands supplices. Rien n'y manquait, si le coupable était un personnage. Le populaire apprenait alors à révérer la robe; le bourgeois enseignait à ses enfants à ôter le chaperon devant Messires, à s'écarter devant leur mule, lorsqu'au soir, par les petites rues de la Cité, ils revenaient attardés de quelque fameux jugement[130].

Les accusations vinrent en foule; ils n'eurent point à se plaindre: empoisonnements, adultères, faux, sorcellerie surtout. Cette dernière était mêlée à toutes; elle en faisait l'attrait et l'horreur. Le juge frissonnait sur son siége lorsqu'il apportait au tribunal les pièces de conviction, philtres, amulettes, crapauds, chats noirs, images percées d'aiguilles... Il y avait en ces causes une violente curiosité, un âcre plaisir de vengeance et de peur. On ne s'en rassasiait pas. Plus on brûlait, plus il en venait.

On croirait volontiers que ce temps est le règne du Diable, n'étaient les belles ordonnances, qui y apparaissent par intervalles, et y font comme la part de Dieu... L'homme est violemment disputé par les deux puissances. On croit assister au drame de Bartole:

l'homme par-devant Jésus, le Diable demandeur, la (p. 103) Vierge défendeur. Le Diable réclame l'homme comme sa chose, *alléguant la longue possession*. La Vierge prouve qu'il n'y a pas *prescription*, et montre que l'autre abuse des textes[131].

La Vierge a forte partie à cette époque. Le Diable est lui-même du siècle; il en réunit les caractères, les mauvaises industries. Il tient du juif et de l'alchimiste, du scolastique et du légiste.

La diablerie, comme science, avait dès lors peu de progrès à faire. Elle se formait comme art. La démonologie enfantait la sorcellerie. Il ne suffisait pas de pouvoir distinguer et classer des légions de diables, d'en savoir les noms, les professions, les tempéraments[132]; il fallait apprendre à les faire servir aux usages de l'homme. Jusque-là on avait étudié les moyens de les chasser; on chercha désormais ceux de les faire venir. Cet effroyable peuple de tentateurs (p. 104) s'accrut sans mesure. Chaque clan d'Écosse, chaque grande maison de France, d'Allemagne, chaque homme presque avait le sien. Ils accueillaient toutes les demandes secrètes qu'on ne peut faire à Dieu, écoutaient tout ce qu'on n'ose dire[133]... On les trouvait partout[134]. Leur vol de chauve-souris obscurcissait presque la lumière et le jour de Dieu. On les avait vus enlever en plein jour un homme qui venait de communier, et qui se faisait garder par ses amis, cierges allumés[135].

Le premier de ces vilains procès de sorcelleries, où il n'y avait des deux côtés que malhonnêtes gens, est celui de Guichard, évêque de Troyes, accusé d'avoir, par engin et maléfice, procuré la mort de la femme de Philippe le Bel. Cette mauvaise femme, qui avait recommandé l'égorgement des Flamands (voyez plus haut), est celle aussi qui, selon une tradition plus célèbre que sûre, se faisait amener, la nuit, des étudiants à la tour de Nesle, pour les faire jeter à l'eau quand elle s'en était servie. Reine de son chef pour la Navarre, comtesse de Champagne, elle en voulait à l'évêque, qui pour finance avait sauvé un homme (p. 105) qu'elle haïssait. Elle faisait ce qu'elle pouvait pour ruiner Guichard. D'abord, elle l'avait fait chasser du conseil et forcé de résider en Champagne. Puis elle avait dit qu'elle perdrait son comté de Champagne, ou lui son évêché. Elle le poursuivait pour je ne sais quelle restitution. Guichard demanda d'abord à une sorcière un moyen de se faire aimer de la reine, puis un moyen de la faire mourir. Il alla, dit-on, la nuit chez un ermite pour maléficier la reine et l'*envoûter*. On fit une reine de cire, avec l'assistance d'une sage-femme; on la baptisa Jeanne, avec parrain et marraine, et on la piqua d'aiguilles. Cependant la vraie Jeanne ne mourait pas. L'évêque revint plus d'une fois à l'ermitage, espérant s'y mieux prendre. L'ermite eut peur, se sauva et dit tout. La reine mourut peu après. Mais soit qu'on ne pût rien prouver, soit que Guichard eût trop d'amis en cour, son affaire traîna. On le retint en prison[136].

Le Diable, entre autres métiers, faisait celui d'entremetteur. Un moine, dit-on, trouva moyen par lui de salir toute la maison de Philippe le Bel. Les trois princesses ses belles-filles, épouses de ses trois fils, furent dénoncées et saisies[137]. On arrêta en même temps deux frères, deux chevaliers normands qui étaient attachés au service des princesses. Ces malheureux avouèrent dans les tortures que, depuis trois (p. 106) ans, ils péchaient avec leurs jeunes maîtresses «et même dans les plus saints jours[138].» La pieuse confiance du moyen âge, qui ne craignait pas d'enfermer une grande dame avec ses chevaliers dans l'enceinte d'un château, d'une étroite tour, le vasselage qui faisait aux jeunes hommes un devoir féodal des soins les plus doux, était une dangereuse épreuve pour la nature humaine, quand la religion faiblissait[139]. Le Petit Jehan de Saintré, ce conte ou cette histoire du temps de Charles VI, ne dit que trop bien tout cela.

Que la faute fût réelle ou non, la punition fut atroce. Les deux chevaliers, amenés sur la place du Martroi, près l'orme Saint-Gervais, y furent écorchés vifs, (p. 107) châtrés, décapités, pendus par les aisselles. De même que les prêtres cherchaient, pour venger Dieu, des supplices infinis, le roi, ce nouveau dieu du monde, ne trouvait point de peines assez grandes pour satisfaire à sa majesté outragée. Deux victimes ne suffirent pas. On chercha des complices. On prit un huissier du palais, puis une foule d'autres, hommes ou femmes, nobles ou roturiers; les uns furent jetés à la Seine, les autres mis à mort secrètement.

Des trois princesses, une seule échappa. Philippe le Long, son mari, n'avait garde de la trouver coupable; il lui aurait fallu rendre la Franche-Comté qu'elle lui avait apportée en dot. Pour les deux autres, Marguerite et Blanche, épouses de Louis le Hutin et de Charles le Bel, elles furent honteusement tondues et jetées dans un château fort. Louis, à son avénement fit étrangler la sienne (15 avril 1315), afin de pouvoir se remarier. Blanche, restée seule en prison, fut bien plus malheureuse[140].

(p. 108) Une fois dans cette voie de crimes, l'essor étant donné aux imaginations, toute mort passe pour empoisonnement ou maléfice. La femme du roi est empoisonnée, sa sœur aussi. L'empereur Henri VII le sera dans l'hostie. Le comte de Flandre manque de l'être par son fils. Philippe le Bel l'est, dit-on, par ses ministres, par ceux qui perdaient le plus à sa mort, et non-seulement Philippe, mais son père, mort trente ans auparavant. On remonterait volontiers plus haut pour trouver des crimes[141].

Tous ces bruits effrayaient le peuple. Il aurait voulu apaiser Dieu et faire pénitence. Entre les famines et les banqueroutes des monnaies, entre les vexations du diable et les supplices du roi, ils s'en allaient par les villes, pleurant, hurlant, en sales processions de pénitents tout nus, de flagellants obscènes; mauvaises dévotions qui menaient au péché.

Tel était le triste état du monde, lorsque Philippe et son pape s'en allèrent en l'autre chercher leur jugement.

Jacques Molay les avait, dit-on, de son bûcher, ajournés à un an pour comparaître devant Dieu. Clément partit le premier. Il avait peu auparavant vu en (p. 109) songe tout son palais en flamme. «Depuis, dit son biographe, il ne fut plus gai et ne dura guère[142].»

Sept mois après, ce fut le tour de Philippe. Il mourut dans sa maison de Fontainebleau. Il est enterré[143] dans la petite église d'Avon.

Quelques-uns le font mourir à la chasse, renversé par un sanglier. Dante, avec sa verve de haine, ne trouve pas, pour le dire, de mot assez bas: «Il mourra d'un coup de couenne, le faux-monnayeur[144]!»

Mais l'historien français, contemporain, ne parle point de cet accident. Il dit que Philippe s'éteignit, sans fièvre, sans mal visible, au grand étonnement des médecins. Rien n'indiquait qu'il dût mourir sitôt; il (p. 110) n'avait que quarante-six ans. Cette belle et muette figure avait paru impassible au milieu de tant d'événements. Se crut-il secrètement frappé par la malédiction de Boniface ou du grand maître? ou bien plutôt le fut-il par la confédération des grands du royaume, qui se forma contre lui l'année même de sa mort? Les barons et les nobles l'avaient suivi à l'aveugle contre le pape; ils n'avaient pas fait entendre un mot en faveur de leurs frères, des cadets de la noblesse; je parle des Templiers. Les atteintes portées à leurs droits de justice et de monnaie leur firent perdre patience. Au fond, le roi des légistes, l'ennemi de la féodalité, n'avait pas d'autre force militaire à lui opposer que la force féodale. C'était un cercle vicieux d'où il ne pouvait plus sortir. La mort le tira d'affaire.

Quelle part eut-il réellement aux grands événements de son règne, on l'ignore. Seulement, on le voit parcourir sans cesse le royaume. Il ne se fait rien de grand en bien ou en mal, qu'il n'y soit en personne: à Courtrai et à Mons-en-Puelle (1302, 1304), à Saint-Jean-d'Angély, à Lyon (1305), à Poitiers et à Vienne (1308, 1313).

Ce prince paraît avoir été rangé et régulier. Nulle trace de dépense privée. Il comptait avec son trésorier tous les vingt-cinq jours.

Fils d'une Espagnole, élevé par le dominicain Egidio de Rome, de la maison de Colonna, il eut quelque chose du sombre esprit de saint Dominique, comme saint Louis la douceur mystique de l'ordre de saint François. Egidio avait écrit pour son élève un livre (p. 111)*De regimine principum*, et il n'eut pas de peine à lui inculquer le dogme du droit illimité des rois[145].

Philippe s'était fait traduire la Consolation de Boèce, les livres de Vegèce sur l'art militaire, et les lettres d'Abailard et d'Héloïse[146]. Les infortunes universitaires et amoureuses du célèbre professeur, si maltraité des prêtres, étaient un texte populaire au milieu (p. 112) de cette grande guerre du roi contre le clergé. Philippe le Bel s'appuyait sur l'Université de Paris[147]; il caressait cette turbulente république, et elle le soutenait. Tandis que Boniface cherchait à s'attacher les Mendiants, l'Université les persécutait par son fameux docteur Jean *Pique-Ane (Pungensasinum[148])*, champion du roi contre le pape. Au moment où les Templiers furent arrêtés, Nogaret réunit tout le peuple universitaire au Temple, maîtres et écoliers, théologiens et *artistes*, pour leur lire l'acte d'accusation. C'était une force que d'avoir pour soi un tel corps, et dans la capitale. Aussi le roi ne souffrit pas que Clément V érigeât les écoles d'Orléans en université, et créât une rivale à son université de Paris[149].

Ce règne est une époque de fondation pour l'Université. Il s'y fonde plus de colléges que dans tout le XIIIe siècle, et les plus célèbres colléges[150]. La femme (p. 113) de Philippe le Bel, malgré sa mauvaise réputation, fonde le collége de Navarre (1304), ce séminaire de gallicans, d'où sortirent d'Ailly, Gerson et Bossuet. Les conseillers de Philippe le Bel, qui avaient aussi beaucoup à expier, font presque tous de semblables fondations. L'archevêque Gilles d'Aiscelin, le faible et servile juge des Templiers, fonda ce terrible collége, la plus pauvre et la plus démocratique des écoles universitaires, ce Mont-Aigu, où l'esprit et les dents, selon le proverbe, étaient également aigus[151]. Là, s'élevaient, sous l'inspiration de la famine, les *pauvres* écoliers, les *pauvres* maîtres[152], qui rendirent illustres le nom de *Cappets*[153]; chétive nourriture, mais amples priviléges; ils ne dépendaient pour la confession, ni de l'évêque de Paris, ni même du pape.

Que Philippe le Bel ait été ou non un méchant homme ou un mauvais roi, on ne peut méconnaître en (p. 114) son règne la grande ère de l'ordre civil en France, la fondation de la monarchie moderne. Saint Louis est encore un roi féodal. On peut mesurer d'un seul mot tout le chemin qui se fit de l'un à l'autre. Saint Louis assembla les députés des villes du Midi, Philippe le Bel ceux des États de France. Le premier fit des établissements pour ses domaines, le second des ordonnances pour le royaume. L'un posa en principe la suprématie de la justice royale sur celles des seigneurs, l'appel au roi; il essaya de modérer les guerres privées par la *quarantaine et l'assurement*. Sous Philippe le Bel, l'appel au roi se trouve si bien établi, que le plus indépendant des grands feudataires, le duc de Bretagne, demande, comme grâce singulière, d'en être exempté[154]. Le Parlement de Paris écrit pour le roi au plus éloigné des barons, au comte de Comminges, ce petit roi des hautes Pyrénées, les paroles suivantes qui, un siècle plus tôt, n'eussent pas même été comprises: «Dans tout le royaume, la connaissance et la punition du port d'armes n'appartient qu'à nous[155].»

Au commencement de ce règne, la tendance nouvelle s'annonce fortement. Le roi veut exclure les prêtres de la justice et des charges municipales[156]. Il protége (p. 115) les juifs[157] et les hérétiques, il augmente la taxe royale sur les amortissements, sur les acquisitions d'immeubles par les églises[158]. Il défend les guerres privées, les tournois. Cette défense motivée sur le besoin que le roi a de ses hommes pour la guerre de Flandre, est souvent répétée; une fois même, le roi ordonne à ses prévôts d'arrêter ceux qui vont aux tournois. À chaque campagne, il lui fallait faire *la presse*, et réunir malgré elle cette indolente chevalerie qui se souciait peu des affaires du roi et du royaume[159].

Ce gouvernement ennemi de la féodalité et des prêtres, n'avait pas d'autre force militaire que les seigneurs, ni guère d'argent que par l'Église. De là plusieurs contradictions, plus d'un pas en arrière.

En 1287, le roi permet aux nobles de poursuivre (p. 116) leurs serfs fugitifs dans les villes. Peut-être en effet était-il besoin de ralentir ce grand mouvement du peuple vers les villes, d'empêcher la désertion des campagnes[160]. Les villes auraient tout absorbé; la terre serait restée déserte, comme il arriva dans l'empire romain.

En 1290, le clergé arracha au roi une charte exorbitante, inexécutable, qui eût tué la royauté. Les principaux articles étaient que les prélats *jugeraient des testaments, des legs, des douaires*, que les baillis et gens du roi ne demeureraient pas sur terres d'église, que les évêques seuls pourraient arrêter les ecclésiastiques, que les clercs ne plaideraient point en cour laïque pour les actions personnelles, quand même ils y seraient obligés par lettres du roi (c'était l'impunité des prêtres); que les prélats ne payeraient pas pour les biens acquis à leurs églises; que les juges locaux ne connaîtraient point des dîmes, c'est-à-dire que le clergé jugerait seul les abus fiscaux du clergé.

En 1291, Philippe le Bel avait violemment attaqué la tyrannie de l'inquisition dans le Midi. En 1298, au commencement de la guerre contre le pape, il seconde l'intolérance des évêques, il ordonne aux seigneurs (p. 117) et aux juges royaux, de leur livrer les hérétiques, pour qu'ils les condamnent et les punissent sans appel. L'année suivante, il promet que les baillis ne vexeront plus les églises de saisies violentes; ils ne saisiront qu'un manoir à la fois, etc.[161].

Il fallait aussi satisfaire les nobles. Il leur accorda une ordonnance contre leurs créanciers, contre les usuriers juifs. Il garantit leur droit de chasse. Les collecteurs royaux n'exploiteront plus les successions des bâtards et des aubains sur les terres des seigneurs haut-justiciers: «*À moins*, ajoute prudemment le roi, *qu'il ne soit constaté par idoine personne que nous avons bon droit de percevoir*[162].»

(p. 118) En 1302, après la défaite de Courtrai, le roi osa beaucoup. Il prit pour la monnaie, la moitié de toute vaisselle d'argent[163] (les baillis et gens du roi devaient donner tout); il saisit le temporel des prélats partis pour Rome[164]; enfin il imposa les nobles battus et humiliés à Courtrai: le moment était bon pour les faire payer[165].

En 1303, pendant la crise, lorsque Nogaret eut accusé Boniface (12 mars), lorsque l'excommunication pouvait d'un moment à l'autre tomber sur la tête du roi, il promit tout ce qu'on voulut. Dans son ordonnance de réforme (fin mars), il s'engageait envers les nobles et prélats, à *ne rien acquérir* sur leurs terres[166]. (p. 119) Toutefois il y mettait encore une réserve qui annulait tout: «*Sinon en cas qui touche notre droit royal*[167].» Dans la même ordonnance, se trouvait un règlement relatif au Parlement; parmi les priviléges, l'organisation (p. 120) du corps qui devait détruire priviléges et privilégiés[168].

Dans les années qui suivent, il laisse les évêques rentrer au Parlement. Toulouse recouvre sa justice municipale; les nobles d'Auvergne obtiennent qu'on respecte leurs justices, qu'on réprime les officiers du roi, etc. Enfin en 1306, lorsque l'émeute des monnaies force le roi de se réfugier au Temple, ne comptant plus sur les bourgeois, il rend aux nobles le gage de bataille, la preuve par duel, au défaut de témoins[169].

(p. 121) La grande affaire des Templiers (1308-9) le força encore à lâcher la main. Il renouvela les promesses de 1303, régla la comptabilité des baillis, s'engagea à ne plus taxer les censiers des nobles, mit ordre aux violences des seigneurs, promit aux Parisiens de modérer son droit de prise et de pourvoierie, aux Bretons de faire de la bonne monnaie, aux Poitevins d'abattre les fours des faux-monnayeurs. Il confirma les priviléges de Rouen. Tout à coup charitable et aumônier, il voulait employer le droit de chambellage à marier de pauvres filles nobles; il donnait libéralement aux hôpitaux les pailles dont on jonchait les logis royaux dans ses fréquents voy-ages.

L'hypocrisie de ce gouvernement n'est en rien plus remarquable que dans les affaires des monnaies. Il est curieux de suivre d'année en année les mensonges, les tergiversations du royal faux-monnayeur[170]. En (p. 122) 1295, il avertit le peuple qu'il va faire une monnaie «où il manquera peut-être quelque chose pour le titre ou le poids, mais qu'il dédommagera ceux qui en prendront; sa chère épouse, la reine Jeanne de Navarre, veut bien qu'on y affecte les revenus de la Normandie.» En 1305, il fait crier par les rues à son de trompe, que sa nouvelle monnaie est aussi bonne que celle de saint Louis. Il avait ordonné plusieurs fois aux monnayeurs de tenir secrètes les falsifications. Plus tard, il fait entendre que ses monnaies ont été altérées par d'autres, et ordonne de détruire les fours où *l'on avait fait de la fausse monnaie*. En 1310 et 1311, craignant la comparaison des monnaies étrangères, il en défend l'importation. En 1312, il défend de peser ou d'essayer les monnaies royales.

Nul doute qu'en tout ceci le roi ne fût convaincu de son droit, qu'il ne considérât comme un attribut de sa toute-puissance, d'augmenter à volonté la valeur des monnaies. Le comique, c'est de voir cette toute-puissance, cette divinité, obligée de ruser avec la méfiance du peuple; la religion naissante de la royauté a déjà ses incrédules.

(p. 123) Enfin la royauté elle-même semble douter de soi. Cette fière puissance, ayant été au bout de la violence et de la ruse, fait un aveu implicite de sa faiblesse; elle en appelle à la liberté. On a vu quelles paroles hardies le roi se fit adresser et dans la fameuse *supplique du pueble de France*, et dans le discours des députés des États de 1308. Mais rien n'est plus remarquable que les termes de l'ordonnance par laquelle il confirme l'affranchissement des serfs du Valois, accordé par son frère: «Attendu que toute créature humaine qui est formée à l'image de nostre Seigneur, doit généralement estre franche par droit naturel, et en aucuns pays de cette naturelle liberté ou franchise, par le joug de la servitude qui tant est haineuse, soit si effaciée et obscurcie que les hommes et les fames qui habitent èz lieux et pays dessusditz, en leur vivant sont réputés ainsi comme morts, et à la fin de leur douloureuse et chétive vie, si estroitement

65

liés et demenés, que des biens que Dieu leur a presté en cest siècle, ils ne peuvent en leur darnière volonté, disposer ne ordener[171]...»

Ces paroles devaient sonner mal aux oreilles féodales. Elles semblaient un réquisitoire contre le servage, contre la tyrannie des seigneurs. La plainte qui jamais n'avait osé s'élever, pas même à voix basse, voilà qu'elle éclatait et tombait d'en haut comme une condamnation. Le roi étant venu à bout de tous ses ennemis, avec l'aide des seigneurs, ne gardait plus de ménagement pour ceux-ci. Le 13 juin 1313, il leur (p. 124) défendit de faire aucune monnaie jusqu'à ce qu'ils eussent lettres du roi qui les y autorisassent.

Cette ordonnance combla la mesure. Quelque terreur que dût inspirer le roi après l'affaire du Temple, les grands se décidèrent à risquer tout et à prendre un parti. La plupart des seigneurs du Nord et de l'Est (Picardie, Artois, Ponthieu, Bourgogne et Forez) formèrent une confédération contre le roi: «À tous ceux qui verront, orront (ouïront) ces présentes lettres, li nobles et *li communs* de Champagne, pour nous, pour les pays de Vermandois et *pour nos alliés et adjoints* étant dedans les points du royaume de France; salut. Sachent tuis que comme très-excellent et très-puissant prince, notre très-cher et redouté sire, Philippe, par la grâce de Dieu, roi de France, ait fait et relevé plusieurs tailles, subventions, exactions non deus, changement de monnoyes, et plusieurs aultres choses qui ont été faites, par quoi li nobles et li communs ont été moult grevés, appauvris... Et il n'apert pas qu'ils soient tournez en l'honneur et proufit du roy ne dou royalme, ne en deffension dou profit commun. Desquels griefs nous avons plusieurs fois requis et supplié humblement et dévotement ledit sir li roy, que ses choses voulist défaire et délaisser, de quoy rien n'en ha fait. Et encore en cette présente année courant, par l'an 1314, lidit nos sire le roi ha fait impositions non deuement sur li nobles et li communs du royalme, et subventions lesquelles il s'est efforcé de lever; laquelle chose ne pouvons souffrir ne soûtenir en bonne conscience, car ainsi perdrions nos honneurs, franchises et libertés; et nous et cis qui après nous (p. 125) verront (*viendront*)... Avons juré et promis par nos serments, leaument et en bonne foy, par (*pour*) nous et nos hoirs aux comtés d'Auxerre et de Tonnerre, aux nobles et aux communs desdits comtés, leurs alliés et adjoints, que nos, en la subvention de la présente année, et tous autres griefs et novelletés non deuement faites et à faire, au temps présent et avenir, que li roi de France, nos sires, ou aultre, lor voudront faire, lor aiderions, et secourerons à nos propres coustes et despens[172]...»

Cet acte semblerait une réponse aux dangereuses paroles du roi sur le servage. Le roi dénonçait les seigneurs, ceux-ci le roi.

Les deux forces qui s'étaient unies pour dépouiller l'Église, s'accusaient maintenant l'une l'autre par-devant le peuple, qui n'existait pas encore comme peuple, et qui ne pouvait répondre.

Le roi, sans défense contre cette confédération, s'adressa aux villes. Il appela leurs députés à venir aviser avec lui sur le fait des monnaies (1314). Ces députés, dociles aux influences royales, demandèrent *que le roi empêchât pendant onze ans les barons de faire de la monnaie*, pour en fabriquer lui-même de bonne, sur laquelle il ne gagnerait rien.

Philippe le Bel meurt au milieu de cette crise (1314). L'avénement de son fils, Louis X, si bien nommé *Hutin* (désordre, vacarme), est une réaction violente de l'esprit féodal, local, provincial, qui veut briser (p. 126) l'unité faible encore, une demande de démembrement, une réclamation du chaos[173].

Le duc de Bretagne veut juger sans appel, l'échiquier de Rouen sans appel. Amiens ne veut plus que les sergents du roi fassent d'ajournement chez les seigneurs, ni que les prévôts tirent aucun prisonnier de leur main. Bourgogne et Nevers exigent que le roi respecte la justice féodale, «qu'il n'affige plus ses pannonceaux» aux tours, aux barrières des seigneurs.

La demande commune des barons, c'est que le roi n'ait plus de rapport avec leurs hommes. Les nobles de Bourgogne se chargent de punir eux-mêmes leurs officiers. La Champagne et le Vermandois interdisent au roi de faire assigner les vassaux inférieurs.

Les provinces les plus éloignées l'une de l'autre, le Périgord, Nîmes et la Champagne, s'accordent pour se plaindre de ce que le roi veut taxer les censiers des nobles.

Amiens voudrait que les baillis ne fissent ni emprisonnement, ni saisie, qu'après condamnation. Bourgogne, (p. 127) Amiens, Champagne demandent unanimement le rétablissement du gage de bataille, du combat judiciaire.

Le roi n'acquerra plus ni fief, ni avouerie sur les terres des seigneurs, en Bourgogne, Tours et Nevers, non plus qu'en Champagne (sauf les cas de succession ou de confiscation).

Le jeune roi octroie et signe tout. Il y a seulement trois points où il hésite et veut ajourner. Les seigneurs de Bourgogne réclament contre le roi la juridiction sur les *rivières, les chemins et les lieux consacrés.* Ceux de Champagne doutent que le roi ait le droit de les mener à la guerre *hors de leur province.* Ceux d'Amiens, avec la violence picarde, requièrent sans détour que *tous les gentilshommes puissent guerroyer les uns aux autres, ne donner trêves, mais chevaucher, aller, venir et estre à arme en guerre et forfaire les uns aux autres...* À ces demandes insolentes et absurdes, le roi répond seulement: «*Nous ferons voir les registres de monseigneur saint Loys et tailler ausdits nobles deus bonnes personnes, tiels comme il nous nommerons de nostre conseil, pour savoir et enquérir diligemment la vérité dudit article...*»

La réponse était assez adroite. Ils demandaient tous qu'on revînt *aux bonnes coutumes de saint Louis;* ils oubliaient que saint Louis s'était efforcé d'empêcher les guerres privées. Mais par ce nom de saint Louis ils n'entendaient autre chose que la vieille indépendance féodale, le contraire du gouvernement quasi-légal, vénal et tracassier de Philippe le Bel.

Les grands détruisaient pièce à pièce tout ce gouvernement (p. 128) du feu roi. Mais ils ne le croyaient pas mort tant qu'ils n'avaient pas fait périr son *Alter ego,* son *maire du palais,* Enguerrand de Marigny, qui, dans les dernières années, avait été *coadjuteur et recteur du royaume,* qui s'était laissé dresser une statue au Palais à côté de celle du roi. Son vrai nom était Le Portier; mais il acheta avec une terre le nom de Marigny. Ce Normand, personnage *gracieux et cauteleux*[174], mais apparemment non moins silencieux que son maître, n'a point laissé d'acte; il semble qu'il n'ait écrit ni parlé. Il fit condamner les Templiers par son frère, qu'il avait fait tout exprès archevêque de Sens. Il eut sans doute la part principale aux affaires du roi avec les papes; mais il s'y prit si bien qu'il passa pour avoir laissé Clément V échapper de Poitiers[175]. Le pape lui en sut gré probablement; et, d'autre part, il put faire croire au roi que le pape lui serait plus utile à Avignon, dans une apparente indépendance, que dans une captivité qui eût révolté le monde chrétien.

Ce fut au Temple, au lieu même où Marigny avait installé son maître pour dépouiller les Templiers, que le jeune roi Louis vint entendre l'accusation solennelle portée contre Marigny[176]. L'accusateur était le frère de Philippe le Bel, ce violent Charles de Valois, homme remuant et médiocre qui se portait pour chef des barons. (p. 129) Né si près du trône de France, il avait couru toute la chrétienté pour en trouver un autre, tandis qu'un petit chevalier de Normandie régnait à côté de Philippe le Bel. Il ne faut pas s'étonner s'il était enragé d'envie.

Il n'eût pas été difficile à Marigny de se défendre, si l'on eût voulu l'entendre. Il n'avait rien fait, sinon d'être la pensée, la conscience de Philippe le Bel. C'était pour le jeune roi comme s'il eût jugé l'âme de son père. Aussi voulait-il seulement éloigner Marigny, le reléguer dans l'île de Chypre, et le rappeler plus tard. Pour le perdre, il fallut que Charles de Valois eût recours à la grande accusation du temps, dont personne ne se tirait. On découvrit, ou l'on supposa, que la femme ou la sœur de Marigny, pour provoquer sa délivrance ou maléficier le roi, avait fait faire, par un Jacques de Lor, certaines petites figures: «Ledit Jacques, jeté en prison, se pend de désespoir, et ensuite sa femme et les sœurs d'Enguerrand sont mises en prison; et Enguerrand lui-même, jugé en présence des chevaliers, est pendu à Paris au gibet des voleurs. Cependant il ne reconnut rien des susdits maléfices, et dit seulement que pour les exactions et les altérations de monnaie, il n'en avait point été le seul auteur... C'est pourquoi sa mort, dont beaucoup ne conçurent point entièrement les causes, fut matière à grande admiration et stupeur.»

«Pierre de Latilly, évêque de Châlons, soupçonné de la mort du roi de France Philippe et de son prédécesseur, fut, par ordre du roi, retenu en prison au nom de l'archevêque de Reims. Raoul de Presles, avocat (p. 130) général (advocatus præcipuus) au Parlement, également suspect et retenu pour semblable soupçon, fut enfermé dans la prison de Sainte-Geneviève à Paris, et torturé par divers supplices. Comme on ne pouvait arracher de sa bouche aucun aveu sur les crimes dont on le chargeait, quoiqu'il eût enduré les tourments les plus divers et les plus douloureux, on finit par le laisser aller; grande partie de ses biens, tant meubles qu'immeubles, ayant été ou donnés, ou perdus, ou pillés[177].»

Ce n'était rien d'avoir pendu Marigny, emprisonné Raoul de Presles, ruiné Nogaret, comme ils firent plus tard. Le légiste était plus vivace que les barons ne supposaient. Marigny renaît à chaque règne, et toujours on le tue en vain. Le vieux système, ébranlé par secousses, écrase chaque fois un ennemi. Il n'en est pas plus fort. Toute l'histoire de ce temps est dans le combat à mort du légiste et du baron.

Chaque avénement se présente comme une restauration des *bons vieux* us de saint Louis, comme une expiation (p. 131) du règne passé. Le nouveau roi, compagnon et ami des princes et des barons, commence comme premier baron, comme *bon et rude justicier*, à faire pendre les meilleurs serviteurs de son prédécesseur. Une grande potence est dressée; le peuple y suit de ses huées l'homme du peuple, l'homme du roi, le pauvre roi roturier qui porte à chaque règne les péchés de la royauté. Après saint Louis, le barbier La Brosse; après Philippe le Bel, Marigny; après Philippe le Long, Gérard Guecte; après Charles le Bel, le trésorier Remy... Il meurt illégalement, mais non injustement. Il meurt souillé des violences d'un système imparfait où le mal domine encore le bien. Mais en mourant il laisse à la royauté qui le frappe ses instruments de puissance, au peuple qui le maudit des institutions d'ordre et de paix.

Peu d'années s'étaient écoulées, que le corps de Marigny fut respectueusement descendu de Montfaucon et reçut la sépulture chrétienne. Louis le Hutin légua dix mille livres aux fils de Marigny. Charles de Valois, dans sa dernière maladie, crut devoir, pour le bien de son âme, réhabiliter sa victime. Il fit distribuer de grandes aumônes, en recommandant de dire aux pauvres: «Priez Dieu pour Monseigneur Enguerrand de Marigny et pour Monseigneur Charles de Valois».

La meilleure vengeance de Marigny, c'est que la royauté, si forte sous lui, tomba après lui dans la plus déplorable faiblesse. Louis le Hutin, ayant besoin d'argent pour la guerre de Flandre, traita comme d'égal à égal avec la ville de Paris. Les nobles de Champagne et de Picardie se hâtèrent de profiter du droit de (p. 132) guerre privée qu'ils venaient de reconquérir, et firent la guerre à la comtesse d'Artois, sans s'inquiéter du jugement du roi qui lui avait adjugé ce fief. Tous les barons s'étaient remis à battre monnaie. Charles de Valois, oncle du roi, leur en donnait l'exemple. Mais au lieu d'en frapper seulement pour leurs terres, conformément aux ordonnances de Philippe le Hardi et de Philippe le Bel, ils faisaient la fausse monnaie en grand et lui donnaient cours par tout le royaume.

Il fallut bien alors que le roi se réveillât et revînt au gouvernement de Marigny et de Philippe le Bel. Il décria les monnaies des barons (19 novembre 1315) et ordonna qu'elles n'auraient cours que chez eux[178]. Il fixa les rapports de la monnaie royale avec treize monnaies différentes que trente et un évêques ou barons avaient droit de frapper sur leurs terres. Quatre-vingts seigneurs avaient eu ce droit du temps de saint Louis.

Le jeune roi féodal, humanisé par le besoin d'argent, ne dédaigna pas de traiter avec les serfs et avec les juifs. La fameuse ordonnance de Louis le Hutin, pour l'affranchissement des serfs de ses domaines, est entièrement conforme à celle de Philippe le Bel pour le Valois, que nous avons citée. «Comme selon le droit de nature (p. 133) chacun doit naistre franc; et par aucuns usages et coustumes, qui de grant ancienneté ont esté entroduites et gardées jusques cy en nostre royaume, et par avanture, pour le meffet de leurs prédécesseurs, moult de personnes de nostre commun pueple, soient encheües en lien de servitudes et de diverses conditions, qui moult nous desplaît: Nous considérants que nostre royaume est dit, et nommé le royaume des Francs, et voullants que la chose en vérité soit accordant au nom, et que la condition des gents amende de nous et la venue de nostre nouvel gouvernement; par délibération de nostre grant conseil avons ordené et ordenons, que generaument, par tout nostre royaume, de tant comme il peut appartenir à nous et à nos successeurs, telles servitudes soient ramenées à franchises, et à tous ceus qui de origine, ou ancienneté, ou de nouvel par mariage, ou par residence de lieus de serve condition, sont encheües, ou pourroient eschoir ou lien de servitudes, franchise soit donnée à bonnes et convenables conditions[179].»

Il est curieux de voir le fils de Philippe le Bel vanter aux serfs la liberté. Mais c'est peine perdue. Le marchand a beau enfler la voix et grossir le mérite de sa marchandise, les pauvres serfs n'en veulent pas. Ils étaient trop pauvres, trop humbles, trop courbés vers la terre. S'ils avaient enfoui dans cette terre quelque mauvaise pièce de monnaie, ils n'avaient garde de l'en tirer pour acheter un parchemin. En vain le roi se fâche de les voir méconnaître une telle grâce. Il finit (p. 134) par ordonner aux commissaires, chargés de l'affranchissement, d'estimer les biens des serfs qui aimeraient mieux «demeurer en la chetivité de servitude,» et les taxent «si suffisamment et si grandement, comme la condition et richesse des personnes pourront bonnement souffrir et la nécessité de notre guerre le requiert.»

C'est toutefois un grand spectacle de voir prononcer du haut du trône la proclamation du droit imprescriptible de tout homme à la liberté. Les serfs n'achètent pas, mais ils se souviendront et de cette leçon royale, et du dangereux appel qu'elle contient contre les seigneurs[180].

Le règne court et obscur de Philippe le Long n'est guère moins important pour le droit public de la France que celui même de Philippe le Bel.

D'abord son avénement à la couronne tranche une grande question. Louis le Hutin laissant sa femme enceinte, son frère Philippe est régent et curateur au ventre. L'enfant meurt en naissant, Philippe se fait roi au préjudice d'une fille de son frère. La chose (p. 135) semblait d'autant plus surprenante que Philippe le Bel avait soutenu le droit des femmes dans les successions de Franche-Comté et d'Artois. Les barons auraient voulu que les filles fussent exclues des fiefs et qu'elles succédassent à la couronne de France; leur chef, Charles de Valois, favorisait sa petite-nièce contre Philippe son neveu[181].

Philippe assembla les États, et gagna sa cause, qui au fond était bonne, par des raisons absurdes. Il allégua en sa faveur la vieille loi allemande des Francs qui excluait les filles *de la terre salique*. Il soutint que la couronne de France était un trop noble fief pour *tomber en quenouille*, argument féodal dont l'effet fut pourtant de ruiner la féodalité. Tandis que le progrès de l'équité civile, l'introduction du droit romain, ouvraient les successions aux filles, que les fiefs devenaient féminins et passaient de famille en famille, la couronne ne sortit point de la même maison, immuable au milieu de la mobilité universelle. La maison de France recevait du dehors la femme, l'élément mobile et variable, mais elle conservait dans la série des mâles l'élément fixe de la famille, l'identité du pater-familias. La femme change de nom et de pénates. L'homme habitant la demeure des aïeux, reproduisant leur nom, est porté à suivre leurs errements. Cette transmission invariable de la couronne dans la ligne (p. 136) masculine a donné plus de suite à la politique de nos rois; elle a balancé utilement la légèreté de notre oublieuse nation.

En repoussant ainsi le droit des filles au moment même où il triomphait peu à peu dans les fiefs, la couronne prenait ce caractère, de recevoir toujours sans donner jamais. À la même époque, une révocation hardie de toute donation depuis saint Louis[182], semble contenir le principe de l'inaliénabilité du domaine. Malheureusement l'esprit féodal, qui reprit force sous les Valois à la faveur des guerres, provoqua de funestes créations d'apanages, et fonda au profit des branches diverses de la famille royale une féodalité princière aussi embarrassante pour Charles VI et Louis XI, que l'autre l'avait été pour Philippe le Bel.

Cette succession contestée, cette malveillance des seigneurs, jette Philippe le Long dans les voies de Philippe le Bel. Il flatte les villes, Paris, l'Université surtout, la grande puissance de Paris. Il se fait jurer fidélité par les nobles, *en présence des maîtres de l'Université qui approuvent*[183]. Il veut que ses bonnes villes soient *garnies d'armures*; que les bourgeois aient des armes *en lieu sûr*; il leur nomme un capitaine *en chaque baillie ou contrée* (1316, 12 mars). Senlis, Amiens et le Vermandois, Caen, Rouen, Gisors, le Cotentin et le pays de Caux, Orléans, Sens et Troyes, sont spécialement désignés.

(p. 137) Philippe le Long aurait voulu (dans un but, il est vrai, fiscal) établir l'uniformité de mesures et de monnaies; mais ce grand pas ne pouvait pas se faire encore[184].

Il fait quelques efforts pour régulariser un peu la comptabilité. Les receveurs doivent, toute dépense payée, envoyer le reste au Trésor du roi, mais secrètement, *et sans que personne sache l'heure ni le jour*. Les baillis et sénéchaux doivent venir compter tous les ans à

Paris. Les trésoriers compteront deux fois l'année. L'on spécifiera en quelle monnaie se font les payements. Les *jugeurs* des comptes jugeront de suite... *Et le roi saura combien il a à recevoir.*

Parmi les règlements de finance, nous trouvons cet article: «*Tous gages des chastiaux* qui ne sont en frontière, *cessent* du tout des-ores-en-avant[185].» Ce mot (p. 138) contient un fait immense. La paix intérieure commence pour la France, au moins jusqu'aux guerres des Anglais.

La garantie de cette paix intérieure, c'est l'organisation d'un fort pouvoir judiciaire. Le Parlement se constitue. Une ordonnance détermine dans quelle proportion les clercs et les laïques doivent y entrer; la majorité est assurée aux laïques.

Quant aux conseillers étrangers aux corps et appelés temporairement, Philippe le Long répète l'exclusion déjà prononcée, contre les prélats, par Philippe le Bel: «Il n'aura nulz Prélaz députez au Parlement, *car le Roy fait conscience de eus empeschier au gouvernement de leur experituautez.*»

Si l'on veut savoir avec quelle vigueur agissait le Parlement de Paris, il faut lire, dans le continuateur de Nangis, l'histoire de Jordan de Lille, «seigneur gascon fameux par sa haute naissance, mais ignoble par ses brigandages...» Il n'en avait pas moins obtenu la nièce du pape, et par le pape le pardon du roi. Il n'en usa que «pour accumuler les crimes, meurtres et viols, nourrissant des bandes d'assassins, ami des brigands, rebelle au roi». Il aurait peut-être échappé encore.

Un homme du roi était venu le trouver; il le tua du bâton même où il portait les armes du roi, insigne de son ministère. Appelé en jugement, il vint à Paris suivi d'un brillant cortége de comtes et de barons des plus nobles d'Aquitaine... Il n'en fut pas moins jeté dans les prisons du Châtelet, condamné à mort par les Maîtres du Parlement, et, la veille de la Trinité, (p. 139) traîné à la queue des chevaux et pendu au commun patibulaire[186].»

Le Parlement, qui défend si vigoureusement l'honneur du roi, est lui-même un vrai roi sous le rapport judiciaire. Il porte le costume royal, la longue robe, la pourpre et l'hermine. Ce n'est pas, comme il semble, l'ombre, l'effigie du roi; c'est plutôt sa pensée, sa volonté constante, immuable et vraiment royale. Le roi veut que la justice suive son cours: «Non contrestant toutes concessions, ordonnances, et lettres royaux à ce contraire.» Ainsi le roi se défie du roi; il se reconnaît mieux en son Parlement qu'en lui-même. Il distingue en lui un double caractère; il se sent roi, et il se sent homme, et le roi ordonne de désobéir à l'homme.

Beaucoup de textes d'ordonnances en ce sens honorent la sagesse des conseillers qui les dictèrent. Le roi cherche à mettre une barrière à sa libéralité. Il exprime la crainte que l'on n'arrache des dons excessifs à sa faiblesse, à son inattention; que pendant qu'il dort ou repose, le privilège et l'usurpation ne soient que trop bien éveillés[187].

(p. 140) Ainsi, en 1318, il parle de certains droits féodaux: «... lesquels on nous demande souvent, et sont de plus grande valeur *que nous ne croyons*, nous devons être avisés, si quelqu'un nous les demande[188].»

Ailleurs, il recommande aux receveurs de *n'avertir* personne des recettes extraordinaires, ou «aventures qui nous échoiront, *à ce que nous ne puissions être requis de les donner.*»

Ces aveux de faiblesse et d'ignorance que les conseillers du roi lui faisaient faire, pour être si naïfs, n'en sont pas moins respectables. Il semble que la royauté nouvelle, devenue tout d'un coup la providence d'un peuple, sente la disproportion de ses moyens et de ses devoirs. Ce contraste se marque d'une manière bizarre dans l'ordonnance de Philippe le Long: Sur le gouvernement de son hostel et le bien de son royaume. Il établit d'abord dans un noble préambule que Messire Dieu a institué les rois sur la terre, pour que bien ordonnés en leurs personnes, ils ordonnent et gouvernent dûment leur royaume. Il annonce ensuite qu'il entend la messe tous les matins, et défend qu'on l'interrompe pendant la messe pour lui présenter des requêtes. Nulle personne ne pourra lui parler à la chapelle: «Si ce n'estoit notre confesseur, lequel pourra parler à nous des choses qui toucheront notre conscience.» Il pourvoit ensuite à la garde de sa personne royale: «Que nulle personne (p. 141) mescongüe, ne garçon de petit estat, ne entrent en notre garde-robe, ne mettent main, ne soient à nostre lit faire, et qu'on n'i soffre mettre draps estrangers.» La terreur des empoisonnements et des maléfices est un trait de cette époque.

Après ces détails de ménage viennent des règlements sur le conseil, le trésor, le domaine, etc. L'État apparaît ici comme un simple apanage royal, le royaume comme un accessoire de l'*Hostel*[189]. — On sent partout la petite sagesse des *gens du roi*, cette honnêteté bourgeoise, exacte et scrupuleuse dans le menu, flexible dans le grand. Nul doute que cette ordonnance ne nous donne l'idéal de la royauté, selon les gens de robe, le modèle qu'ils présentaient au roi féodal pour en faire un vrai roi comme ils le concevaient.

Ces essais estimables d'ordre et de gouvernement ne changeaient rien aux souffrances du peuple. Sous Louis le Hutin, une horrible mortalité avait enlevé, dit-on, le tiers de la population du Nord[190]. La guerre de Flandre avait épuisé les dernières ressources du pays. En 1320, il fallut bien finir cette guerre. La France avait assez à faire chez elle. L'excès de la misère (p. 142) exaltant les esprits, un grand mouvement avait lieu dans le peuple. Comme au temps de saint Louis, une foule de pauvres gens, de paysans, de bergers ou *pastoureaux*, comme on les appelait, s'attroupent et disent qu'ils veulent aller outre-mer, que c'est par eux qu'on doit recouvrer la Terre sainte. Leurs chefs étaient un prêtre dégradé et un moine apostat. Ils entraînèrent beaucoup de gens simples, jusqu'à des enfants qui fuyaient la maison paternelle. Ils demandaient d'abord; puis ils prirent. On en arrêta; mais ils forçaient les prisons, et délivraient les leurs. Au Châtelet, ils jetèrent du haut des degrés le prévôt qui voulait leur défendre les portes; puis, ils s'allèrent mettre en bataille au Pré-aux-Clercs, et sortirent tranquillement de Paris; on se garda bien de les en empêcher. Ils s'en allèrent vers le Midi, égorgeant partout les juifs, que les gens du roi tâchaient en vain de défendre. Enfin à Toulouse, on réunit des troupes, on fondit sur les pastoureaux, on les pendit par vingt et par trente; le reste se dissipa[191].

Ces étranges émigrations du peuple indiquaient moins de fanatisme que de souffrance et de misère. Les seigneurs, ruinés par les mauvaises monnaies, pressurés par l'usure, retombaient sur le paysan. (p. 143) Celui-ci n'en était pas encore au temps de la Jacquerie; il n'était pas assez osé pour se tourner contre son seigneur. Il fuyait plutôt, et massacrait les juifs. Ils étaient si détestés, que beaucoup de gens se scandalisèrent de voir les gens du roi prendre leur défense. Les villes commerçantes du Midi les jalousaient cruellement. C'était précisément l'époque où, comme financiers, collecteurs, percepteurs, ils commençaient à régner sur l'Espagne. Aimés des rois pour leur adresse et leur servilité, ils s'enhardissaient chaque jour, jusqu'à prendre le titre de Don. Dès le temps de Louis le Débonnaire, l'évêque Agobart avait écrit un traité: *De insolentia Judæorum*. Sous Philippe-Auguste, on avait vu avec étonnement un juif bailli du roi. En 1267, le pape avait été obligé de lancer une bulle contre les chrétiens qui judaïsaient[192].

Philippe le Bel les avait chassés; mais ils étaient rentrés à petit bruit. Louis le Hutin leur avait assuré un séjour de douze ans. Aux termes de son ordonnance, on doit leur rendre leurs priviléges, si on les retrouve; on leur restituera leurs livres, leurs synagogues, leurs cimetières, sinon le roi les leur payera. Deux auditeurs sont nommés pour connaître des héritages vendus à moitié prix par les juifs dans la précipitation de leur fuite. Le roi s'associe à eux pour le recouvrement de leurs dettes, dont il doit avoir les deux tiers[193]. — Les nobles débiteurs qui avaient eu le crédit d'obtenir de (p. 144) Philippe le Bel qu'on cesserait de rechercher les créances des juifs, se voyaient de nouveau à leur merci. Les écritures des juifs faisant foi en justice, ils pouvaient à leur gré désigner au fisc ses victimes. Le juif, ulcéré par tant d'injures, était à même de se venger, au nom du roi.

La vieille haine étant ainsi irritée, enragée, par la crainte, on était prêt à tout faire contre eux. Au milieu des grandes mortalités produites par la misère, le bruit se répand tout à coup que les juifs et les lépreux ont empoisonné les fontaines. Le sire de Parthenay écrit au roi, qu'*un grand lépreux*, saisi dans sa terre, avoue qu'un riche juif lui a donné de l'argent et remis certaines drogues. Ces drogues se composaient de sang humain, d'urine, à quoi on ajoutait le corps du Christ; le tout séché et broyé, mis en un sachet avec un poids, était jeté dans les fontaines ou dans les puits. Déjà, en Gascogne, plusieurs lépreux avaient été provisoirement brûlés. Le roi, effrayé du nouveau mouvement qui se préparait, revint précipitamment de Poitou en France, ordonnant que les lépreux fussent partout arrêtés.

Personne ne doutait de cet horrible accord entre les lépreux et les juifs. «Nous-mêmes, dit le chroniqueur du temps, en Poitou, dans un bourg de notre vasselage, nous avons de nos yeux vu un de ces sachets. Une lépreuse qui passait, craignant d'être prise, jeta derrière elle un chiffon lié qui fut aussitôt porté en justice, et l'on y trouva une tête de couleuvre, des pattes de crapaud, et comme des cheveux de femme enduits d'une liqueur noire et puante, chose horrible (p. 145) à voir et à sentir. Le tout mis dans un grand feu, ne put brûler, preuve sûre que c'était un violent poison... Il y eut bien des discours, bien des opinions. La plus probable, c'est que le roi des Maures de Grenade, se voyant avec douleur si souvent battu, imagina de s'en venger en machinant avec les juifs la perte des chrétiens. Mais les juifs, trop suspects eux-mêmes, s'adressèrent aux lépreux... Ceux-ci, le diable aidant, furent persuadés par les juifs. Les principaux lépreux tinrent quatre conciles, pour ainsi parler, et le diable, par les juifs, leur fit entendre que, puisque les lépreux étaient réputés personnes si abjectes et comptés pour rien, il serait bon de faire en sorte que tous les chrétiens mourussent ou devinssent lépreux. Cela leur plut à tous; chacun, de retour, le redit aux autres... Un grand nombre leurré par de fausses promesses de royaumes, comtés, et autres biens temporels, disait et croyait fermement que la chose se ferait ainsi[194].»

(p. 146) La vengeance du roi de Grenade est évidemment fabuleuse. La culpabilité des juifs est improbable; ils étaient alors favorisés du roi, et l'usure leur fournissait une vengeance plus utile. Quant aux lépreux, le récit n'est pas si étrange que l'ont jugé les historiens modernes. De coupables folies pouvaient fort bien tomber dans l'esprit de ces tristes solitaires. L'accusation était du moins spécieuse. Les juifs et les lépreux avaient un trait commun aux yeux du peuple, leur saleté, leur vie à part. La maison du lépreux n'était pas moins mystérieuse et mal famée que celle du juif. L'esprit ombrageux de ces temps s'effarouchait de tout mystère, comme un enfant qui a peur la nuit, et qui frappe d'autant plus fort ce qui lui tombe sous la main.

L'institution des léproseries, ladreries, maladreries, ce sale résidu des croisades, était mal vue, mal voulue, tout comme l'ordre du Temple, depuis qu'il n'y avait plus rien à faire pour la Terre sainte. Les lépreux eux-mêmes, désormais sans doute négligés, avaient dû perdre la résignation religieuse qui, dans les siècles précédents, leur faisait prendre en bonne part la mort anticipée à laquelle on les condamnait ici-bas.

Les rituels pour la séquestration des lépreux différaient peu des offices des morts. Sur deux tréteaux devant l'autel, on tendait un drap noir, le lépreux dressé se tenait dessous agenouillé, et y entendait dévotement la messe. Le prêtre, prenant un peu de terre dans son manteau, en jetait sur l'un des pieds du lépreux[195]. Puis il le mettait hors de l'Église, *s'il ne (p. 147) faisait trop fort temps de pluie*; il le menait à sa maisonnette au milieu des champs, et lui faisait les défenses: «Je te défends que tu n'entres en l'église... ne en compagnie de gens. Je te défends que tu ne voises hors de ta maison sans ton habit de ladre, etc.» Et ensuite: «Recevez cet habit, et le vestez en signe d'humilité... Prenez ces gants... Recevez cette cliquette en signe qu'il vous est défendu de parler aux personnes, etc. Vous ne vous fâcherez point pour être ainsi séparé des autres... Et quant à vos petites nécessités, les gens de bien y pourvoyront, et Dieu ne vous délaissera...» On lit encore dans un vieux rituel des lépreux ces tristes paroles: «Quand il avendra que le mesel sera trespassé de ce monde, il doit être enterré en la maisonnette, et non pas au cimetière[196].»

D'abord on avait douté si les femmes pouvaient suivre leurs maris devenus lépreux, ou rester dans le siècle et se remarier. L'Église décida que le mariage était indissoluble; elle donna à ces infortunés cette immense consolation. Mais alors que devenait la mort simulée? que signifiait le linceul? Ils vivaient, ils aimaient, ils se perpétuaient, ils formaient un peuple... (p. 148) Peuple misérable, il est vrai, envieux, et pourtant envié... Oisifs et inutiles, ils semblaient une charge, soit qu'ils mendiassent, soit qu'ils jouissent des riches fondations du siècle précédent.

On les crut volontiers coupables. Le roi ordonna que ceux qui seraient convaincus fussent brûlés, sauf les lépreuses enceintes, dont on attendrait l'accouchement; les autres lépreux devaient être enfermés dans les léproseries.

Quant aux juifs, on les brûla sans distinction, surtout dans le Midi. «À Chinon, on creusa en un jour une grande fosse, on y mit du feu copieusement, et on en brûla cent soixante, hommes et femmes, pêle-mêle. Beaucoup d'eux et d'elles, chantant et comme à des noces, sautaient dans la fosse. Mainte veuve y fit jeter son enfant avant elle, de peur qu'on ne l'enlevât pour le baptiser. À Paris, on brûla seulement les coupables. Les autres furent bannis à toujours, quelques-uns plus riches réservés jusqu'à ce qu'on connût leurs créances, et qu'on pût les affecter au fisc royal avec le reste de leurs biens. Il y eut pour le roi environ cent cinquante mille livres.»

«On assure qu'à Vitry, quarante juifs, en la prison du roi, voyant bien qu'ils allaient mourir, et ne voulant pas tomber dans les mains des incirconcis, s'accordèrent unanimement à se faire tuer par un de leurs vieillards qui passait pour une bonne et sainte personne, et qu'ils appelaient leur père. Il n'y consentit pas, à moins qu'on ne lui adjoignît un jeune homme. Tous les autres étant morts, les deux restant, chacun voulait mourir de la main de l'autre. Le vieillard l'emporta, (p. 149) et obtint à force de prières que le jeune le tuerait. Alors le jeune, se voyant seul, ramassa l'or et l'argent qu'il trouva sur les morts, se fit une corde avec des habits, et se laissa glisser du haut de la tour. Mais la corde était trop courte, le poids de l'or trop lourd, il se cassa la jambe, fut pris, avoua et mourut ignominieuse-ment[197].»

Philippe le Long ne profita pas de la dépouille des lépreux et des juifs plus longtemps que son père n'avait fait de celle des Templiers. La même année 1321, au mois d'août, la fièvre le prit, sans que les médecins pussent deviner la cause du mal; il languit cinq mois, et mourut. «Quelques-uns doutent s'il ne fut pas frappé ainsi à cause des malédictions de son peuple, pour tant d'extorsions inouïes, sans parler de celles qu'il préparait. Pendant sa maladie, les exactions se ralentirent, sans cesser entièrement.»

Son frère Charles lui succéda, sans plus se soucier des droits de la fille de Philippe, que Philippe n'avait eu égard à ceux de la fille de Louis.

L'époque de Charles le Bel est aussi pauvre de faits pour la France qu'elle est riche pour l'Allemagne, (p. 150) l'Angleterre et la Flandre. Les Flamands emprisonnent leur comte. Les Allemands se partagent entre Frédéric d'Autriche et Louis de Bavière, qui fait son rival prisonnier à Muhldorf. Dans ce déchirement universel, la France semble forte par cela seul qu'elle est une. Charles le Bel intervient en faveur du comte de Flandre. Il entreprend, avec l'aide du pape, de se faire Empereur. Sa sœur Isabeau se fait effectivement reine d'Angleterre par le meurtre d'Édouard II.

Terrible histoire que celle des enfants de Philippe le Bel! Le fils aîné fait mourir sa femme. La fille fait mourir son mari.

Le roi d'Angleterre, Édouard II, né parmi les victoires de son père et promis aux Gallois pour réaliser leur Arthur, n'en était pas moins toujours battu. En France, il laissait entamer la Guyenne et promettait de venir rendre hommage. En Angleterre, il était malmené par Robert Bruce; mais il le poursuivait en cour de Rome. Il avait demandé au pape s'il pouvait sans péché se frotter d'une huile merveilleuse qui donnait du courage. Sa femme le méprisait. Mais il n'aimait pas les femmes; il se consolait plutôt de ses mésaventures avec de beaux jeunes gens. La reine, par représailles, s'était livrée au baron Mortimer. Les barons, qui détestaient les mignons du roi, lui tuèrent d'abord son brillant Gaveston, hardi Gascon, beau cavalier, qui s'amusait dans les tournois à jeter par terre les plus graves lords, les plus nobles seigneurs. Spencer, qui succéda à Gaveston, ne fut pas moins haï.

L'Angleterre se trouvant désarmée par ses discordes, le roi de France profita du moment et s'empara (p. 151) de l'Agénois[198]. Isabeau vint en France avec son jeune fils, pour réclamer, disait-elle. Mais c'est contre son mari qu'elle réclama. Charles le Bel, ne voulant pas s'embarquer en son nom dans une affaire aussi hasardeuse qu'une invasion de l'Angleterre, défendit à ses chevaliers de prendre le parti de la reine[199]. Il fit (p. 152) même croire qu'il voulait l'arrêter et la renvoyer à son mari. En vrai fils de Philippe le Bel, il ne lui donna pas d'armée, mais de l'argent pour en avoir une. Cet argent fut prêté par les Bardi, banquiers florentins. D'autre part, le roi de France envoyait des troupes en Guyenne pour réprimer, disait-il, quelques aventuriers gascons.

Le comte de Hainaut donna sa fille en mariage au jeune fils d'Isabeau, et le frère du comte se chargea de conduire la petite troupe qu'elle avait levée. De grandes forces n'auraient pu que nuire, en alarmant les Anglais. Édouard était désarmé, livré d'avance. Il envoya sa flotte contre elle; mais sa flotte n'avait garde de la rencontrer. Il dépêcha Robert de Watteville avec des troupes, qui se réunirent à elle. Il implora les gens de Londres; ceux-ci répondirent prudemment «qu'ils avaient privilége de ne point sortir en bataille; qu'ils ne recevraient pas d'étrangers, mais bien volontiers le roi, la reine et le prince royal.» Non moins prudemment, les gens d'église accueillaient la reine à son arrivée. L'archevêque de Cantorbéry prêcha sur ce texte: «La voix du peuple est la voix de Dieu.» L'évêque d'Hereford sur cet autre: «C'est au chef que j'ai mal, *Caput meum doleo*[200].» Enfin, (p. 153) l'évêque d'Oxford prit le texte de la Genèse: «Je mettrai l'inimitié entre toi et la femme, et elle t'écrasera la tête.» Prophétie homicide qui se vérifia.

Cependant la reine s'avançait avec son fils et sa petite troupe. Elle venait comme une femme malheureuse qui veut seulement éloigner de son mari les mauvais conseillers qui le perdent. C'était grande pitié de la voir si dolente et si éplorée. Tout le monde était pour elle. Elle eut bientôt entre ses mains Édouard et Spencer. On lui amena ce Spencer qu'elle haïssait tant: elle en rassasia ses yeux. Puis, devant le palais, sous les croisées de la reine, on lui fit subir, avant la mort, d'obscènes mutilations.

Pour le moment, elle n'osait pas en faire plus. Elle avait peur, elle tâtait le peuple, elle ménageait son mari. Elle pleurait, et tout en pleurant elle agissait. Mais rien ne semblait se faire par elle, tout par justice et régulièrement. Édouard était resté en possession de la couronne royale; cela arrêtait tout. Trois comtes, deux barons, deux évêques et le procureur du Parlement, Guillaume Trussel, vinrent au château de Kenilworth, faire entendre au prisonnier que s'il ne se dépêchait de livrer la couronne, il n'y gagnerait rien, qu'il risquerait plutôt de faire perdre le trône à son fils, que le peuple pourrait fort bien choisir un roi hors de la famille royale. Édouard pleura, s'évanouit et finit par livrer la couronne. Alors le procureur dressa et prononça la formule, qu'on a gardée comme bon précédent: «Moi, Guillaume Trussel, procureur du Parlement, au nom de tous les hommes d'Angleterre, je te reprends l'hommage que je t'avais fait»,

(p. 154) toi, Édouard. De ce temps en avant, je te défie, je te prive de tout ton pouvoir royal. Désormais, je ne t'obéis plus comme à un roi.» Édouard croyait au moins vivre; on n'avait pas encore tué de roi. Sa femme le flattait toujours. Elle lui écrivait des choses tendres, elle lui envoyait de beaux habits. Cependant un roi déposé est bien embarrassant. D'un moment à l'autre, il pouvait être tiré de prison. Dans leur anxiété, Isabeau et Mortimer demandèrent l'avis à l'évêque d'Hereford. Ils n'en tirèrent qu'une parole équivoque: *Edwardum occidere nolite timere bonum est.* C'était répondre sans répondre. Selon que la virgule était placée, ici ou là, on pouvait lire dans ce douteux oracle la mort ou la vie. Ils lurent la mort. La reine se mourait de peur tant que son mari était en vie. On envoya à la prison un nouveau gouverneur, John Maltravers; nom sinistre, mais l'homme était pire. Maltravers fit longuement goûter au prisonnier les affres de la mort; il s'en joua pendant quelques jours, peut-être dans l'espoir qu'il se tuerait lui-même. On lui faisait la barbe à l'eau froide, on le couronnait de foin; enfin, comme il s'obstinait à vivre, ils lui jetèrent sur le dos une lourde porte, pesèrent dessus, et l'empalèrent avec une broche toute rouge. Le fer était mis, dit-on, dans un tuyau de corne, de manière à tuer sans laisser trace. Le cadavre fut exposé aux regards du peuple, honorablement enterré, et une messe fondée. Il n'y avait nulle trace de blessure, mais les cris avaient été entendus; la contraction de la face dénonçait l'horrible invention des assassins[201].

(p. 155) Charles le Bel ne profita pas de cette révolution. Lui-même il mourut presque en même temps qu'Édouard, ne laissant qu'une fille. Un cousin succéda. Toute cette belle famille de princes qui avaient siégé près de leur père au concile de Vienne était éteinte, conformément à ce qu'on racontait des malédictions de Boniface.(Retour à la Table des Matières)

(p. 156) LIVRE VI.

CHAPITRE PREMIER.

L'ANGLETERRE — PHILIPPE DE VALOIS

1328-1349.

Cette mémorable époque, qui met l'Angleterre si bas et la France d'autant plus haut, présente néanmoins dans les deux pays deux événements analogues. En Angleterre, les barons ont renversé Édouard II. En France, le parti féodal met sur le trône la branche féodale des Valois.

Le jeune roi d'Angleterre, petit-fils de Philippe le Bel par sa mère, après avoir d'abord réclamé, vient (p. 157) faire hommage à Amiens. Mais l'Angleterre humiliée n'en a pas moins en elle les éléments de succès qui vont bientôt la faire prévaloir sur la France.

Le nouveau gouvernement anglais, intimement lié avec la Flandre, appelle à lui les étrangers. Il renouvelle la charte commerciale qu'Édouard Ier avait accordée aux marchands de toute nation. La France, au contraire, ne peut prendre part au mouvement nouveau du commerce. Un mot sur cette grande révolution. Elle explique seule les événements qui vont suivre. Le secret des batailles de Créci, de Poitiers est au comptoir des marchands de Londres, de Bordeaux et de Bruges.

En 1291, la Terre sainte est perdue, l'âge des croisades fini. En 1298, le Vénitien Marco Polo, le Christophe Colomb de l'Asie, dicte la relation d'un voyage, d'un séjour de vingt ans à la Chine et au Japon[202]. Pour la première fois, on apprend qu'à douze mois de marche au delà de Jérusalem, il y a des royaumes, des nations policées. Jérusalem n'est plus le centre du monde, ni celui de la pensée humaine. L'Europe perd la Terre sainte; mais elle voit la terre.

En 1321 paraît le premier ouvrage d'économie politique commerciale: *Secreta fidelium crucis*[203], par le (p. 158) Vénitien Sanuto. — Vieux titre, pensée nouvelle. L'auteur propose contre l'Égypte, non pas une croisade, mais plutôt un blocus commercial et maritime[204]. Ce livre est bizarre dans la forme. Le passage des idées religieuses à celles du commerce s'accomplit gauchement. Le Vénitien, qui peut-être ne veut que rendre à Venise ce qu'elle a perdu par le retour des Grecs à Constantinople, donne d'abord tous les textes sacrés qui recommandent au bon chrétien la conquête de Jérusalem; puis le catalogue raisonné des épices dont la Terre sainte est l'entrepôt: poivre, encens, gingembre; il qualifie les denrées et les cotes article par article. Il calcule avec une précision admirable les frais de transport[205], etc.

(p. 159) Une grande croisade commence en effet dans le monde, mais d'un genre tout nouveau. Celle-ci, moins poétique, n'est pas en quête de la sainte lance, du Graal, ni de l'empire de Trébizonde. Si nous arrêtons un vaisseau en mer, nous n'y trouverons plus un cadet de France qui cherche un royaume[206], mais plutôt quelque Génois ou Vénitien qui nous débitera volontiers du sucre et de la cannelle. Voilà le héros du monde moderne; non moins héros que l'autre; il risquera pour gagner un sequin autant que Richard Cœur-de-Lion (p. 160) pour Saint-Jean-d'Acre. Le croisé du commerce a sa croisade en tous sens, sa Jérusalem partout.

La nouvelle religion, celle de la richesse, la foi en l'or, a ses pèlerins, ses moines, ses martyrs. Ceux-ci osent et souffrent, comme les autres. Ils veillent, ils jeûnent, ils s'abstiennent. Ils passent leurs belles années sur les routes périlleuses, dans les comptoirs lointains, à Tyr, à Londres, à Novogorod. Seuls et célibataires, enfermés dans des quartiers fortifiés, ils couchent en armes sur leurs comptoirs, parmi leurs dogues énormes[207]; presque toujours pillés hors des villes, dans les villes souvent massacrés.

Ce n'était pas chose facile de commercer alors. Le marchand qui avait navigué heureusement d'Alexandrie à Venise, sans mauvaise rencontre, n'avait encore rien fait. Il lui fallait, pour vendre à bon profit, s'enfoncer dans le Nord. Il fallait que la marchandise s'acheminât, par le Tyrol, par les rives agrestes du Danube, vers Augsbourg ou Vienne; qu'elle descendît sans encombre entre les forêts sombres et les sombres châteaux du Rhin; qu'elle parvînt à Cologne, la ville sainte. C'était là que le marchand rendait grâce à Dieu[208]. Là se rencontraient le Nord et le Midi; les gens de la Hanse y traitaient avec les Vénitiens. — Ou bien encore, il appuyait à gauche. Il pénétrait en France, sur la foi du bon comte de Champagne. Il déballait aux vieilles foires de Troyes, à celles de Lagny, de Bar-sur-Aube, de Provins[209]. De là, en peu (p. 161) de journées, mais non sans risque, il pouvait atteindre Bruges, la grande station des Pays-Bas, la ville aux dix-sept nations[210].

Mais cette route de France ne fut plus tenable, lorsque Philippe le Bel, devenu, par sa femme, maître de la Champagne, porta ses ordonnances contre les Lombards, brouilla les monnaies, se mêla de régler l'intérêt qu'on payait aux foires[211]. Puis vint Louis le Hutin, qui mit des droits sur tout ce qui pouvait s'acheter ou se vendre. Cela suffisait pour fermer les comptoirs de Troyes. Il n'avait pas besoin d'interdire, comme il fit, tout trafic «avec les Flamands, les Génois, les Italiens et les Provençaux.»

Plus tard, le roi de France s'aperçut qu'il avait tué sa poule aux œufs d'or. Il abaissa les droits, rappela les marchands[212]. Mais il leur avait lui-même enseigné à prendre une autre route. Ils allèrent désormais en (p. 162) Flandre par l'Allemagne ou par mer. Ce fut pour Venise l'occasion d'une navigation plus hardie, qui, par l'Océan, la mit en rapport direct avec les Flamands et les Anglais.

Le royaume de France, dans sa grande épaisseur, restait presque impénétrable au commerce. Les routes étaient trop dangereuses, les péages trop nombreux. Les seigneurs pillaient moins; mais les agents du roi les avaient remplacés. Pillé comme un marchand, était un mot proverbial[213]. La main royale couvrait tout; mais on ne la sentait guère que par la griffe du fisc. Si l'ordre venait, c'était par saisie universelle. Le sel, l'eau, les rivières, les forêts, les gués, les défilés, rien n'échappait à l'ubiquité fiscale.

Tandis que les monnaies variaient continuellement en France, elles changeaient peu en Angleterre. Le roi de France avait échoué dans l'entreprise d'établir l'uniformité des mesures. C'est un des principaux articles de la charte que le roi d'Angleterre accorda aux étrangers. Dans cette charte, le roi déclare qu'il a grande sollicitude des marchands qui visitent ou habitent l'Angleterre, Allemands, Français, Espagnols, Portugais, Navarrais, Lombards, Toscans, Provençaux, Catalans, Gascons, Toulousains, Cahorcins, Flamands, Brabançons, et autres. Il leur assure protection, bonne et prompte justice, bon poids, bonne mesure. Les juges qui feront tort à un marchand seront punis, même après l'avoir indemnisé. Les étrangers (p. 163) auront un juge à Londres, pour leur rendre justice sommaire. Dans les causes où ils seront intéressés, le jury sera mi-parti d'Anglais et d'hommes de leur nation[214].

Même avant cette charte les étrangers affluaient en Angleterre. Lorsqu'on voit quel essor le commerce y avait pris dès le XIIIe siècle, on s'étonne peu qu'au XIVe un marchand anglais ait invité et traité cinq rois[215]. Les historiens du moyen âge parlent du commerce anglais comme on pourrait faire aujourd'hui.

(p. 164) «Ô Angleterre, les vaisseaux de Tharsis, vantés dans l'Écriture, pouvaient-ils se comparer aux tiens?... Les aromates t'arrivent des quatre climats du monde. Pisans, Génois et Vénitiens t'apportent le saphir et l'émeraude que roulent les fleuves du Paradis. L'Asie pour la pourpre, l'Afrique pour le baume, l'Espagne pour l'or, l'Allemagne pour l'argent, sont tes humbles servantes. La Flandre, ta fileuse, t'a tissu de ta laine des habits précieux. La Gascogne te verse ses vins. Les îles de l'Ourse aux Hyades, toutes, elles t'ont servi... Plus heureuse, toutefois, par ta fécondité; les flancs des nations la bénissent, réchauffés des toisons de tes brebis[216]!»

La laine et la viande, c'est ce qui a fait primitivement l'Angleterre et la race anglaise. Avant d'être pour le monde la grande manufacture des fers et des tissus, l'Angleterre a été une manufacture de viande. C'est de temps immémorial un peuple *éleveur* et pasteur, une race nourrie de chair. De là cette fraîcheur de teint, cette beauté, cette force. Leur plus grand homme, Shakespeare, fut d'abord un boucher.

Qu'on me permette, à cette occasion, d'indiquer ici une impression personnelle.

J'avais vu Londres et une grande partie de l'Angleterre et de l'Écosse; j'avais admiré plutôt que compris. Au retour seulement, comme j'allais d'York à Manchester, coupant l'île dans sa largeur, alors enfin j'eus une véritable intuition de l'Angleterre. C'était au matin, par un froid brouillard; elle m'apparaissait (p. 165) non plus seulement environnée, mais couverte, noyée de l'Océan. Un pâle soleil colorait à peine moitié du paysage. Les maisons neuves en briques rouges auraient tranché durement sur le gazon vert, si la brume flottante n'eût pris soin d'harmoniser les teintes. Par-dessus les pâturages, couverts de moutons, flambaient les rouges cheminées des usines. Pâturage, labourage, industrie, tout était là dans un étroit espace, l'un sur l'autre, nourri l'un par l'autre; l'herbe vivant de brouillard, le mouton d'herbe, l'homme de sang.

Sous ce climat absorbant, l'homme, toujours affamé, ne peut vivre que par le travail. La nature l'y contraint. Mais il le lui rend bien; il la fait travailler elle-même; il la subjugue par le fer et le feu. Toute l'Angleterre halète de combat. L'homme en est comme effarouché. Voyez cette face rouge, cet air bizarre... On le croirait volontiers ivre. Mais sa tête et sa main sont fermes. Il n'est ivre que de sang et de force. Il se traite comme sa machine à vapeur, qu'il charge et nourrit à l'excès, pour en tirer tout ce qu'elle peut rendre d'action et de vitesse.

Au moyen âge, l'Anglais était à peu près ce qu'il est, trop nourri, poussé à l'action, et guerrier faute d'industrie.

L'Angleterre, déjà agricole, ne fabriquait pas encore. Elle donnait la matière; d'autres l'employaient. La laine était d'un côté du détroit, l'ouvrier de l'autre. Le boucher anglais, le drapier flamand, étaient unis, au milieu des querelles des princes, par une alliance indissoluble. La France voulut la rompre, et il lui en coûta cent ans de guerre. Il s'agissait pour le roi de la (p. 166) succession de France, pour le peuple de la liberté du commerce, du libre marché des laines anglaises. Assemblées autour du sac de laine, les communes marchandaient moins les demandes du roi, elles lui votaient volontiers des armées.

Le mélange d'industrialisme et de chevalerie donne à toute cette histoire un aspect bizarre. Ce fier Édouard III qui sur la Table ronde a *juré le héron* de conquérir la France[217], cette chevalerie gravement folle (p. 167) qui, par suite d'un vœu, garde un œil couvert de drap rouge[218], ils ne sont pas tellement fous qu'ils servent à leur frais. La simplicité des croisades n'est point de cet âge. Ces chevaliers au fond sont les agents mercenaires, les commis voyageurs des marchands de Londres et de Gand. Il faut qu'Édouard s'humanise, qu'il mette bas l'orgueil, qu'il tâche de plaire aux drapiers et aux tisserands, qu'il donne la main à son compère, le brasseur Artevelde, qu'il harangue le populaire du haut du comptoir d'un boucher[219].

Les nobles tragédies du XIVe siècle ont leur partie comique. Dans les plus fiers chevaliers, il y a du Falstaff. En France, en Italie, en Espagne, dans les beaux climats du Midi, les Anglais se montrent non moins gloutons que vaillants. C'est l'Hercule *bouphage*. Ils (p. 168) viennent, à la lettre, manger le pays. Mais, en représailles, ils sont vaincus par les fruits et les vins. Leurs princes meurent d'indigestion, leurs armées de dysenterie.

Lisez après cela Froissart, ce Walter Scott du moyen âge; suivez-le dans ses éternels récits d'aventures et d'apertises d'armes. Contemplez dans nos musées ces lourdes et brillantes armures du XIVe siècle... Ne semble-t-il pas que ce soit la dépouille de Renaud ou de Roland?... Ces épaisses cuirasses pourtant, ces forteresses mouvantes d'acier, font surtout honneur à la prudence de ceux qui s'en affublaient... Toutes les fois que la guerre devient métier et marchandise, les armes défensives s'alourdissent ainsi. Les marchands de Carthage, ceux de Palmyre, n'allaient pas autrement à la guerre[220].

Voilà l'étrange caractère de ce temps, guerrier et mercantile. L'histoire d'alors est épopée et conte, roman d'Arthur, farce de Patelin. Toute l'époque est double et louche. Les contrastes dominent; partout prose et poésie se démentant, se raillant l'une l'autre. Les deux siècles d'intervalle entre les songes de Dante et les songes de Shakespeare, font eux-mêmes l'effet d'un songe. C'est le *Rêve d'une nuit d'été*, où le poète mêle à plaisir les artisans et les héros; le noble Thésée y figure à côté du menuisier Bottom, dont les belles oreilles d'âne tournent la tête à Titania.

Pendant que le jeune Édouard III commence tristement (p. 169) son règne par un hommage à la France, Philippe de Valois ouvre le sien au milieu des fanfares. Homme féodal, fils du féodal Charles de Valois, sorti de cette branche amie des seigneurs, il est soutenu par eux. Ces seigneurs et Charles de Valois lui-même avaient pourtant appuyé le droit des femmes à la mort de Louis le Hutin; ils avaient désiré alors que la couronne, traitée comme un fief féminin, passât par mariage à diverses familles et qu'ainsi elle restât faible. Ils oublièrent cette politique lorsque le droit des mâles amena au trône un des leurs, le fils même de leur chef, de Charles de Valois. Ils comptaient bien qu'il allait réparer les injustes violences des règnes précédents; qu'il allait, par exemple, rendre la Franche-Comté et l'Artois à ceux qui les réclamaient en vain depuis si longtemps. Robert d'Artois, croyant avoir enfin cause gagnée, aida puissamment à l'élévation de Philippe.

Le nouveau roi se montra d'abord assez complaisant pour les seigneurs. Il commença par les dispenser de payer leurs dettes[221]. En signe de gracieux avénement et de bonne justice, il fit accrocher à un gibet tout neuf le trésorier de son prédécesseur[222]. C'était, nous l'avons dit, l'usage de ce temps. Mais comme un roi (p. 170) vraiment justicier est le protecteur naturel des faibles et des affligés, Philippe accueillit le comte de Flandre, malmené par les gens de Bruges, tout ainsi que Charles le Bel avait consolé la bonne reine Isabeau.

C'était une fête d'étrenner la jeune royauté par une guerre contre ces bourgeois. Le noblesse suivit le roi de grand cœur. Cependant les gens de Bruges et d'Ypres, quoique abandonnés de ceux de Gand, ne se troublèrent pas. Bien armés et en bon ordre, ils vinrent au-devant, jusqu'à Cassel, qu'ils voulaient défendre (23 août). Les insolents avaient mis sur leur drapeau un coq et cette devise goguenarde:

Quand le coq icy chantera,
Le roy trouvé cy entrera[223].

Ce ne fut pas le cœur qui leur manqua pour tenir leur parole, mais la persistance et la patience. Pendant que les deux armées étaient en présence et se regardaient, les Flamands sentaient que leurs affaires étaient en souffrance, que les métiers d'Ypres ne battaient pas, que les ballots attendaient sur le marché de Bruges. L'âme de ces marchands était restée au comptoir. Chaque jour, à la fumée de leurs villages incendiés, ils calculaient et ce qu'ils perdaient et ce qu'ils manquaient à gagner. Ils n'y tinrent plus, ils voulurent en finir par une bataille. Leur chef Zanekin (Petit Jean) s'habille en marchand de poisson, et va voir le camp français. Personne n'y songeait à l'ennemi. Les seigneurs en belles robes causaient, se conviaient, (p. 171) se faisaient des visites. Le roi dînait, lorsque les Flamands fondent sur le camp, renversent tout, et percent jusqu'à la tente royale[224]. Même précipitation des Flamands qu'à Mons-en-Puelle, même imprévoyance du côté des Français. La chose ne tourna pas mieux pour les premiers. Ces gros Flamands, soit brutal orgueil de leur force, soit prudence des marchands, ou ostentation de richesse, s'étaient avisés de porter à pied de lourdes cuirasses de cavaliers. Ils étaient bien défendus, il est vrai, mais ils bougeaient à peine. Leurs armures suffisaient pour les étouffer. On en jeta treize mille par terre, et le comte, rentrant dans ses États, en fit périr dix mille en trois jours.

C'était certainement alors un grand roi que le roi de France. Il venait de replacer la Flandre dans sa dépendance. Il avait reçu l'hommage du roi d'Angleterre pour ses provinces françaises. Ses cousins régnaient à (p. 172) Naples et en Hongrie. Il protégeait le roi d'Écosse. Il avait autour de lui comme une cour de rois, ceux de Navarre, de Majorque, de Bohême, souvent celui d'Écosse. Le fameux Jean de Bohême, de la maison de Luxembourg, dont le fils fut empereur sous le nom de Charles IV, déclarait ne pouvoir vivre qu'à Paris, *le séjour le plus chevaleresque du monde.* Il voltigeait par toute l'Europe, mais revenait toujours à la cour du grand roi de France. Il y avait là une fête éternelle, toujours des joutes, des tournois, la réalisation des romans de chevalerie, le roi Arthur et la Table ronde.

Pour se figurer cette royauté, il faut voir Vincennes, le Windsor des Valois. Il faut le voir non tel qu'il est aujourd'hui, à demi rasé; mais comme il était quand ses quatre tours, par leurs ponts-levis, vomissaient aux quatre vents[225] les escadrons panachés, blasonnés, des grandes armées féodales, lorsque quatre rois, descendant en lice, joutaient par-devant le roi très-chrétien; lorsque cette noble scène s'encadrait dans la majesté d'une forêt, que des chênes séculaires s'élevaient jusqu'aux créneaux, que les cerfs bramaient la nuit au pied des tourelles, jusqu'à ce que le jour et le cor vinssent les chasser dans la profondeur des bois... Vincennes n'est plus rien, et pourtant, sans parler du donjon, je vois d'ici la petite tour de l'horloge qui n'a pas moins encore de onze étages d'ogives.

(p. 173) Au milieu de toute cette pompe féodale, qui charmait les seigneurs, ils eurent bientôt lieu de s'apercevoir que le fils de leur ami Charles de Valois ne régnerait pas autrement que les fils de Philippe le Bel. Ce règne chevaleresque commença par un ignoble procès; le château royal fut bientôt un greffe, où l'on comparait des écritures et jugeait des faux. Le procès n'allait pas à moins qu'à perdre et déshonorer un des grands barons, un prince du sang, celui même qui avait le plus contribué à l'élévation de Philippe, son cousin, son beau-frère, Robert d'Artois. On vit en ce procès ce qu'il y avait de plus humiliant pour les grand seigneurs, un des leurs faussaire et sorcier. Ces deux crimes appartiennent proprement à ce siècle. Mais il manquait jusque-là de les trouver dans un chevalier, dans un homme de ce rang.

Robert se plaignait depuis vingt-six ans d'avoir été supplanté dans la possession de l'Artois par Mahaut, sœur cadette de son père, femme du comte de Bourgogne. Philippe le Bel avait soutenu Mahaut et les deux filles de Mahaut, qu'avaient épousées ses fils avec cette dot magnifique de l'Artois et de la Franche-Comté[226]. À la mort de Louis le Hutin, Robert, profitant de la réaction féodale, se jeta sur l'Artois. Mais il fallut qu'il lâchât prise. Philippe le Long marchait contre lui. Il attendit donc que tous les fils de Philippe (p. 174) le Bel fussent morts, qu'un fils de Charles de Valois parvînt au trône. Personne n'eut plus de part que Robert à ce dernier événement[227]. Philippe de Valois, en reconnaissance, lui confia le commandement de l'avant-garde dans la campagne de Flandre, et donna le titre de pairie à son comté de Beaumont. Il avait épousé la sœur du roi, Jeanne de Valois; celle-ci ne se contentait pas d'être comtesse de Beaumont: elle espérait que son frère rendrait l'Artois à son mari. Elle disait que le roi ferait justice à Robert, s'il pouvait produire quelque pièce nouvelle, *quelque petite qu'elle fût.*

La comtesse Mahaut, avertie du danger, s'empressa de venir à Paris. Mais elle y mourut presque en arrivant. Ses droits passaient à sa fille, veuve de Philippe le Long. Elle mourut trois mois après sa mère[228]. Robert n'avait plus d'adversaire que le duc de Bourgogne, époux de Jeanne, fille de Philippe le Long et petite-fille de Mahaut. Le duc était lui-même frère de (p. 175) la femme du roi. Le roi l'admit à la jouissance du comté; mais en même temps il réservait à Robert le droit de proposer ses raisons[229].

Ni les pièces, ni les témoins, ne manquèrent à Robert. La comtesse Mahaut avait eu pour principal conseiller l'évêque d'Arras. L'évêque étant mort, et laissant beaucoup de biens, la comtesse poursuivit en restitution la maîtresse de l'évêque, une certaine dame Divion, femme d'un chevalier[230]. Celle-ci s'enfuit à Paris (p. 176) avec son mari. Elle y était à peine, que Jeanne de Valois, qui savait qu'elle avait tous les secrets de l'évêque d'Arras, la pressa de livrer les papiers qu'elle pouvait avoir gardés; la Divion prétendit même que la princesse la menaçait de la faire noyer ou brûler. La Divion n'avait point de pièces; elle en fit: d'abord une lettre de l'évêque d'Arras où il demandait pardon (p. 177) à Robert d'Artois d'avoir soustrait les titres. Puis une charte de l'aïeul Robert, qui assurait l'Artois à son père. Ces pièces et d'autres à l'appui furent fabriquées à la hâte par un clerc de la Divion, et elle y plaqua de vieux sceaux. Elle avait eu soin d'envoyer demander à (p. 178) l'abbaye de Saint-Denis quels étaient les pairs à l'époque des actes supposés. À cela près, on ne prit pas de grandes précautions. Les pièces qui existent encore au Trésor des Chartes sont visiblement fausses[231]. À cette époque de calligraphie, les actes importants étaient écrits avec un tout autre soin.

Robert produisait à l'appui de ces pièces cinquante-cinq témoins. Plusieurs affirmaient qu'Enguerrand de Marigny allant à la potence, et déjà dans la charrette, avait avoué sa complicité avec l'évêque d'Arras dans la soustraction des titres.

Robert soutint mal ce roman. Sommé par le procureur du roi, en présence du roi même, de déclarer s'il comptait faire usage de ces pièces équivoques, il dit oui d'abord, et puis non. La Divion avoua tout, ainsi que les témoins. Ces aveux sont extrêmement naïfs et détaillés. Elle dit entre autres choses qu'elle alla au Palais de Justice pour savoir si l'on pouvait contrefaire les sceaux, que la charte qui fournit les sceaux fut achetée cent écus à un bourgeois; que les pièces furent écrites en son hôtel, place Baudoyer, par un clerc qui avait grand'peur, et qui, pour déguiser son écriture, se servit d'une plume d'airain, etc. La malheureuse eut beau dire qu'elle avait été forcée par madame Jeanne de Valois, elle n'en fut pas moins brûlée, au marché aux pourceaux, près la porte Saint-Honoré[232]. Robert, (p. 179) qui était accusé en outre d'avoir empoisonné Mahaut et sa fille, n'attendit pas le jugement. Il se sauva à Bruxelles[233] puis à Londres, près du roi d'Angleterre. Sa femme, sœur du roi, fut comme reléguée en Normandie. Sa sœur, comtesse de Foix, fut accusée d'impudicité, et Gaston, son fils, autorisé à l'enfermer au château d'Orthez. Le roi croyait avoir tout à craindre de cette famille. Robert en effet avait envoyé des assassins pour tuer le duc de Bourgogne, le chancelier, le grand trésorier et quelques autres de ses ennemis[234]. Contre l'assassinat du moins on pouvait se garder; mais que faire contre la sorcellerie? Robert essayait d'*envoûter* la reine et son fils[235].

(p. 180) Cet acharnement du roi à poursuivre l'un des premiers barons du royaume, à le couvrir d'une honte qui rejaillissait sur tous les seigneurs, était de nature à affaiblir leurs bonnes dispositions pour le fils de Charles de Valois. Les bourgeois, les marchands, devaient (p. 181) être encore bien plus mécontents. Le roi avait ordonné à ses baillis de taxer dans les marchés les denrées et les salaires, de manière à les faire baisser de moitié. Il voulait ainsi payer toutes choses à moitié prix, tandis qu'il doublait l'impôt, refusant de rien recevoir autrement qu'en forte monnaie[236].

L'un des sujets du roi de France, et celui peut-être qui souffrait le plus, c'était le pape. Le roi le traitait moins en sujet qu'en esclave. Il avait menacé Jean XXII de le faire poursuivre comme hérétique par l'Université de Paris. Sa conduite à l'égard de l'Empereur était singulièrement machiavélique: tout en négociant avec lui, il forçait le pape de lui faire une guerre de bulles; il aurait voulu se faire lui-même Empereur. Benoît XII avoua en pleurant aux ambassadeurs impériaux que le roi de France l'avait menacé de le traiter plus mal que ne l'avait été Boniface VIII[237], s'il absolvait l'Empereur. Le même pape se défendit avec peine contre une nouvelle demande de Philippe, qui eût assuré sa toute-puissance et l'abaissement de la (p. 182) papauté. Il voulait que le pape lui donnât pour trois ans la disposition de tous les bénéfices de France, et pour dix le droit de lever les décimes de la croisade par toute la chrétienté[238]. Devenu collecteur de cet impôt universel, Philippe eût partout envoyé ses agents, et peut-être enveloppé l'Europe dans le réseau de l'administration et de la fiscalité française.

Philippe de Valois, en quelques années, avait su mécontenter tout le monde, les seigneurs par l'affaire de Robert d'Artois, les bourgeois et marchands par son maximum et ses monnaies, le pape par ses menaces, la chrétienté entière par sa duplicité à l'égard de l'Empereur et par sa demande de lever dans tous les États les décimes de la croisade.

Tandis que cette grande puissance se minait ainsi elle-même, l'Angleterre se relevait. Le jeune Édouard III avait vengé son père, fait mourir Mortimer, enfermé sa mère Isabeau. Il avait accueilli Robert d'Artois, et refusait de le livrer. Il commençait à chicaner sur l'hommage qu'il avait rendu à la France. Les deux puissances se firent d'abord la guerre en Écosse. Philippe secourut les Écossais, qui n'en furent pas moins (p. 183) battus. En Guyenne, l'attaque fut plus directe. Le sénéchal du roi de France expulsa les Anglais des possessions contestées.

Mais le grand mouvement partit de la Flandre, de la ville de Gand. Les Flamands se trouvaient alors sous un comte tout français, Louis de Nevers, qui n'était comte que par la bataille de Cassel et l'humiliation de son pays. Louis ne vivait qu'à Paris, à la cour de Philippe de Valois. Sans consulter ses sujets, il ordonna que les Anglais fussent arrêtés dans toutes les villes de Flandre. Édouard fit arrêter les Flamands en Angleterre[239]. Le commerce, sans lequel les deux pays ne pouvaient vivre, se trouva rompu tout d'un coup.

Attaquer les Anglais par la Guyenne et par la Flandre, c'était les blesser par leurs côtés les plus sensibles, leur ôter le drap et le vin. Ils vendaient leurs laines à Bruges pour acheter du vin à Bordeaux. D'autre part, sans laine anglaise, les Flamands ne savaient que faire. Édouard, ayant défendu l'exportation des laines, réduisit la Flandre au désespoir et la força de se jeter dans ses bras[240].

(p. 184) D'abord une foule d'ouvriers flamands passèrent en Angleterre. On les y attirait à tout prix. Il n'y a sorte de flatteries, de caresses, qu'on n'employât auprès d'eux. Il est curieux de voir dès ce temps-là jusqu'où ce peuple si fier descend dans l'occasion, lorsque son intérêt le demande. «Leurs habits seront beaux, écrivaient les Anglais en Flandre, leurs compagnes de lit encore plus belles[241].» Ces émigrations, qui continuent pendant tout le XIVe siècle, ont, je crois, modifié singulièrement le génie anglais. Avant qu'elles aient eu lieu, rien n'annonce dans les Anglais cette patience industrieuse que nous leur voyons aujourd'hui. Le roi de France, en s'efforçant de séparer la Flandre et l'Angleterre, ne fit autre chose que provoquer les émigrations flamandes, et fonder l'industrie anglaise.

Cependant la Flandre ne se résigna pas. Les villes éclatèrent. Elles haïssaient le comte de longue date, soit parce qu'il soutenait les campagnes contre le monopole des villes[242], soit parce qu'il admettait les étrangers, les Français, au partage de leur commerce[243].

(p. 185) Les Gantais, qui sans doute se repentaient de n'avoir pas soutenu ceux d'Ypres et de Bruges à la bataille de Cassel, prirent pour chef, en 1337, le brasseur Jacquemart Artevelde. Soutenu par les corps de métiers, principalement par les foulons et ouvriers en drap, Artevelde organisa une vigoureuse tyrannie[244]. Il (p. 186) fit assembler à Gand les gens des trois grandes villes, «et leur montra que sans le roi d'Angleterre ils ne pouvoient vivre. Car toute Flandre estoit fondée sur draperie, et sans laine on ne pouvoit draper. Et pour ce, louoit qu'on teinst le roy d'Angleterre à amy.»

Édouard était un bien petit prince pour s'opposer à cette grande puissance de Philippe de Valois; mais il avait pour lui les vœux de la Flandre et l'unanimité des Anglais. Les seigneurs vendeurs des laines, et les marchands qui en trafiquaient, tous demandaient la guerre. Pour la rendre plus populaire encore, il fit lire dans les paroisses une circulaire au peuple, l'informant de ses griefs contre Philippe et des avances qu'il avait faites inutilement pour la paix[245].

(p. 187) Il est curieux de comparer l'administration des deux rois au commencement de cette guerre. Les actes du roi d'Angleterre deviennent alors infiniment nombreux. Il ordonne que tout homme prenne les armes de seize ans à soixante. Pour mettre le pays à l'abri des flottes françaises et des incursions écossaises, il organise des signaux sur toutes les côtes. Il loue des Gallois et leur donne un *uniforme*. Il se procure de l'artillerie; il profite le premier de cette grande et terrible invention. Il pourvoit à la marine, aux vivres. Il écrit des menaces aux comtes qui doivent préparer le passage, à l'archevêque de Cantorbéry des consolations et des flatteries pour le peuple: «Le peuple de notre royaume, nous en convenons avec douleur, est chargé jusqu'ici de divers fardeaux, taillages et impositions. La nécessité de nos affaires nous empêche de le soulager. Que votre grâce soutienne donc ce peuple dans la bénignité, l'humilité et la patience[246], etc.»

Le roi de France n'a pas, à beaucoup près, autant de détails à embrasser. La guerre est encore pour lui une affaire féodale. Les seigneurs du Midi obtiennent qu'il leur rende le droit de guerre privée et qu'il respecte leurs justices[247]. Mais en même temps les nobles veulent être payés pour servir le roi; ils demandent une solde, ils tendent la main, ces fiers barons. Le chevalier banneret aura vingt sols par jour, le chevalier (p. 188) dix[248], etc. C'était le pire des systèmes, système tout à la fois féodal et mercenaire, et qui réunissait les inconvénients des deux autres.

Tandis que le roi d'Angleterre renouvelle la charte commerciale qui assure la liberté du négoce aux marchands étrangers, le roi de France ordonne aux Lombards de venir à ses foires de Champagne et prétend leur tracer la route par laquelle ils y viendront[249].

Les Anglais partirent pleins d'espérance (1338). Ils se sentaient appelés par toute la chrétienté. Leurs amis des Pays-Bas leur promettaient une puissante assistance. Les seigneurs leur étaient favorables, et Artevelde leur répondait des trois grandes villes. Les Anglais, qui ont toujours cru qu'on pouvait tout faire avec de l'argent, se montrèrent à leur arrivée magnifiques et prodigues. «Et n'épargnoient ni or ni argent, non plus que s'il leur plût des nues, et donnaient grands joyaux aux seigneurs et dames et demoiselles, pour acquérir la louange de ceux et de celles entre qui ils conversoient; et tant faisoient qu'ils l'avoient et étoient prisés de tous et de toutes, et mêmement du commun peuple à qui ils ne donnoient rien, pour le bel état qu'ils menoient[250].»

Quelle que fût l'admiration des gens des Pays-Bas pour leurs grands amis d'Angleterre, Édouard trouva chez eux plus d'hésitation qu'il ne s'y attendait. Les (p. 189) seigneurs dirent d'abord qu'ils étaient prêts à le seconder, mais qu'il était juste que le plus considérable, le duc de Brabant, se déclarât le premier. Le duc de Brabant demanda un délai, et finit par consentir. Alors ils dirent au roi d'Angleterre qu'il ne leur fallait plus qu'une chose pour se décider: c'était que l'Empereur défiât le roi de France; car enfin, disaient-ils, nous sommes sujets de l'Empire. Au reste, l'Empereur avait un trop juste sujet de guerre, puisque le Cambrésis, terre d'Empire, était envahi par Philippe de Valois.

L'empereur Louis de Bavière avait d'autres motifs plus personnels pour se déclarer. Persécuté par les papes français, il ne parlait de rien moins que d'aller avec une armée se faire absoudre à Avignon. Édouard alla le trouver à la diète de Coblentz. Dans cette grande assemblée où l'on voyait trois archevêques, quatre ducs, trente-sept comtes, une foule de barons, l'Anglais apprit à ses dépens ce que c'était que la morgue et la lenteur allemandes. L'Empereur voulait d'abord lui accorder la faveur de lui baiser les pieds. Le roi d'Angleterre, par-devant ce suprême juge, se porta pour accusateur de Philippe de Valois. L'Empereur, une main sur le globe, l'autre sur le sceptre, tandis qu'un chevalier lui tenait sur la tête une épée nue, défia le roi de France, le déclara déchu de la protection de l'Empire, et donna gracieusement à Édouard le diplôme de vicaire impérial sur la rive gauche du Rhin. Au reste, ce fut tout ce que l'Anglais put en tirer. L'Empereur réfléchit, eut des scrupules, et au lieu de s'engager dans cette dangereuse guerre (p. 190) de France, il s'achemina vers l'Italie. Mais Philippe de Valois le fit arrêter au passage des Alpes par un fils du roi de Bohême.

Le roi d'Angleterre, revenant avec son diplôme, demanda au duc de Brabant où il pourrait l'exhiber aux seigneurs des Pays-Bas. Le duc assigna pour l'assemblée la petite ville de Herck sur la frontière de Brabant. «Quand tous furent là venus, sachez que la ville fut grandement pleine de seigneurs, de chevaliers, d'écuyers et de toutes autres manières de gens; et la halle de la ville où l'on vendoit pain et chair, qui guères ne valoient, encourtinée de beaux draps comme la chambre du roi; et fut le roi anglois assis, la couronne d'or moult riche et moult noble sur son chef, plus haut cinq pieds que nul des autres, sur un banc d'un boucher, là où il tailloit et vendoit sa chair. Oncques telle halle ne fut à si grand honneur[251].»

Pendant que tous les seigneurs rendaient hommage sur ce banc de boucher au nouveau vicaire impérial, le duc de Brabant faisait dire au roi de France de ne rien croire de ce qu'on pouvait dire contre lui. Édouard défiant Philippe en son nom et au nom des seigneurs, le duc déclara qu'il aimait mieux faire porter à part son défi. Enfin, quand Édouard le pria de le suivre devant Cambrai, il lui assura qu'aussitôt qu'il le saurait devant cette ville, il irait l'y retrouver avec douze cents bonnes lances.

Pendant l'hiver, l'argent de France opéra sur les seigneurs des Pays-Bas et d'Allemagne. Leur inertie (p. 191) augmenta encore. Édouard ne put les mettre en mouvement avant le mois de septembre (1339). Cambrai se trouva mieux défendu qu'on ne le croyait. La saison était avancée. Édouard leva le siége et rentra en France. Mais, à la frontière, le comte de Hainaut lui dit qu'il ne pouvait le suivre au delà, que tenant des fiefs de l'Empire et de la France, il le servirait volontiers sur terre d'Empire; mais qu'arrivé sur terre de France, il devait obéir au roi, son suzerain, et qu'il l'allait joindre de ce pas pour combattre les Anglais[252].

Parmi ces tribulations, Édouard avançait lentement vers l'Oise, ravageant tout le pays, et retenant avec peine ses alliés mécontents et affamés. Il lui fallait une belle bataille pour le dédommager de tant de frais et d'ennuis. Il crut un instant la tenir. Le roi de France lui-même parut près de la Capelle avec une grande armée. «On y comptait, dit Froissart, onze vingt et sept bannières, cinq cent et soixante pennons, quatre rois (France, Bohême, Navarre, Écosse), six ducs, et trente-six comtes et plus de quatre mille chevaliers, et des communes de France plus de soixante mille.» Le roi de France lui-même demandait la bataille. Édouard n'avait qu'à choisir pour le 2 octobre un champ, une belle place où il n'y eût ni bois, ni marais, ni rivière qui pût avantager l'un ou l'autre parti.

Au jour marqué, lorsque déjà Édouard, monté sur un petit palefroi, parcourait ses batailles et encourageait les siens, les Français avisèrent, disent les (p. 192) Chroniques de Saint-Denis, qu'il était vendredi, et ensuite qu'il y avait un pas difficile entre les deux armées[253]. Selon Froissart: «Ils n'étoient pas d'accord, mais en disoit chacun son opinion, et disoient par estrif (dispute) que ce seroit grand'honte et grand défaut si le roi ne se combattoit, quand il savoit que ses ennemis étoient si près de lui, en son pays, rangés en pleins champs, et les avoit suivis en intention de combattre à eux. Les aucuns des autres disoient à l'encontre que ce seroit grand'folie s'il se combattoit, car il ne savoit que chacun pensoit, ni si point trahison y avoit: car si fortune lui étoit contraire, il mettoit son royaume en aventure de perdre, et si il déconfisoit ses ennemis, pour ce n'auroit-il mie le royaume d'Angleterre, ni les terres des seigneurs de l'Empire, qui avec le roi anglois étoient alliés. Ainsi estrivant (dissertant) et débattant sur ces diverses opinions, le jour passa jusques à grand midi. Environ petite nonne, un lièvre s'en vint trépassant parmi les champs, et se bouta entre les Français, dont ceux qui le virent commencèrent à crier et à huier (appeler) et à faire grand haro; de quoi ceux qui étoient derrière cuidoient que ceux de devant se combattissent, et les plusieurs qui se tenoient en leurs batailles rangés fesoient autel (autant): si mirent les plusieurs leurs bassinets en leurs têtes et prirent leurs glaives. Là il fut fait plusieurs nouveaux chevaliers; et par spécial le comte de Hainaut en fit quatorze, qu'on nomma depuis les chevaliers du Lièvre. — ... Avec tout ce et les estrifs (p. 193) (débats) qui étoient au conseil du roi de France, furent apportées en l'ost lettres de par le roi Robert de Sicile, lequel étoit un grand astronomien... si avoit par plusieurs fois jeté ses sorts sur l'état et aventures du roi de France et du roi d'Angleterre, et avoit trouvé en l'astrologie et par expérience que si le roy de France se combattoit au roi d'Angleterre, il convenoit qu'il fust déconfit... Jà de longtemps moult soigneusement avoit envoyé lettres et épistres au roi Philippe, que nullement ils ne se combattissent contre les Anglois là où le corps d'Édouard fut présent[254].»

Cette triste expédition avait épuisé les finances d'Édouard. Ses amis, fort découragés, lui conseillèrent de s'adresser à ces riches communes de Flandre qui pouvaient l'aider à elles seules, mieux que tout l'Empire. Les Flamands délibérèrent longuement, et finirent par déclarer que leur conscience ne leur permettait pas de déclarer la guerre au roi de France, leur suzerain. Le scrupule était d'autant plus naturel qu'ils s'étaient engagés à payer deux millions de florins au pape, *s'ils attaquaient le roi de France*. Artevelde y trouva remède. Pour les rassurer et sur le péché et sur l'argent, il imagina de faire *roi de France* le roi d'Angleterre[255]. Celui-ci, qui venait de prendre le titre de vicaire impérial, pour gagner les seigneurs des Pays-Bas, se laissa faire roi de France, pour rassurer la conscience des communes de Flandre. Philippe de Valois fit interdire leurs prêtres par le pape; mais Édouard leur (p. 194) expédia des prêtres anglais pour les confesser et les absoudre[256].

La guerre devenait directe. Les deux partis équipèrent de grandes flottes pour garder, pour forcer le passage. Celle des Français, fortifiée de galères génoises, comptait, dit-on, plus de cent quarante gros vaisseaux qui portaient quarante mille hommes; le tout commandé par un chevalier et par le trésorier Bahuchet, «qui ne savait que faire compte.» Cet étrange amiral, qui avait horreur de la mer, tenait toute sa flotte serrée dans le port de l'Écluse. En vain le Génois Barbavara s'efforçait de lui faire entendre qu'il fallait se donner du champ pour manœuvrer. L'Anglais les surprit immobiles et les accrocha. Ce fut une bataille de terre. En six heures, les archers anglais donnèrent la victoire à Édouard. L'apparition des Flamands, qui vinrent occuper le rivage, ôtait tout espoir aux vaincus. Barbavara, qui de bonne heure avait pris le large, échappa seul. Trente mille hommes périrent. Le malencontreux Bahuchet fut pendu au mât de son vaisseau[257]. L'Anglais, qui se disait roi de France, traitait déjà l'ennemi comme rebelle. La France pouvait retrouver trente mille hommes; mais le résultat moral n'était pas moins funeste que celui de la Hogue et de Trafalgar. Les Français perdirent courage du côté de la mer. Le passage du détroit resta libre pour les Anglais pendant plusieurs siècles.

Tout semblait enfin favoriser Édouard. Artevelde, (p. 195) dans son absence, avait amené soixante mille Flamands au secours de son allié, le comte de Hainaut[258]. Cette grosse armée lui donnait espoir de faire enfin quelque chose. Il conduisit tout ce monde, Anglais, Flamands, Brabançons, devant la forte ville de Tournai. Ce berceau de la monarchie en a été plus d'une fois le boulevard. Charles VII a reconnu le dévouement tant de fois prouvé de cette ville, en lui donnant pour armes les armes mêmes de la France.

Philippe de Valois vint au secours; la ville se défendit. Le siége traîna. Cependant les Flamands, ne sachant que faire, allèrent piller Arques à côté de Saint-Omer[259]. Mais voilà que tout à coup la garnison de cette ville fond sur eux, lances baissées, bannières déployées et à grands cris. Les Flamands eurent beau jeter bas leur butin, ils furent poursuivis deux lieues, perdirent dix-huit cents hommes, et rapportèrent leur épouvante dans l'armée. «Or avint une merveilleuse aventure... Car environ heure de minuit que ces Flamands dormoient en leurs tentes, un si grand effroi les prit en dormant que tous se levèrent et abattirent (p. 196) tantost tentes et pavillons, et troussèrent tout sur leurs charriots, en si grande hâte que l'un n'attendoit point l'autre et fuirent tous sans tenir voie... Messire Robert d'Artois et Henri de Flandres s'en vinrent au-devant d'eux et leur dirent: *Beaux seigneurs, dites-nous quelle chose il vous faut qui ainsi fuyez...* Ils n'en firent compte, mais toujours fuirent, et prit chacun le chemin vers sa maison au plus droit qu'il put. Quand messire Robert d'Artois et Henri de Flandres virent qu'ils n'en auroient autre chose, si firent trousser tout leur harnois et s'en vinrent au siége devant Tournay. Et recordèrent l'aventure des Flamands et dirent les plusieurs qu'ils avoient été enfantosmés[260].»

L'Anglais eut beau faire. Toute cette grande guerre des Pays-Bas, dont il croyait accabler la France, vint à rien entre ses mains. Les

Flamands n'étaient pas guerriers de leur nature, sauf quelques moments de colère brutale; tout ce qu'ils voulaient, c'était de ne rien payer. Les seigneurs des Pays-Bas voulaient de plus être payés; ils l'étaient des deux côtés et restaient chez eux.

Heureusement pour Édouard, au moment où la Flandre s'éteignait, la Bretagne prit feu[261]. Le pays (p. 197) était tout autrement inflammable. On peut à peine vraiment dire au moyen âge que les Bretons soient jamais en paix. Quand ils ne se battent pas chez eux, c'est qu'ils sont loués pour se battre ailleurs. Sous Philippe le Bel, et jusqu'à la bataille de Cassel, ils suivaient volontiers les armées de nos rois dans les Flandres, pour manger et piller ces riches pays. Mais quand la France, au contraire, fut entamée par Édouard, quand les Bretons n'eurent plus à faire qu'une guerre pauvre, ils restèrent chez eux et se battirent entre eux.

Cette guerre fait le pendant de celles d'Écosse. De même que Philippe le Bel avait encouragé contre Édouard Ier Wallace et Robert Bruce, Édouard III soutint Montfort contre Philippe de Valois. Ce n'est pas seulement ici une analogie historique. Il y a, comme on sait, parenté de race et de langue, ressemblance géographique entre les deux contrées. En Écosse, comme en Bretagne, la partie la plus reculée est occupée par un peuple celtique, la lisière par une population mixte, chargée de garder le pays. Au triste border écossais répondent nos landes de Maine et d'Anjou, nos forêts d'Ille-et-Vilaine. Mais le border est plus désert encore. On peut y voyager des heures entières, au train rapide d'une diligence anglaise, sans rencontrer ni arbre, ni maison; à peine quelques plis de terrain où les petits moutons de Northumberland cherchent (p. 198) patiemment leur vie. Il semble que tout ait brûlé sous le cheval d'Hotspur[262]... On cherche, en traversant ce pays des ballades, qui les a faites ou chantées. Il faut peu de chose pour faire une poésie. Il n'y a pas besoin des lauriers-roses de l'Eurotas; il suffit d'un peu de bruyère de Bretagne, ou du chardon national d'Écosse devant lequel se détournait la charrue de Burns[263].

L'Angleterre trouva dans cette rare et belliqueuse population un outlaw invincible, un Robin Hood éternel... Les gens du border vivaient noblement du bien du voisin. Quand le butin de la dernière expédition était mangé, la dame de la maison servait dans un plat, à son mari, une paire d'éperons, et il partait joyeux... C'étaient d'étranges guerres; la difficulté pour les deux partis était de se trouver. Dans sa grande expédition d'Écosse, Édouard II avança plusieurs jours sous la pluie et parmi les broussailles, sans voir autre armée que de daims et de biches[264]. Il lui fallut promettre une grosse somme à qui lui (p. 199) dirait où était l'ennemi[265]. Les Écossais réunis, dispersés, avec la légèreté d'un esprit, entraient quand ils voulaient en Angleterre; ils avaient peu de cavalerie, mais point de bagages; chaque homme portait son petit sac de grain et une brique où le faire cuire.

Ils ne se contentaient pas de guerroyer en Angleterre. Ils allaient volontiers au loin. On sait l'histoire de ce Douglas qui, chargé par le roi mourant de porter son cœur à Jérusalem, s'en alla par l'Espagne, et dans la bataille lança ce cœur contre les Maures. Mais leur croisade naturelle était en France, c'est-à-dire où ils pouvaient faire le plus de mal aux Anglais. Un Douglas devint comte de Touraine. Il existe encore, dit-on, des Douglas dans la Bresse.

Notre Bretagne eut son border, comme l'Écosse, et aussi ses ballades[266]. Peut-être la vie du soldat mercenaire, qui fut longtemps celle des Bretons au moyen âge, étouffa-t-elle ce génie poétique.

Mais l'histoire seule en Bretagne est une poésie. Il n'est point mémoire d'une lutte si diverse et si obstinée. Cette race de béliers a toujours été heurtant, sans rien trouver de plus dur qu'elle-même. Elle a fait front tour à tour à la France et aux ennemis de la France. Elle repoussa nos rois sous Noménoé, sous (p. 200) Montfort; elle repoussa les Northmans sous Allan Barbetorte, et les Anglais sous Duguesclin.

C'est au border breton, dans les landes d'Anjou, que Robert le Fort se fit tuer par les Northmans, et gagna le trône aux Capets. Là encore, les futurs rois d'Angleterre prirent le nom de Plante-Genêts. Ces bruyères, comme celles de Macbeth, saluèrent les deux royautés.

Le long récit des guerres bretonnes qui *renluminent* si bien la Chronique de Froissart[267], ces aventures de toutes sortes, coupées de romanesques incidents, font penser à certains paysages abruptes de Bretagne, brusquement variés, pauvres, pierreux, semés parmi le roc de tristes fleurs. Mais il est plus d'une partie dans cette histoire dont le chroniqueur élégant et chevaleresque ne représente pas la sauvage horreur. On ne sent bien l'histoire de Bretagne que sur le théâtre même de ces événements, aux roches d'Auray, aux plages de Quiberon, de Saint-Michel-en-Grève, où le duc fratricide rencontra le moine noir.

Les belles aventures d'amazones, où se plaît Froissart, ces *apertises* de Jehanne de Montfort *qui eut courage d'homme et cœur de lion*, ces braves discours de Jeanne Clisson, de Jeanne de Blois, ne disent pas tout sur la guerre de Bretagne. Cette guerre est celle aussi de Clisson *le boucher*, du dévot et consciencieusement cruel Charles de Blois.

(p. 201) Le duc Jean III, mort sans enfants, laissait une nièce et un frère. La nièce, fille d'un frère aîné, avait épousé Charles de Blois, prince du sang, et elle avait le roi pour elle; la noblesse de la Bretagne française lui était assez favorable[268]. Le frère cadet, Montfort, avait pour lui les Bretons bretonnants[269], et il appela les Anglais. Le roi d'Angleterre, qui, en France, soutenait le droit des femmes, soutint celui des mâles en Bretagne. Le roi de France fut inconséquent en sens opposé.

Singulière destinée que celle des Montfort. Nous l'avons déjà remarqué. Un Montfort avait conseillé à Louis le Gros d'armer les communes de France. Un Montfort conduisit la croisade des Albigeois et anéantit les libertés des villes du midi. Un Montfort introduisit dans le parlement anglais les députés des communes. En voici un autre au XIVe siècle dont le nom rallie les Bretons dans leur guerre contre la France.

L'adversaire de Montfort, Charles de Blois, n'était pas moins qu'un saint, le second qu'ait eu la maison de France. Il se confessait matin et soir, entendait quatre ou cinq messes par jour. Il ne voyageait pas qu'il n'eût un aumônier qui portait dans un pot, du (p. 202) pain, du vin, de l'eau et du feu, pour dire la messe en route[270]. Voyait-il passer un prêtre, il se jetait à bas de cheval dans la boue. Il fit plusieurs fois, pieds nus sur la neige, le pèlerinage de saint Yves, le grand saint breton. Il mettait des cailloux dans sa chaussure, défendait qu'on ôtât la vermine de son cilice, se serrait de trois cordes à nœuds qui lui entraient dans la chair, *à faire pitié*, dit un témoin. Quand il priait Dieu, il se battait furieusement la poitrine, jusqu'à pâlir et *devenir comme vert*.

Un jour il s'arrêta à deux pas de l'ennemi et en grand danger, pour entendre la messe. Au siége de Quimper, ses soldats allaient être surpris par la marée: Si c'est la volonté de Dieu, dit-il, la marée ne nous fera rien. La ville, en effet, fut emportée, une foule d'habitants égorgés. Charles de Blois avait d'abord couru à la cathédrale remercier Dieu. Puis il arrêta le massacre.

Ce terrible saint n'avait pitié ni de lui ni des autres. Il se croyait obligé de punir ses adversaires (p. 203) comme rebelles. Lorsqu'il commença la guerre en assiégeant Montfort à Nantes (1342), il lui jeta dans la ville la tête de trente chevaliers. Montfort se rendit, fut envoyé au roi, et contre la capitulation, enfermé à la Tour du Louvre[271]. «La comtesse de Montfort, qui bien avoit courage d'homme et cœur de lion, et étoit en la cité de Rennes, quand elle entendit que son frère étoit pris, en la manière que vous avez ouï, si elle en fut dolente et courroucée, ce peut chacun et doit savoir et penser; car elle pensa mieux que on dut mettre son seigneur à mort que en prison; et combien qu'elle eut grand deuil au cœur, si ne fit-elle mie comme femme déconfortée, mais comme homme fier et hardi, en reconfortant vaillamment ses amis et ses soudoyers; et leur montroit un petit fils qu'elle avoit, qu'on appeloit Jean, ainsi que le père, et leur disoit: «Ah! seigneurs, ne vous déconfortez mie, ni ébahissez pour monseigneur que nous avons perdu; ce n'étoit qu'un seul homme: véez ci mon petit enfant qui sera, si Dieu plaît, son restorier (vengeur), et qui vous fera des biens assez[272].» Assiégée dans Hennebon, par Charles de Blois, elle brûla dans une sortie les tentes des Français, et ne pouvant rentrer dans la ville, elle gagna le château d'Auray; mais bientôt réunissant cinq cents hommes d'armes, elle franchit de nouveau le camp des Français et rentra dans Hennebon «à (p. 204) grand joie et à grand son de trompettes et de nacaires!» Il était temps qu'elle arrivât; les seigneurs parlementaient en face même de la comtesse, quand elle vit arriver le secours qu'elle attendait depuis si longtemps d'Angleterre. «Qui adonc vit la comtesse descendre du châtel à grand' chère, et baiser messire Gautier de Mauny et ses compagnons, les uns après les autres, deux ou trois fois, bien peut dire que c'étoit une vaillante dame[273].»

Le roi d'Angleterre vint lui-même vers la fin de cette année au secours de la Bretagne. Le roi de France en approcha avec une armée; il semblait que cette petite guerre de Bretagne allait devenir la grande. Il ne se fit rien d'important. La pénurie des deux rois les condamna à une trêve, où leurs alliés étaient compris; les Bretons seuls restaient libres de guerroyer.

La captivité de Montfort avait fortifié son parti. Philippe prit soin de le raviver encore, en faisant mourir quinze seigneurs bretons qu'il croyait favorables aux Anglais. L'un d'eux, Clisson, prisonnier en Angleterre, y avait été trop bien traité. On dit que le comte de Salisbury, pour se venger d'Édouard qui lui avait débauché sa belle comtesse, dénonça au roi de France le traité secret de son maître et de Clisson[274]. Les Bretons, invités à un tournoi, furent saisis et mis à mort sans jugement. Le frère de l'un d'eux ne fut pas supplicié, mais exposé sur une échelle où le peuple le lapida.

(p. 205) Peu après le roi fit encore mourir, sans jugement, trois seigneurs de Normandie. Il aurait voulu aussi avoir en ses mains le comte d'Harcourt. Mais il échappa, et ne fut pas moins utile aux Anglais que Robert d'Artois.

Jusque-là les seigneurs se faisaient peu scrupule de traiter avec l'étranger. L'homme féodal se considérait encore comme un souverain qui peut négocier à part. La parenté des deux noblesses française et anglaise, communauté de langues (les nobles anglais parlaient encore français), tout favorisait ces rapprochements. La mort de Clisson mit une barrière entre les deux royaumes.

En une même année, l'Anglais perdit Montfort et Artevelde. Artevelde était devenu tout Anglais. Sentant la Flandre lui échapper, il voulait la donner au prince de Galles. Déjà Édouard était à l'Écluse et présentait son fils aux bourgmestres de Gand, de Bruges et d'Ypres. Artevelde fut tué.

Avec toute sa popularité, ce roi de Flandre n'était au fond que le chef des grosses villes, le défenseur de leur monopole. Elles interdisaient aux petites la fabrication de la laine. Une révolte eut lieu à ce sujet dans une de ces dernières. Artevelde la réprima et tua un homme de sa main. Dans l'enceinte même de Gand, les deux corps des drapiers se faisaient la guerre. Les foulons exigeaient des tisseurs ou fabricants de draps une augmentation de salaire. Ceux-ci la refusant, ils se livrèrent un furieux combat. Il n'y avait pas moyen de séparer ces dogues. En vain les prêtres apportèrent sur la place le corps de Notre-Seigneur. Les fabricants, (p. 206) soutenus par Artevelde, écrasèrent les ouvriers (1345)[275]. Artevelde, qui ne se fiait ni aux uns ni aux autres, voulait sortir de sa dangereuse position, céder ce qu'il ne pouvait garder, ou régner encore sous un maître qui aurait besoin de lui et qui le soutiendrait. De rappeler les Français, il n'y avait pas à y songer. Il appelait donc l'Anglais, il courait Bruges et Ypres pour négocier, haranguer. Pendant ce temps, Gand lui échappa.

Quand il y entra, le peuple était déjà ameuté. On disait dans la foule qu'il faisait passer en Angleterre l'argent de Flandre. Personne ne le salua. Il se sauva à son hôtel, et de la croisée essaya en vain de fléchir le peuple. Les portes furent forcée, Artevelde fut tué précisément comme le tribun Rienzi l'était à Rome deux ans après[276].

(p. 207) Édouard avait manqué la Flandre, aussi bien que la Bretagne. Ses attaques aux deux ailes ne réussissaient pas, il en fit une au centre. Celle-ci, conduite par un Normand, Godefroi d'Harcourt, fut bien plus fatale à la France.

Philippe de Valois avait réuni toutes ses forces en (p. 208) une grande armée pour reprendre aux Anglais leurs conquêtes du midi. Cette armée forte, dit-on, de cent mille hommes, reprit en effet Angoulême, et alla se consumer devant la petite place d'Aiguillon. Les Anglais s'y défendirent d'autant mieux que le fils du roi qui conduisait les Français, n'avait point fait de quartier aux autres places.

Si l'on en croyait l'invraisemblable récit de Froissart, le roi d'Angleterre serait parti pour secourir la Guyenne. Puis ramené par le vent contraire, il aurait prêté l'oreille aux conseils de Godefroi d'Harcourt, qui (p. 209) l'engageait à attaquer la Normandie sans défense[277].

Le conseil n'était que trop bon. Tout le pays était désarmé. C'était l'ouvrage des rois eux-mêmes, qui avaient défendu les guerres privées. La population était devenue toute pacifique, toute occupée de la culture ou des métiers. La paix avait porté ses fruits[278]. L'état florissant et prospère où les Anglais trouvèrent le pays, doit nous faire rabattre beaucoup de tout ce que les historiens ont dit contre l'administration royale au XIVe siècle.

Le cœur saigne quand on voit dans Froissart cette sauvage apparition de la guerre dans une contrée paisible déjà riche et industrielle, dont l'essor allait être arrêté pour plusieurs siècles. L'armée mercenaire d'Édouard, ces pillards Gallois, Irlandais, tombèrent au milieu d'une population sans défense; ils trouvèrent les moutons dans les champs, les granges pleines, (p. 210) les villes ouvertes. Du pillage de Caen, ils eurent de quoi charger plusieurs vaisseaux. Ils trouvèrent Saint-Lô et Louviers toutes pleines de draps[279].

Pour animer encore ses gens, Édouard découvrit à Caen, tout à point, un acte[280] par lequel les Normands (p. 211) offraient à Philippe de Valois de conquérir à leurs frais l'Angleterre, à condition qu'elle serait partagée entre eux, comme elle le fut entre les compagnons de Guillaume le Conquérant. Cet acte, écrit dans le pitoyable français qu'on parlait alors à la cour d'Angleterre, est probablement faux. Il fut, par ordre d'Édouard, traduit en anglais, lu partout en Angleterre au prône des églises. Avant de partir, le roi avait chargé les prêcheurs du peuple, les dominicains, de prêcher la guerre, d'en exposer les causes. Peu après (1361), Édouard supprima le français dans les actes publics. Il n'y eut qu'une langue, qu'un peuple anglais. Les descendants des conquérants normands et ceux des Saxons se trouvèrent réconciliés par la haine des nouveaux Normands.

Les Anglais ayant trouvé les ponts coupés à Rouen, remontèrent la rive gauche, brûlant sur leur passage Vernon, Verneuil, et le Pont-de-l'Arche. Édouard s'arrêta à Poissy pour y construire un pont et fêter l'Assomption, pendant que ses gens allaient brûler Saint-Germain, Bourg-la-Reine, Saint-Cloud, et même Boulogne, si près de Paris.

Tout le secours que le roi de France donna à la Normandie, ce fut d'envoyer à Caen le connétable et le comte de Tancarville qui s'y firent prendre. Son armée était dans le Midi à cent cinquante lieues. Il (p. 212) crut qu'il serait plus court d'appeler ses alliés d'Allemagne et des Pays-Bas. Il venait de faire élire empereur le jeune Charles IV, fils de Jean de Bohême. Mais les Allemands chassèrent l'empereur élu, qui vint se mettre à la solde du roi. Son arrivée, celle du roi de Bohême, du duc de Lorraine et autres seigneurs allemands, fit déjà réfléchir les Anglais.

C'était assez de bravades et d'audace. Ils se trouvaient engagés au cœur d'un grand royaume, parmi des villes brûlées, des provinces ravagées, des populations désespérées. Les forces du roi de France grossissaient chaque jour. Il avait hâte de punir les Anglais, qui lui avaient manqué de respect jusqu'à approcher de sa capitale. Les bourgeois de Paris, si bonnes gens jusque-là, commençaient à parler. Le roi ayant voulu démolir les maisons qui touchaient à l'enceinte de la ville, il y eut presque un soulèvement.

Édouard entreprit de s'en aller par la Picardie, de se rapprocher des Flamands qui venaient d'assiéger Béthune, de traverser le Ponthieu, héritage de sa mère. Mais il fallait passer la Somme. Philippe faisait garder tous les ponts, et suivait de près l'ennemi; de si près, qu'à Airaines il trouva la table d'Édouard toute servie et mangea son dîner.

Édouard avait envoyé chercher un gué; ses gens cherchèrent et ne trouvèrent rien. Il était fort pensif, lorsqu'un garçon de la Blanche-Tache se chargea de lui montrer le gué qui porte ce nom. Philippe y avait mis quelques mille hommes; mais les Anglais, qui se sentaient perdus s'ils ne passaient, firent un grand effort et passèrent. Philippe arriva peu après; il n'y (p. 213) avait plus moyen de les poursuivre, le flux remontait la Somme; la mer protégea les Anglais.

La situation d'Édouard n'était pas bonne. Son armée était affamée, mouillée, recrue. Les gens qui avaient pris et gâté tant de butin, semblaient alors des mendiants. Cette retraite rapide, honteuse, allait être aussi funeste qu'une bataille perdue. Édouard risqua la bataille.

Arrivé d'ailleurs dans le Ponthieu, il se sentait plus fort; ce comté au moins était bien à lui: «Prenons ci place de terre, dit-il, car je n'irai plus avant, si aurai vu nos ennemis; et bien y a cause que je les attende; car je suis sur le droit héritage de Madame ma mère, qui lui fut donné en mariage; si le veux défendre et calengier contre mon adversaire Philippe de Valois[281].»

Cela dit, il entra en son oratoire, fit dévotement ses prières, se coucha, et le lendemain entendit la messe. Il partagea son armée en trois batailles, et fit mettre pied à terre à ses gens d'armes. Les Anglais mangèrent, burent un coup, puis s'assirent, leurs armes devant eux, en attendant l'ennemi.

Cependant arrivait à grand bruit l'immense cohue de l'armée française[282]. On avait conseillé au roi de France de faire reposer ses troupes, et il y consentait. (p. 214) Mais les grands seigneurs, poussés par le point d'honneur féodal, avançaient toujours à qui serait au premier rang.

Le roi lui-même, quand il arriva et qu'il vit les Anglais: «Le sang lui mua, car il les haïssait... Et dit à ses maréchaux: Faites passer nos Génois devant, et commencez la bataille, au nom de Dieu et de Monseigneur saint Denis.»

Ce n'était pas sans grande dépense que le roi entretenait depuis longtemps des troupes mercenaires. Mais on jugeait avec raison les archers génois indispensables contre les archers anglais. La prompte retraite de Barbavara à la bataille de l'Écluse, avait naturellement augmenté la défiance contre ces étrangers. Les mercenaires d'Italie étaient habitués à se ménager fort dans les batailles. Ceux-ci, au moment de combattre, déclarèrent que les cordes de leurs arcs étaient mouillées et ne pouvaient servir[283]. Ils auraient (p. 215) pu les cacher sous leurs chaperons comme le firent les Anglais.

Le comte d'Alençon s'écria: «On se doit bien charger de cette ribaudaille qui fallit au besoin.» Les Génois ne pouvaient pas faire grand'chose, les Anglais les criblaient de flèches et de balles de fer, lancées par des bombardes. «On eût cru, dit un contemporain, entendre Dieu tonner[284].» C'est le premier emploi de l'artillerie dans une bataille[285].

Le roi de France, hors de lui, cria à ses gens d'armes: «Or tôt, tuez toute cette ribaudaille, car ils nous empêchent la voie sans raison.» Mais pour passer sur le corps aux Génois, les gendarmes rompaient leurs rangs. Les Anglais tiraient à coup sûr dans cette foule, sans craindre de perdre un seul coup. Les chevaux s'effarouchaient, s'emportaient. Le désordre augmentait à tout moment.

Le roi de Bohême, vieux et aveugle, se tenait pourtant à cheval parmi ses chevaliers. Quand ils lui dirent ce qui se passait, il jugea bien que la bataille était perdue. Ce brave prince qui avait passé toute sa vie dans la domesticité de la maison de France, et qui avait du bien au royaume, donna l'exemple, comme vassal et comme chevalier. Il dit aux siens: «Je vous prie et requiers très-spécialement que vous me meniez (p. 216) si avant que je puisse frapper un coup d'épée.» Ils lui obéirent, lièrent leurs chevaux au sien, et tous se lancèrent à l'aveugle dans la bataille. On les retrouva le lendemain gisant autour de leur maître, et liés encore.

Les grands seigneurs de France se montrèrent aussi noblement. Le comte d'Alençon, frère du roi, les comtes de Blois, d'Harcourt, d'Aumale, d'Auxerre, de Sancerre, de Saint-Pol, tous magnifiquement armés et blasonnés, au grand galop, traversèrent les lignes ennemies. Ils fendirent les rangs des archers, et poussèrent toujours, comme dédaignant ces piétons, jusqu'à la petite troupe des gens d'armes anglais. Là se tenait le fils d'Édouard, âgé de treize ans, que son père avait mis à la tête d'une division. La seconde division vint le soutenir et le comte de Warwick, qui craignait pour le petit prince, faisait demander au roi d'envoyer la troisième au secours. Édouard répondit qu'il voulait laisser l'enfant gagner ses éperons, et que la journée fût sienne.

Le roi d'Angleterre, qui dominait toute la bataille de la butte d'un moulin, voyait bien que les Français allaient être écrasés[286]. Les uns avaient trébuché dans le premier désordre parmi les Génois, les autres pénétrant au cœur de l'armée anglaise, se trouvaient entourés. La pesante armure que l'on commençait à porter alors, ne permettait pas aux cavaliers, une fois tombés, de se relever. Les coutilliers de Galles et de (p. 217) Cornouailles venaient avec leurs couteaux, et les tuaient sans merci, quelque grands seigneurs qu'ils fussent. Philippe de Valois fut témoin de cette boucherie. Son cheval avait été tué. Il n'avait plus que soixante hommes autour de lui, mais il ne pouvait s'arracher du champ de bataille. Les Anglais, étonnés de leur victoire, ne bougeaient d'un pas; autrement ils l'eussent pris. Enfin, Jean de Hénaut saisit le cheval du roi par la bride et l'entraîna.

Les Anglais faisant la revue du champ de bataille et le compte des morts, trouvèrent onze princes, quatre-vingts seigneurs bannerets, douze cents chevaliers, trente mille soldats. Pendant qu'ils comptaient, arrivèrent les communes de Rouen et de Beauvais, les troupes de l'archevêque de Rouen et du grand prieur de France. Les pauvres gens qui ne savaient rien de la bataille, venaient augmenter le nombre des morts.

Cet immense malheur ne fit qu'en préparer un plus grand. L'Anglais s'établit en France. Les villes maritimes d'Angleterre, exaspérées par nos corsaires de Calais, donnèrent tout exprès une flotte à Édouard. Douvres, Bristol, Winchelsea, Shoneham, Sandwich, Weymouth, Plymouth, avaient fourni chacune vingt à trente vaisseaux, la seule Yarmouth, quarante-trois[287]. Les marchands anglais, que cette guerre ruinait, avaient fait un dernier et prodigieux effort pour se mettre en possession du détroit. Édouard vint assiéger (p. 218) Calais, s'y établit à poste fixe, pour y vivre ou y mourir. Après les sacrifices qui avaient été faits pour cette expédition, il ne pouvait reparaître devant les communes qu'il ne fût venu à bout de son entreprise. Autour de la ville, il bâtit une ville, des rues, des maisons en charpente, bien fermées, bien couvertes, pour y rester été et hiver[288]. «Et avoit en cette neuve ville du roi toutes choses nécessaires appartenant à un ost (armée), et plus encore, et place ordonnée pour tenir marché le mercredi et le samedi; et là étoient merceries, boucheries, halles de draps et de pain et de toutes autres nécessités, et en recouvroit-on tout aisément pour son argent, et tout ce leur venoit tous les jours, par mer, d'Angleterre et aussi de Flandre...»

L'Anglais, bien établi et en abondance, laissa ceux du dehors et du dedans faire tout ce qu'ils voudraient. Il ne leur accorda pas un combat. Il aimait mieux les faire mourir de faim. Cinq cents personnes, hommes, femmes et enfants, mises hors de la ville par le gouverneur, moururent de misère et de froid, entre la ville et le camp. Tel est du moins le récit de l'historien anglais[289].

(p. 219) Édouard avait pris racine devant Calais. La médiation du pape n'était pas capable de l'en arracher. On vint lui dire que les Écossais allaient envahir l'Angleterre. Il ne bougea pas. Sa persévérance fut récompensée. Il apprit bientôt que ses troupes, encouragées par la reine, avaient fait prisonnier le roi d'Écosse. L'année suivante, Charles de Blois, fut pris de même en assiégeant la Roche-de-Rien. Édouard pouvait croiser les bras, la fortune travaillait pour lui.

Il y avait pour le roi de France une grande et urgente nécessité à secourir Calais[290]. Mais la pénurie était si grande, cette monarchie demi-féodale si inerte et si embarrassée, qu'il ne réussit à se mettre en mouvement qu'au bout de dix mois de siége, lorsque les Anglais étaient fortifiés, retranchés, couverts de palissades, de fossés profonds. Ayant ramassé quelque argent par l'altération des monnaies[291], par la gabelle, par les décimes ecclésiastiques, par la confiscation des biens des Lombards, il s'achemina enfin, avec une grande et grosse armée, comme celle qui avait été battue à Crécy. On ne pouvait arriver jusqu'à Calais, que par les marais ou les dunes. S'enfoncer dans les (p. 220) marais, c'était périr; tous les passages étaient coupés, gardés; pourtant les gens de Tournai emportèrent bravement une tour, sans machines et à la force de leurs bras[292].

Les dunes du côté de Boulogne étaient sous le feu d'une flotte anglaise. Du côté de Gravelines, elles étaient gardées par les Flamands, que le roi ne put gagner. Il leur offrit des monts d'or; de leur rendre Lille, Béthune, Douai; il voulait enrichir leurs bourgmestres, faire de leurs jeunes gens des chevaliers, des seigneurs[293]. Rien ne les toucha. Ils craignaient trop le retour de leur comte, qui, après une fausse réconciliation, venait encore de se sauver de leurs mains[294].

(p. 221) Philippe ne put rien faire. Il négocia, il défia, Édouard resta paisible[295].

Ce fut un terrible désespoir dans la ville affamée, lorsqu'elle vit toutes ces bannières de France, toute cette grande armée, qui s'éloignaient et l'abandonnaient. Il ne restait plus aux gens de Calais qu'à se donner à l'ennemi, s'il voulait bien d'eux. Mais les Anglais les haïssaient mortellement, comme marins, comme corsaires[296]. Pour savoir tout ce qu'il y a d'irritation dans les hostilités quotidiennes d'un tel voisinage, dans cet oblique et haineux regard que les deux côtes se lancent l'une à l'autre, il faut lire les guerres de Louis XIV, les faits et gestes de Jean Bart, la lamentable démolition du port de Dunkerque, la fermeture des bassins d'Anvers.

Il était assez probable que le roi d'Angleterre, qui s'était tant ennuyé devant Calais, qui y était resté un an, qui, en une seule campagne, avait dépensé la somme, énorme alors, de près de dix millions de notre (p. 222) monnaie, se donnerait la satisfaction de passer les habitants au fil de l'épée; en quoi certainement il eût fait plaisir aux marchands anglais. Mais les chevaliers d'Édouard lui dirent nettement que, s'il traitait ainsi les assiégés, ses gens n'oseraient plus s'enfermer dans les places, qu'ils auraient peur des représailles. Il céda et voulut bien recevoir la ville à merci, pourvu que quelques-uns des principaux bourgeois vinssent, selon l'usage, lui présenter les clefs, tête nue, pieds nus, la corde au col.

Il y avait danger pour les premiers qui paraîtraient devant le roi. Mais ces populations des côtes, qui, tous les jours, bravent la colère de l'Océan, n'ont pas peur de celle d'un homme. Il se trouva sur-le-champ, dans cette petite ville dépeuplée par la famine, six hommes de bonne volonté pour sauver les autres. Il s'en présente tous les jours autant et davantage dans les mauvais temps, pour sauver un vaisseau en danger. Cette grande action, j'en suis sûr, se fit tout simplement, et non piteusement, avec larmes et longs discours, comme l'imagine le chapelain Froissart[297].

Il fallut pourtant les prières de la reine et des chevaliers, (p. 223) pour empêcher Édouard de faire pendre ces braves gens. On lui fit comprendre sans doute que ces gens-là s'étaient battus pour leur ville et leur commerce, plutôt que pour le roi ou le royaume. Il repeupla la ville d'Anglais, mais il admit parmi eux plusieurs Calaisiens, qui se *tournèrent* Anglais, entre autres Eustache de Saint-Pierre, le premier de ceux qui lui avaient apporté les clefs[298].

Ces clefs étaient celles de la France. Calais, devenue anglaise, fut pendant deux siècles une porte ouverte à l'étranger. L'Angleterre fut comme rejointe au continent. Il n'y eut plus de détroit.

Revenons sur ces tristes événements. Cherchons-en (p. 224) le vrai sens. Nous y trouverons quelque consolation. La bataille de Crécy n'est pas seulement une bataille, la prise de Calais n'est pas une simple prise de ville; ces deux événements contiennent une grande révolution sociale. La chevalerie tout entière du peuple le plus chevalier avait été exterminée par une petite bande de fantassins. Les victoires des Suisses sur la chevalerie autrichienne à Morgarten, à Laupen, présentaient un fait analogue, mais elles n'eurent pas la même importance, le même retentissement dans la chrétienté. Une tactique nouvelle sortait d'un état nouveau de la société; ce n'était pas une œuvre de génie ni de réflexion. Édouard III n'était ni un Gustave-Adolphe, ni un Frédéric. Il avait employé les fantassins, faute de cavaliers. Dans les premières expéditions, ses armées se composaient d'hommes d'armes, de nobles et de servants des nobles. Mais les nobles s'étaient lassés de ces longues campagnes. On ne pouvait tenir si longtemps sous le drapeau une armée féodale. Les Anglais, avec leur goût d'émigration, aiment pourtant le *home*. Il fallait que le baron revînt au bout de quelques mois au *baronial hall*, qu'il revît ses bois, ses chiens, qu'il chassât le renard[299]. Le soldat mercenaire, tant qu'il n'était pas riche, tant qu'il était sans bas ni chausses, comme ces Irlandais, ces Gallois que louait Édouard, avait moins d'idées de retour. Son *home*, son foyer, c'était le pays ennemi. Il persistait de grand cœur dans une bonne guerre qui (p. 225) le nourrissait, l'habillait, sans compter les profits. Ceci explique pourquoi l'armée anglaise se trouva peu à peu presque toute de mercenaires, de fantassins.

La bataille de Crécy révéla un secret dont personne ne se doutait, l'impuissance militaire de ce monde féodal, qui s'était cru le seul monde militaire. Les guerres privées des barons, de canton à canton, dans l'isolement primitif du moyen âge, n'avaient pu apprendre cela; les gentilshommes n'étaient vaincus que par des gentilshommes. Deux siècles de défaites pendant les Croisades n'avaient pas fait tort à leur réputation. La chrétienté tout entière était intéressée à se dissimuler les avantages des mécréants. D'ailleurs les guerres se passaient trop loin, pour qu'il n'y eût pas toujours moyen d'excuser les revers; l'héroïsme d'un Godefroi, d'un Richard, rachetait tout le reste. Au XIIIe siècle, lorsque les bannières féodales furent habituées à suivre celle du roi, lorsque, de tant de cours seigneuriales, il s'en fit une seule, éclatante au delà de toutes les fictions des romans, les nobles, diminués en puissance, crurent en orgueil; abaissés en eux-mêmes, ils se sentirent grandis dans leur roi. Ils s'estimèrent plus ou moins selon qu'ils participaient aux fêtes royales. Le plus applaudi dans les tournois était cru, se croyait lui-même, le plus vaillant dans les batailles. Fanfares, regards du roi, œillades des belles dames, tout cela enivrait plus qu'une vraie victoire.

L'enivrement fut tel, qu'ils abandonnèrent sans mot dire à Philippe le Bel leurs frères, les Templiers; ces chevaliers étaient généralement les cadets de la (p. 226) noblesse. Elle fit bon marché des moines chevaliers, tout comme des autres moines ou prêtres. Toujours elle aida les rois contre les papes. Ces décimes arrachés au clergé, sous semblant de croisade ou autre prétexte, les nobles en avaient bonne part[300]. Le temps venait pourtant où le noble, après avoir aidé le roi à manger le prêtre, pourrait aussi avoir son tour.

À Courtrai, les nobles alléguèrent leur héroïque étourderie, le fossé des Flamands. À Mons-en-Puelle, à Cassel, deux faciles massacres relevèrent leur réputation. Pendant plusieurs années, ils accusèrent le roi qui leur défendait de vaincre. À Crécy, ils étaient à même; toute la chevalerie était là réunie, toute bannière flottait au vent, ces fiers blasons, lions, aigles, tours, besans des croisades, tout l'orgueilleux symbolisme des armoiries. En face, sauf trois mille hommes d'armes, c'étaient les va-nu-pieds des communes anglaises, les rudes montagnards de Galles, les porchers de l'Irlande[301]; races aveugles et sauvages, qui ne savaient ni français, ni anglais, ni chevalerie. Ils n'en (p. 227) visèrent pas moins bien aux nobles bannières; ils n'en tuèrent que plus. Il n'y avait pas de langue commune pour prier ou traiter. Le Welsh ou l'Irishman n'entendait pas le baron renversé qui lui offrait de le faire riche: il ne répondait que du couteau.

Malgré la romanesque bravoure de Jean de Bohême et de maint autre, les brillantes bannières furent tachées ce jour-là. D'avoir été traînées, non par le noble gantelet du seigneur, mais par les mains calleuses, c'était difficile à laver. La religion de la noblesse eut dès lors plus d'un incrédule. Le symbolisme armorial perdit tout son effet. On commença à douter que ces lions mordissent, que ces dragons de soie vomissent feu et flammes. La vache de Suisse et la vache de Galles semblèrent aussi de bonnes armoiries.

Pour que le peuple s'avisât de tout cela, il fallut bien du temps, bien des défaites. Crécy ne suffit pas, pas même Poitiers. Cette réprobation des nobles qui s'éleva hardiment après la bataille d'Azincourt, elle est muette encore et respectueuse sous Philippe de Valois. Il n'y a ni plainte, ni révolte; mais souffrance, langueur, engourdissement sous les maux. Peu d'espoir sur terre, guère ailleurs. La foi est ébranlée; la féodalité, cette autre foi, l'est davantage. Le moyen âge avait sa vie en deux idées, l'empereur et le pape. L'empire est tombé aux mains d'un serviteur du roi de France; le pape est dégradé, de Rome à Avignon, valet d'un roi; ce roi vaincu, la noblesse humiliée.

Personne ne disait ces choses, ni même ne s'en rendait bien compte. La pensée humaine était moins révoltée que découragée, abattue et éteinte. On espérait (p. 228) la fin du monde; quelques-uns la fixaient à l'an 1365. Que restait-il, en effet, sinon de mourir?

Les époques d'abattement moral sont celles de grande mortalité. Cela doit être, et c'est la gloire de l'homme qu'il en soit ainsi. Il laisse la vie s'en aller, dès qu'elle cesse de lui paraître grande et divine... «Vitamque perosi projecere animas...» La dépopulation fut rapide dans les dernières années de Philippe de Valois. La misère, les souffrances physiques ne suffiraient pas à l'expliquer; elles n'étaient pas parvenues au point où elles arrivèrent plus tard. Cependant, pour ne citer qu'un exemple, dès l'an 1339, la population d'une seule ville, de Narbonne, avait diminué, en quatre ou cinq ans, de cinq cents familles[302].

Par-dessus cette dépopulation trop lente, vint l'extermination, la grande *peste noire*, qui d'un coup entassa les morts par toute la chrétienté. Elle commença en Provence, à la Toussaint de l'an 1347. Elle y dura seize mois, et y emporta les deux tiers des habitants. Il en fut de même en Languedoc. À Montpellier, de douze consuls il en mourut dix. À Narbonne, il périt trente mille personnes. En plusieurs endroits, il ne resta qu'un dixième des habitants[303]. L'insouciant Froissart ne dit qu'un mot de cette épouvantable calamité, et encore par occasion. «... Car en ce temps (p. 229) par tout le monde généralement une maladie que l'on clame épidémie couroit, dont bien la tierce partie du monde mourut.»

Le mal ne commença dans le Nord qu'au mois d'août 1348, d'abord à Paris et à Saint-Denis. Il fut si terrible à Paris, qu'il y mourait huit cents personnes par jour, selon d'autres cinq cents[304]. «C'était, dit le Continuateur de Nangis, une effroyable mortalité d'hommes et de femmes, plus encore de jeunes gens que de vieillards, au point qu'on pouvait à peine les ensevelir; ils étaient rarement plus de deux ou trois jours malades, et mouraient comme de mort subite en pleine santé. Tel aujourd'hui était bien portant, qui demain était porté dans la fosse: on voyait se former tout à coup un gonflement à l'aine ou sous les aisselles; c'était signe infaillible de mort... La maladie et la mort se communiquaient par imagination et par contagion. Quand on visitait un malade, rarement on échappait à la mort. Aussi en plusieurs villes, petites et grandes, les prêtres s'éloignaient, laissant à quelques religieux plus hardis le soin d'administrer les malades... Les saintes sœurs de l'Hôtel-Dieu, rejetant la crainte de la mort et le respect humain, dans leur douceur et leur humilité, les touchaient, les maniaient. Renouvelées (p. 230) nombre de fois par la mort, elles reposent, nous devons le croire pieusement, dans la paix du Christ[305].»

«Comme il n'y avait alors ni famine, ni manque de vivres, mais au contraire grande abondance, on disait que cette peste venait d'une infection de l'air et des eaux. On accusa de nouveau les juifs; le monde se souleva cruellement contre eux, surtout en Allemagne. On tua, on massacra, on brûla des milliers de juifs sans distinction[306]...»

La peste trouva l'Allemagne dans un de ses plus sombres accès de mysticisme. La plus grande partie de ce pauvre peuple était depuis longtemps privée des sacrements de l'Église. Nos papes d'Avignon, pour faire plaisir au roi de France, froidement et de gaieté de cœur, avaient plongé l'Allemagne dans le désespoir. Tous les pays qui reconnaissaient Louis de Bavière étaient frappés de l'interdit. Plusieurs villes, particulièrement Strasbourg, restaient fidèles à leur empereur, même après sa mort, et souffraient toujours les effets de la sentence pontificale. Point de messe, point de viatique. La peste tua dans Strasbourg seize mille hommes, qui se crurent damnés. Les dominicains, qui avaient persisté quelque temps à faire le service divin, finirent par s'en aller comme les autres. Trois hommes seulement, trois mystiques, ne tinrent compte de l'interdit, et persistèrent à assister les mourants: le dominicain Tauler, l'augustin Thomas de Strasbourg, et le chartreux Ludolph. C'était la grande époque des (p. 231) mystiques. Ludolph écrivait sa *Vie du Christ*, Tauler son *Imitation de la pauvre vie de Jésus*, Suso son livre des *Neuf rochers*. Tauler lui-même allait consulter dans la forêt de Soigne, près Louvain, le vieux Ruysbroek, le *docteur extatique*.

Mais l'extase dans le peuple, c'était fureur. Dans l'abandon où les laissait l'Église, dans leur mépris des prêtres[307], ils se passaient de sacrements; ils mettaient à la place des mortifications sanglantes, des courses frénétiques. Des populations entières partirent, allèrent sans savoir où, comme poussées par le vent de la colère divine. Ils portaient des croix rouges; demi-nus sur les places, ils se frappaient avec des fouets armés de pointes de fer, chantant des cantiques qu'on n'avait jamais entendus[308]. Ils ne restaient dans chaque ville qu'un jour et une nuit, et se flagellaient deux fois le jour; cela fait pendant trente-trois jours et demi, ils se croyaient purs comme au jour du baptême[309].

(p. 232) Les flagellants allèrent d'abord d'Allemagne aux Pays-Bas. Puis cette fièvre gagna en France, par la Flandre, la Picardie. Elle ne passa pas Reims. Le pape les condamna; le roi ordonna de leur courir sus. Ils n'en furent pas moins, à Noël (1349), près de huit cent mille[310]. Et ce n'était plus seulement du peuple, mais des gentilshommes, des seigneurs. De nobles dames se mettaient à en faire autant[311].

Il n'y eut point de flagellants en Italie. Ce sombre enthousiasme de l'Allemagne et de la France du nord, cette guerre déclarée à la chair, contraste fort avec la peinture que Boccace nous a laissée des mœurs italiennes à la même époque.

Le prologue du Décaméron est le principal témoignage historique que nous ayons sur la grande peste de 1348. Boccace prétend qu'à Florence seulement, il y eut cent mille morts. La contagion était effroyablement rapide. «J'ai vu, dit-il, de mes yeux, deux porcs qui, dans la rue, secouèrent du groin les haillons d'un mort; une petite heure après, ils tournèrent, tournèrent et tombèrent; ils étaient morts eux-mêmes... Ce n'étaient plus les amis qui portaient les corps sur leurs épaules, à l'église indiquée par le mourant. De pauvres compagnons, de misérables croque-morts portaient vite le corps à l'église voisine... beaucoup mouraient dans la rue; d'autres tout seuls dans leur maison, mais on *sentait* les maisons des morts... Souvent on mit sur le même brancard la femme et le (p. 233) mari, le fils et le père... On avait fait de grandes fosses où l'on entassait les corps par centaines, comme les marchandises dans un vaisseau... Chacun portait à la main des herbes d'odeur forte. L'air n'était plus que puanteur de morts et de malades, ou de médecines infectes... Oh! que de belles maisons restèrent vides! que de fortunes sans héritiers! que de belles dames, d'aimables jeunes gens, dînèrent le matin avec leurs amis, qui, le soir venant, s'en allèrent souper avec leurs aïeux!...»

Il y a dans tout le récit de Boccace quelque chose de plus triste que la mort, c'est le glacial égoïsme qui y est avoué. «Plusieurs, dit-il, s'enfermaient, se nourrissaient avec une extrême tempérance des aliments les plus exquis et des meilleurs vins, sans vouloir entendre aucune nouvelle des malades, se divertissant de musique ou d'autres choses, sans luxure toutefois. D'autres, au contraire, assuraient que la meilleure médecine, c'était de boire, d'aller chantant, et de se moquer de tout. Ils le faisaient comme ils disaient, allant jour et nuit de maison en maison; et cela d'autant plus aisément, que chacun, n'espérant plus vivre, laissait à l'abandon ce qu'il avait, aussi bien que soi-même; les maisons étaient devenues communes. L'autorité des lois divines et humaines était comme perdue et dissoute, n'y ayant plus personne pour les faire observer... Plusieurs, par une pensée cruelle, *et peut-être plus prudente*[312], disaient qu'il n'y avait remède que de fuir; ne s'inquiétant plus que d'eux-mêmes, ils (p. 234) laissaient là leur ville, leurs maisons, leurs parents; ils s'en allaient aux champs, comme si la colère de Dieu n'eût pu les précéder... Les gens de la campagne, attendant la mort, et peu soucieux de l'avenir, s'efforçaient, s'ingéniaient à consommer tout ce qu'ils avaient. Les bœufs, les ânes, les chèvres, les chiens même, abandonnés, s'en allaient dans les champs où les fruits de la terre restaient sur pied, et comme créatures raisonnables, quand ils étaient repus, ils revenaient sans berger le soir à la maison... À la ville, les parents ne se visitaient plus. L'épouvante était si forte au cœur des hommes, que la sœur abandonnait le frère, la femme le mari; chose presque incroyable, les pères et mères évitaient de soigner leurs fils. Ce nombre infini de malades n'avait donc d'autres ressources que la pitié de leurs amis (et de tels amis, il n'y en eut guère), ou bien l'avarice des serviteurs; encore ceux-ci étaient-ils des gens grossiers, peu habitués à un tel service, et qui n'étaient guère bons qu'à voir quand le malade était mort. De cet abandon universel résulta une chose jusque-là inouïe, c'est qu'une femme malade, tant belle, noble et gracieuse fût-elle, ne craignait pas de se faire servir par un homme, même jeune, ni de lui laisser voir, si la nécessité de la maladie l'y obligeait, tout ce qu'elle aurait montré à une femme; ce qui peut-être causa diminution d'honnêteté en celles qui guérirent.»

Pour la maligne bonhomie, tout aussi bien que pour l'insouciance, Boccace est le vrai frère de Froissart. Mais le conteur ici en dit plus que l'historien. Le Décaméron, dans sa forme même, dans le passage du tragique (p. 235) au plaisant, ne représente que trop les jouissances égoïstes qui suivent les grandes calamités[313]. Son prologue nous introduit par le funèbre vestibule de la peste de Florence aux jolis jardins de Pampinea, à cette vie de rire, de *rien faire* et d'oubli calculé, que mènent ses conteurs, près de leurs belles maîtresses, dans une sobre et discrète hygiène. Machiavel, dans son livre sur la peste de 1527, a moins de ménagements. Nulle part l'auteur du Prince ne me semble plus froidement cruel. Il se prend d'amour et de galants propos dans une église en deuil. Ils se revoient avec surprise, comme des revenants, se savent bon gré de vivre, et se plaisent. L'entremetteuse, c'est la mort.

Selon le continuateur de Guillaume de Nangis: «Ceux qui restaient, hommes et femmes, se marièrent en foule. Les survivantes concevaient outre mesure. Il n'y en avait pas de stériles. On ne voyait d'ici et de là que femmes grosses. Elles enfantaient qui deux, qui trois enfants à la fois.» Ce fut, comme après tout grand fléau, comme après la peste de Marseille, comme après la Terreur, une joie sauvage de vivre[314], une orgie d'héritiers. (p. 236) Le roi, veuf et libre, allait marier son fils à sa cousine Blanche; mais quand il vit la jeune fille, il la trouva trop belle pour son fils et la garda pour lui. Il avait cinquante-huit ans, elle dix-huit. Le fils épousa une veuve qui en avait vingt-quatre, l'héritière de Boulogne et d'Auvergne, qui de plus lui donnait, avec la tutelle de son fils enfant, l'administration des deux Bourgognes. Le royaume souffrait, mais il s'arrondissait. Le roi venait d'acheter Montpellier et le Dauphiné. Le petit-fils du roi épousa la fille du duc de Bourbon, le comte de Flandre celle du duc de Brabant. Ce n'était que noces et que fêtes.

Ces fêtes tiraient un bizarre éclat des modes nouvelles qui s'étaient introduites depuis quelques années en France et en Angleterre. Les gens de la cour, peut-être pour se distinguer davantage des *chevaliers ès lois*, des hommes de robe longue, avaient adopté des vêtements serrés, souvent mi-partie de deux couleurs; leurs cheveux serrés en queue, leur barbe touffue, leurs monstrueux souliers à la poulaine, qui remontaient en se recourbant, leur donnaient un air bizarre, quelque chose du diable ou du scorpion. Les femmes chargeaient leur tête d'une mitre énorme, d'où flottaient des rubans, comme les flammes d'un mât. Elles ne voulaient plus de palefrois; il leur fallait de fougueux destriers. Elles portaient deux dagues à la ceinture. — L'Église prêchait en vain contre ces modes orgueilleuses et impudentes. Le sévère chroniqueur en parle rudement: «Ils s'étaient mis, dit-il, à porter barbe longue, et robes courtes, si courtes qu'ils montraient leurs fesses... Ce qui causa parmi le populaire (p. 237) une dérision non petite; ils devinrent, comme l'événement le prouva souvent, d'autant mieux en état de fuir devant l'ennemi[315].» Ces changements en annonçaient d'autres. Le monde allait changer d'acteurs comme d'habits. Ces folies parmi les malheurs, ces noces précipitées le lendemain de la peste, devaient avoir aussi leurs morts. Le vieux Philippe de Valois ne tarda pas à languir près de sa jeune reine, et laissa la couronne à son fils (1350).(Retour à la Table des Matières)

122

JEAN — BATAILLE DE POITIERS

1350-1356.

La peste de 1348 enleva, entre autres personnages célèbres, l'historien Jean Villani et la belle Laure de Sades, celle qui, vivante ou morte, fut l'objet des chants de Pétrarque.

Laure, fille de messire Audibert, syndic du bourg de Noves, près d'Avignon, avait épousé Hugues de Sades, d'une vieille famille municipale de cette ville. Elle vécut honorablement à Avignon avec son mari, dont elle eut douze enfants. Cette union pure et fidèle, cette belle image de la famille, au milieu d'une ville si décriée (p. 239) pour ses mœurs, est sans doute ce qui toucha Pétrarque. Ce fut le 6 avril 1327 que Laure apparut pour la première fois au jeune exilé florentin, le vendredi de la semaine sainte, dans une église, entourée, comme il est probable, de son époux et de ses enfants. Dès lors cette noble image de jeune femme lui resta devant l'esprit.

Qu'on ne nous reproche pas comme une digression le peu que nous disons d'une Française qui inspira une si durable passion au plus grand poète du siècle. L'histoire des mœurs est surtout celle de la femme. Nous avons parlé d'Héloïse et de Béatrix. Laure n'est pas, comme Héloïse, la femme qui aime et se donne. Ce n'est point la Béatrix de Dante, dans laquelle l'idéal domine et qui finit par se confondre avec l'éternelle beauté. Elle ne meurt pas jeune; elle n'a pas la glorieuse transfiguration de la mort. Elle accomplit toute sa destinée sur la terre. Elle est épouse, elle est mère, elle vieillit, toujours adorée[316]. Une passion si fidèle et (p. 240) si désintéressée à cette époque de sensualité grossière, méritait bien de rester parmi les plus touchants souvenirs du XIVᵉ siècle. On aime à voir dans ces temps de mort une âme vivante, un amour vrai et pur, qui suffit à une inspiration de trente années. On rajeunit, à regarder cette belle et immortelle jeunesse d'âme.

Il la vit pour la dernière fois en septembre 1347. C'était au milieu d'un cercle de femmes. Elle était sérieuse et pensive, sans perles, sans guirlandes. Tout (p. 241) était déjà plein de la terreur de la contagion. Le poète, ému, se retira, pour ne pas pleurer....... La nouvelle de sa mort lui parvint, l'année suivante, à Vérone. Il y écrivit la note touchante qu'on lit encore sur son Virgile. Il y remarque qu'elle est morte au même mois, au même jour et à la même heure, où il l'avait vue trente ans auparavant pour la première fois.

Le poète avait vu périr en quelques années toutes ses espérances, tous les rêves de sa vie[317]. Jeune, il avait espéré que la chrétienté se réconcilierait et trouverait la paix intérieure dans une belle guerre contre les infidèles. Il avait écrit le célèbre canzone: «Ô aspettata in ciel beata e bella...» Mais quel pape prêchait la croisade? Jean XXII, le fils d'un cordonnier de Cahors, avocat avant d'être pape, *cahorsin* et usurier lui-même, qui entassait les millions, et brûlait ceux qui parlaient d'amour pur et de pauvreté.

L'Italie, sur laquelle Pétrarque plaça ensuite son (p. 242) espoir, n'y répondit pas davantage. Les princes flattaient Pétrarque, se disaient ses amis, mais aucun ne l'écoutait. Quels amis pour le crédule poète que ces féroces et rusés Visconti de Milan!... Naples valait mieux, ce semble. Le savant roi Robert avait voulu donner lui-même à Pétrarque la couronne du Capitole. Mais lorsqu'il se rendit à Naples, Robert n'était plus. La reine Jeanne lui avait succédé[318]. Le poète, à peine arrivé, vit avec horreur les combats de gladiateurs renouvelés dans cette cour par une noblesse sanguinaire. Il prévit la catastrophe du jeune époux de Jeanne, étranglé peu après par les amants de sa femme... Il écrit lui-même de Naples: «Heu! fuge crudeles terras, fuge littus avarum!»

Cependant on parlait de la restauration de la liberté romaine par le tribun Rienzi. Pétrarque ne douta point de la réunion prochaine de l'Italie, du monde, sous le *bon état*. Il chanta d'avance les vertus du libérateur et la gloire de la nouvelle Rome. Cependant Rienzi menaçait de mort les amis de Pétrarque, les Colonna. Celui-ci refusa longtemps d'y croire; il écrivit (p. 243) au tribun une lettre triste et inquiète, où il le prie de démentir ces mauvais bruits[319].

La chute du tribun lui ôtant l'espoir que l'Italie pût se relever elle-même, il transporta son facile enthousiasme à l'empereur Charles IV, qui alors entrait en Italie. Pétrarque se trouva sur son passage; il lui présenta les médailles d'or de Trajan et d'Auguste; il le somma de se souvenir de ces grands empereurs. Ce Trajan, cet Auguste, avait passé les Alpes avec deux ou trois cents cavaliers. Il venait vendre les droits de l'empire en Italie, avant de les sacrifier en Allemagne dans sa bulle d'or. Le pacifique et économe empereur, avec son cortége mal monté, était comparé par les Italiens à un marchand ambulant qui va à la foire[320].

Le triste Pétrarque, trompé tant de fois[321], se réfugia chaque jour davantage dans la lointaine antiquité. Il se mit, déjà vieux, à apprendre la langue d'Homère, à épeler l'Iliade. Il faut voir quels furent ses transports (p. 244) quand, pour la première fois, il toucha le précieux manuscrit qu'il ne pouvait lire.

Il erra ainsi dans ses dernières années, survivant, comme Dante, à tout ce qu'il aimait. Ce n'était pas Dante, mais plutôt son ombre, plus pâle et plus douce, toujours conduite par Virgile, et se faisant de la poésie antique un Élysée. Vers la fin, inquiet pour les précieux manuscrits qu'il traînait partout avec lui, il les légua à la république de Venise, et déposa son Homère et son Virgile dans la bibliothèque même de Saint-Marc, derrière les fameux chevaux de Corinthe, où on les a retrouvés trois cents ans après, à moitié perdus de poussière. Venise, cet inviolable asile au milieu des mers, était alors le seul lieu sûr auquel la main pieuse du poète pût confier en mourant les dieux errants de l'antiquité.

Pour lui, ce devoir accompli, il alla quelque temps réchauffer sa vieillesse au soleil d'Arqua. Il y mourut dans sa bibliothèque et la tête sur un livre[322].

Ces vains regrets, cette fidélité obstinée au passé, qui pendant toute la vie du poète lui fit poursuivre des ombres, qui lui fit placer un crédule espoir dans le tribun, dans l'empereur, ce n'est pas l'erreur de Pétrarque, c'est celle de tout son siècle. La France même, qui semble avoir si rudement rompu avec le moyen âge par l'immolation des Templiers et de Boniface, (p. 245) y revient malgré elle après cet effort, et s'y engourdit. La défaite des armées féodales, la grande leçon de Crécy, qui devrait lui faire comprendre qu'un autre monde a commencé, ne sert qu'à lui faire regretter la chevalerie. Les archers anglais ne l'instruisent pas. Elle n'entend point le génie moderne qui l'a foudroyée à Crécy par l'artillerie d'Édouard.

Le fils de Philippe de Valois, le roi Jean, est le roi des gentils-hommes. Plus chevaleureux encore et plus malencontreux que son père, il prend pour modèle l'aveugle Jean de Bohême qui combattit lié à Crécy. Non moins aveugle que son modèle, le roi Jean, à la bataille de Poitiers, mit pied à terre pour attendre des gens à cheval. Mais il n'eut pas le bonheur d'être tué, comme Jean de Bohême.

Dès son avénement, Jean, pour complaire aux nobles, ordonna de surseoir au payement des dettes[323]. Il créa pour eux un ordre nouveau, l'ordre de l'Étoile, qui assurait une retraite à ses membres. C'était comme les Invalides de la chevalerie. Déjà une somptueuse maison commençait à s'élever pour cette destination dans la plaine de Saint-Denis. Elle ne s'acheva pas[324]. (p. 246) Les membres de cet ordre faisaient vœu de ne pas reculer de quatre arpents, s'ils n'étaient tués ou pris. Ils furent pris en effet.

Ce prince, si chevaleresque, commence brutalement par tuer, sur un soupçon, le connétable d'Eu, principal conseiller de son père. Il jette tout à un favori, homme du midi, adroit et avide, Charles d'Espagne, pour qui il avait «un amour désordonné[325].» Le favori se fait connétable, et se fait encore donner un comté qui appartenait au jeune roi de Navarre, Charles, que Jean avait déjà dépouillé de la Champagne[326]. Charles, descendu d'une fille de Louis Hutin, se croyait, comme Édouard III, dépouillé de la couronne de France. Il assassina le favori, et voulait tuer Jean. Celui-ci l'emprisonna, lui fit demander pardon à genoux. Cet homme flétri sera le démon de la France. Il est surnommé *le mauvais*. Jean tue le connétable, tue d'Harcourt et d'autres encore; au demeurant, c'est Jean *le bon*.

Le *bon* veut dire ici, le confiant, l'étourdi, le prodigue. Nul prince en effet n'avait encore si noblement jeté l'argent du peuple. Il allait, comme l'homme de Rabelais, mangeant son raisin en verjus, son blé en (p. 247) herbe. Il faisait argent de tout, gâtant le présent, engageant l'avenir. On eût dit qu'il prévoyait ne devoir pas rester long-temps en France.

Sa grande ressource était l'altération des monnaies[327]. Philippe le Bel et ses fils, Philippe de Valois, avaient usé largement de cette forme de banqueroute. Jean les fit oublier, comme il surpassa aussi toute banqueroute royale ou nationale qui pût jamais venir. On croit rêver quand on lit les brusques et contradictoires ordonnances que fit ce prince en si peu d'années. C'est la loi en démence. À son avénement, le marc d'argent valait cinq livres cinq sous, à la fin de l'année onze livres. En février 1352, il était tombé à quatre livres cinq sous; un an après il était reporté à douze livres. En 1354, il fut fixé à quatre livres quatre sous; il valait dix-huit livres en 1355. On le remit à cinq livres cinq sous, mais on affaiblit tellement la monnaie, qu'il monta en 1359 au taux de *cent deux livres*[328].

(p. 248) Ces banqueroutes royales sont au fond celles des nobles sur les bourgeois. Les seigneurs, les nobles chevaliers assiégent le bon roi et lui prennent tout ce qu'il prend aux autres. La seule reine Blanche avait obtenu pour elle la confiscation des Lombards; elle poursuivait à son profit leurs débiteurs par tout le royaume[329].

La noblesse, commençant à vivre loin de ses châteaux, séjournant à grands frais près du roi, devenait chaque jour plus avide. Elle ne voulait plus servir gratis. Il fallait la payer pour combattre, pour défendre ses terres des ravages de l'Anglais. Ces fiers barons descendaient de bonne grâce à l'état de mercenaires[330], (p. 249) paraissaient à leur rang dans les grandes *montres* et revues royales, et tendaient la main au payeur. Sous Philippe de Valois, le chevalier s'était contenté de dix sous par jour. Sous Jean, il en exigea vingt, et le seigneur banneret en eut quarante. Cette dépense énorme obligea le roi Jean d'assembler les États plus souvent qu'aucun de ses prédécesseurs. Les nobles contribuèrent ainsi, indirectement et à leur insu, à donner une importance toute nouvelle aux États, surtout au tiers-état, à l'état qui payait.

Déjà, en 1343, la guerre avait forcé Philippe de Valois de demander aux États un droit de quatre deniers par livre sur les marchandises, lequel devait être perçu à chaque vente. Ce n'était pas seulement un impôt, c'était une intolérable vexation, une guerre contre le commerce. Le percepteur campait sur le marché, espionnait marchands et acheteurs, mettait la main à toutes les poches, demandait (comme il arriva sous Charles VI) sa part sur un sou d'herbe. Ce droit, qui n'est autre que l'alcavala espagnol, alors récemment établi à l'occasion des guerres des Maures, a tué l'industrie de l'Espagne.

Philippe de Valois promit en récompense de frapper de bonne monnaie, *comme du temps de saint Louis*.

Nouveaux besoins, nouvelles promesses. Dans la crise de 1346, le roi promit aux États du nord de restreindre le droit de prise «aux nécessités de son hôtel, de sa chère compagne la reine et de ses enfants.» Il supprima des places de sergents, abolit des juridictions opposées entre elles, retira les lettres de répit par lesquelles il permettait aux seigneurs (p. 250) d'ajourner le payement de leurs dettes. Les États du midi accordèrent dix sous par feu, sur la promesse qu'on leur fit de supprimer la gabelle et le droit sur les ventes.

En 1351, Jean, demandant aux États son droit de joyeux avénement, se montra facile à leurs réclamations, quelque diverses et contradictoires qu'elles fussent[331]. Il promit aux nobles Picards de tolérer les guerres privées, aux bourgeois normands de les interdire. Les uns et les autres lui accordèrent six deniers par livre sur les ventes. Il assura aux fabricants de Troyes la fabrique exclusive des toiles étroites ou *couvre-chefs*, aux maîtres des métiers de Paris un règlement qui fixait les salaires des ouvriers, élevés outre mesure par suite de la dépopulation et de la peste. Les bourgeois de Paris, consultés par eux-mêmes et non par députés, à leur assemblée du *parloir aux bourgeois*, accordèrent la taxe des ventes. Le roi les appelle au *parloir*; ils s'y rendront bientôt sans lui.

En 1346, le roi avait promis des réformes; les États avaient cru, voté docilement. Tout avait été fini en un jour. En 1351, les nobles Picards refusent de laisser payer leurs vassaux, s'ils ne sont eux-mêmes exempts, et si les vassaux du roi et des princes ne payent.

(p. 251) En 1355, les Anglais ravageant le Midi, il fallut bien encore demander de l'argent. Les États du nord ou de la langue d'Oil, convoqués le 30 novembre, se montrèrent peu dociles. Il fallut leur promettre l'abolition du vol direct qu'on appelait *droit de prise*, et du vol indirect qui se faisait sur les monnaies. Le roi déclara que le nouvel impôt s'étendrait à tous, clercs et nobles; qu'il le payerait lui-même, ainsi que la reine et les princes.

Ces bonnes paroles ne rassurèrent pas les États. Ils ne se fièrent pas à la parole royale, aux receveurs royaux. Ils voulurent recevoir eux-mêmes par des receveurs de leur choix, se faire rendre compte, s'assembler de nouveau au 1er mars, puis un an après, à la Saint-André.

Voter et recevoir l'impôt, c'est régner. Personne alors ne sentit toute la portée de cette demande hardie des États, pas même probablement Marcel, le fameux prévôt des marchands, que nous voyons à la tête des députés des villes[332].

L'Assemblée achetait cette royauté par la concession énorme de six millions de livres parisis pour solder trente mille gens d'armes. Cet argent devait être levé par deux impôts, sur le sel et sur les ventes; mauvais (p. 252) impôts sans doute, et sur le pauvre, mais quel autre imaginer dans un besoin pressant, lorsque tout le midi était en proie?...

La Normandie, l'Artois, la Picardie n'envoyèrent point à ces États. Les Normands étaient encouragés par le roi de Navarre, le comte d'Harcourt et autres, qui déclarèrent que la gabelle ne serait point levée sur leurs terres: «Qu'il ne se trouveroit point si hardi homme de par le roi de France qui la dût faire courir, ni sergent qui enlevât amende, qui ne la payât de son corps[333].»

Les États reculèrent. Ils supprimèrent les deux impôts, et y substituèrent une taxe sur le revenu: 5 pour 100 sur les plus pauvres, 4 pour 100 sur les biens médiocres, 2 pour 100 sur les riches. Plus on avait, et moins l'on payait.

Le roi, cruellement blessé de la résistance du roi de Navarre et de ses amis, avait dit «qu'il n'auroit jamais parfaite joie tant qu'ils fussent en vie.» Il partit d'Orléans avec quelques cavaliers, chevaucha trente heures, et les surprit au château de Rouen, où ils étaient à table. Le dauphin les avait invités. Il fit couper la tête à d'Harcourt et à trois autres; le roi de Navarre fut jeté en prison et menacé de la mort. On répandit le bruit qu'ils avaient engagé le dauphin à s'enfuir chez l'Empereur pour faire la guerre au roi son père.

La résistance aux impôts votés par les États, livrait le royaume à l'Anglais. Le prince de Galles se promenait (p. 253) à son aise dans nos provinces du midi. Il lui suffisait d'une petite armée, composée cette fois en bonne partie de gens d'armes, de chevaliers. La guerre n'en était pas plus chevaleresque. Ils brûlaient, gâtaient comme des brigands qui passent pour ne pas revenir. D'abord ils coururent le

Languedoc, pays intact qui n'avait pas souffert encore[334]. La province fut ravagée, mise à sac, comme la Normandie en 1346. Ils ramenèrent à Bordeaux cinq mille charrettes pleines. Puis, ayant mis leur butin à couvert, ils reprirent méthodiquement leur cruel voyage, par le Rouergue, l'Auvergne et le Limousin, entrant partout sans coup férir, brûlant et pillant, chargés comme des porte-balles, soûlés des fruits, des vins de France. Puis ils descendirent dans le Berri, et coururent les bords de la Loire. Trois chevaliers pourtant, qui s'étaient jetés dans Romorantin avec quelques hommes, suffirent pour les arrêter. Ils furent tout étonnés de cette résistance. Le prince de Galles jura de forcer la place et y perdit plusieurs jours[335].

(p. 254) Le roi Jean, qui avait commencé la campagne par prendre en Normandie les places du roi de Navarre où il aurait pu introduire l'Anglais, vint enfin au-devant avec une grande armée, aussi nombreuse qu'aucune qu'ait perdue la France. Toute la campagne était couverte de ses coureurs; les Anglais ne trouvaient plus à vivre. Du reste, les deux ennemis ne savaient trop où ils en étaient; Jean croyait avoir les Anglais devant, et courait après, tandis qu'il les avait derrière. Le prince de Galles, aussi bien informé, croyait les Français derrière lui. C'était la seconde fois, et non la dernière, que les Anglais s'engageaient à l'aveugle dans le pays ennemi. À moins d'un miracle, ils étaient perdus. C'en fut un que l'étourderie de Jean.

L'armée du prince de Galles, partie anglaise, partie gasconne, était forte de deux mille hommes d'armes, de quatre mille archers, et de deux mille *brigands* qu'on louait dans le midi, troupes légères. Jean était à la tête de la grande cohue féodale du ban et de l'arrière-ban, qui faisait bien cinquante mille hommes. Il y avait les quatre fils de Jean, vingt-six ducs ou comtes, cent quarante seigneurs bannerets avec leurs bannières déployées; magnifique coup d'œil, mais l'armée n'en valait pas mieux.

Deux cardinaux légats, dont un du nom de Talleyrand, s'entremirent pour empêcher l'effusion du sang chrétien. Le prince de Galles offrait de rendre tout ce qu'il avait pris, places et hommes, et de jurer de ne (p. 255) plus servir de sept ans contre la France. Jean refusa, comme il était naturel; il eût été honteux de laisser aller ces pillards. Il exigeait qu'au moins le prince de Galles se rendît avec cent chevaliers. Les Anglais s'étaient fortifiés sur le coteau de Maupertuis près Poitiers, colline roide, plantée de vignes, fermées de haies et de buissons d'épines. Le haut de la pente était hérissé d'archers anglais. Il n'y avait pas besoin d'attaquer. Il suffisait de les tenir là; la soif et la faim les auraient apprivoisés au bout de deux jours. Jean trouva plus chevaleresque de forcer son ennemi.

Il n'y avait qu'un étroit sentier pour monter aux Anglais. Le roi de France y employa des cavaliers. Il en fut à peu près comme à la bataille de Morgarten. Les archers firent tomber une pluie de traits, criblèrent les chevaux, les effarouchèrent, les jetèrent l'un sur l'autre. Les Anglais saisirent ce moment pour descendre[336]. Le trouble se répandit dans cette grande armée. Trois fils du roi se retirèrent du champ de (p. 256) bataille, par l'ordre de leur père, emmenant pour escorte un corps de huit cents lances.

Cependant le roi tenait ferme. Il avait employé des cavaliers pour forcer la montagne; avec le même bon sens, il donna ordre aux siens de mettre pied à terre, pour combattre les Anglais qui venaient à cheval. La résistance de Jean fut aussi funeste au royaume que la retraite de ses fils. Ses confrères de l'ordre de l'Étoile furent, comme lui, fidèles à leur vœu; il ne reculèrent pas. «Et se combattoient par troupeaux et par compagnie, ainsi que ils se trouvoient et recueilloient:» Mais la multitude fuyait vers Poitiers qui ferma ses portes: «Aussi y eut-il sur la chaussée et devant la porte si grand'horribleté de gens occire, navrer et abattre, que merveille seroit à penser; se rendoient les François de si loin qu'ils pouvoient voir un Anglois.»

Cependant le champ de bataille était encore disputé: (p. 257) «Le roi Jean y faisoit de sa main merveilles d'armes, et tenoit la hache, dont trop bien se défendoit et combattoit.» À ses côtés, son plus jeune fils, qui mérita le surnom de Hardi, guidait son courage aveugle, lui criant à chaque nouvel assaut: Père, gardez-vous à droite, gardez-vous à gauche. Mais le nombre des assaillants redoublait, tous accouraient à cette riche proie: «Tant y survinrent Anglois et Gascons de toutes parts, que par force ils ouvrirent et rompirent la presse de la bataille du roi de France et furent les François si entortillés entre leurs ennemis qu'il y avoit bien cinq hommes d'armes sur un gentilhomme.» C'était autour du roi qu'on se pressait, «pour la convoitise de le prendre; et lui crioient ceux qui le connoissoient et qui le plus près de lui étoient: «Rendez-vous, rendez-vous, autrement vous êtes mort. Là avoit un chevalier de la nation de Saint-Omer qu'on appeloit Denys de Morbecque. Si se avance en la presse, et à la force des bras et du corps, car il étoit grand et fort, et dit au roi, en bon françois où le roi s'arrêta plus que aux autres: «Sire, sire, rendez-vous.» Le roi qui se vit en un dur parti... et aussi que la défense ne lui valoit rien, demanda en regardant le chevalier: «À qui me rendrai-je? à qui? Où est mon cousin le prince de Galles? Si je le véois, je parlerois.» — «Sire, répondit messire Denys, il n'est pas ci, mais rendez-vous à moi, je vous mènerai devant lui.» — «Qui êtes vous?» dit le roi. — «Sire, je suis Denys de Morbecque, un chevalier d'Artois, mais je sers le roi d'Angleterre, pour ce que je ne puis au royaume de France demeurer, et que je y ai forfait tout le mien.» — Adoncques, (p. 258) répondit le roi de France: «Et je me rends à vous.» Et lui bailla son destre gand. Le chevalier le prit qui en eut grand'joie. Là eut grand'presse et grand tireis entour le Roi: car chacuns s'efforçoit de dire: «Je l'ai pris, je l'ai pris.» Et ne pouvoit le roi aller avant, ni messire Philippe son maisné (jeune) fils[337].»

Le prince de Galles fit honneur à cette fortune inouïe qui lui avait mis entre les mains un tel gage. Il se garda bien de ne pas traiter son captif en roi, ce fut pour lui le vrai roi de France, et non *Jean de Valois*, comme les Anglais l'appelaient jusqu'alors. Il lui importait trop qu'il fût roi en effet, pour que le royaume parût pris lui-même en son roi, et se ruinât pour le racheter. Il servit Jean à table après la bataille. Quand il fit son entrée à Londres, il le mit sur un grand cheval blanc (signe de suzeraineté), tandis qu'il le suivait lui-même sur une petite haquenée noire.

Les Anglais ne furent pas moins courtois pour les autres prisonniers. Ils en avaient deux fois plus qu'ils n'étaient d'hommes pour les garder. Ils les renvoyèrent pour la plupart sur parole, leur faisant promettre de venir payer aux fêtes de Noël les rançons énormes auxquelles ils les taxaient. Ceux-ci étaient trop bons chevaliers pour y manquer. Dans cette guerre entre gentilshommes, le pis qui pût arriver au vaincu était d'aller prendre sa part des fêtes des vainqueurs, d'aller chasser, jouter en Angleterre, de jouir bonnement de l'insolente courtoisie des Anglais[338], noble guerre, sans doute, qui n'écrasait que le vilain.

L'effroi fut grand à Paris, quand les fuyards de (p. 259) Poitiers, le dauphin en tête, vinrent dire qu'il n'y avait plus ni roi, ni barons en France, que tout était tué ou pris. Les Anglais, un instant éloignés pour mettre en sûreté leur capture, allaient sans doute revenir. On devait s'attendre cette fois à ce qu'ils prissent non pas Calais, mais Paris et le royaume même.(Retour à la Table des Matières)

(p. 260) CHAPITRE III.

ÉTATS GÉNÉRAUX — PARIS — JACQUERIE — PESTE

1356-1364.

Il n'y avait pas à espérer grand'chose du dauphin, ni de ses frères. Le prince était faible, pâle, chétif; il n'avait que dix-neuf ans. On ne le connaissait que pour avoir invité les amis du roi de Navarre au funeste dîner de Rouen, et donné à la bataille le signal du sauve-qui-peut.

Mais la ville n'avait pas besoin du dauphin. Elle se mit d'elle-même en défense. Le prévôt des marchands, Étienne Marcel, mit ordre à tout. D'abord, pour prévenir (p. 261) les surprises de nuit, on forgea et l'on tendit des chaînes. Puis on exhaussa les murs de parapets; on y mit des balistes et autres machines, avec ce qu'on avait de canons. Mais les vieux murs de Philippe-Auguste ne contenaient plus Paris; il avait débordé de toutes parts. On éleva d'autres murailles qui couvraient l'université, et qui de l'autre côté, allaient de l'Ave-Maria à la porte Saint-Denis, et de là au Louvre. L'île même fut fortifiée. On y fixa sur les remparts sept cent cinquante guérites. Tout cet immense travail fut terminé en quatre ans[339].

Je ne puis faire comprendre la révolution qui va (p. 262) suivre, et le rôle que Paris y joua, sans dire ce que c'est que Paris.

Paris a pour armes un vaisseau. Primitivement, il est lui-même un vaisseau, une île qui nage entre la Seine et la Marne, déjà réunies, mais non confondues[340].

Au sud la ville savante, au nord la ville commerçante[341]. Au centre de la cité, la cathédrale, le palais, l'autorité.

Cette belle harmonie d'une cité flottant entre deux villes diverses, qui l'enserrent gracieusement, suffirait pour faire de Paris la ville unique, la plus belle qui fut jamais. Rome, Londres, n'ont rien de tel; elles sont jetées sur un seul côté de leur fleuve[342]. La forme de Paris est non seulement belle, mais vraiment organique. L'individualité primitive est dans la Cité, à quoi sont venues se rattacher les deux universalités de la science et du commerce, le tout constituant la vraie capitale de la sociabilité humaine.

L'autorité, la Cité, c'était l'île. Mais sur les deux rives, deux asiles s'ouvraient à l'indépendance. L'Université avait sa juridiction pour les écoliers, le Temple la sienne pour les artisans[343].

Lorsque Guillaume de Champeaux, battu par Abailard (p. 263) aux écoles de Notre-Dame, alla se réfugier à l'abbaye de Saint-Victor, l'invincible argumentateur l'y poursuivit et campa à Sainte-Geneviève. Cette guerre, cette *secessio* sur un autre Aventin, fut la fondation des écoles de la montagne. Abailard, dont la parole suffisait pour créer une ville au désert, fut ainsi l'un des fondateurs de notre Paris méridional. La ville éristique naquit de la dispute.

Au couchant, elle ne pouvait s'étendre. Elle heurtait l'immuable muraille de Saint-Germain-des-Prés. La vieille abbaye, qui avait vu la ville toute petite, qui l'avait d'abord aidée à grandir, en était entourée, assiégée. Mais elle résistait. Cette ville, née de la Seine, s'étendait du moins sur l'autre rive. Elle y mit ses halles, ses boucheries, son cimetière des Innocents. Mais une fois bornée de ce côté entre le Louvre[344] et le Temple, elle enfla, ne pouvant allonger, et prit ce ventre qui va du Châtelet à la porte Saint-Denis[345].

Les juridictions ecclésiastiques, Notre-Dame, Saint-Germain, trouvèrent de rudes adversaires dans nos rois. On sait que la reine Blanche força elle-même les prisons des chanoines pour en tirer leurs débiteurs. Le premier prévôt royal (1032), un Étienne, avait aussi voulu forcer Saint-Germain, mais pour y prendre, (p. 264) dans un besoin du roi, la riche croix de Childebert. Ces prévôts n'étaient guère, ce semble, dévots qu'au roi. Un autre Étienne (Étienne Boileau) obtint le consentement de saint Louis pour pendre un voleur le vendredi saint. Le prévôt de Charles V fut persécuté par le clergé, comme ami des Juifs.

L'Université était souvent en guerre avec Notre-Dame et Saint-Germain-des-Prés. Le roi la soutenait. Il donnait presque toujours raison aux écoliers contre les bourgeois, contre son prévôt même. Le prévôt faisait ordinairement amende honorable pour avoir fait justice. Le roi avait besoin de l'Université: il s'appuyait volontiers sur cette grande force, sans se douter qu'elle pouvait tourner contre lui.

Philippe le Bel appela au Temple les maîtres de l'Université pour leur faire lire l'accusation contre les Templiers. Philippe le Long, pour appuyer sa royauté contestée, les fit assister au serment qu'il exigeait de la noblesse, et obtint *leur approbation*. La fille des rois semble ici se porter pour juge des rois. Philippe de Valois la fait juge du pape. Le pape, qui si longtemps a soutenu l'Université contre l'évêque de Paris, est menacé par elle de condamnation[346]. Tout à l'heure, l'orgueil de l'Université sera porté au comble par le schisme; nous la verrons choisir entre les papes, gouverner Paris, régenter le roi.

L'Université seule était un peuple. Lorsque le recteur, à la tête des facultés, des *nations*, conduisait l'Université à la foire du Landit, entre Saint-Denis et (p. 265) la Chapelle, lorsqu'il allait avec les quatre parchemins de l'Université juger despotiquement les parchemins de la banlieue, les bourgeois remarquaient avec orgueil que le recteur était arrivé à la plaine Saint-Denis lorsque la queue de la procession était aux Mathurins-Saint-Jacques.

Mais le Paris du Nord était encore plus peuplé. On peut en juger par deux grandes revues qui se firent au XIVe siècle. L'Université, composée de prêtres, d'écoliers, d'étrangers, n'y figurait pas. Dans la première revue (1313), ordonnée par Philippe le Bel pour faire honneur à son gendre, le roi d'Angleterre, on estima qu'il y avait vingt mille chevaux et trente mille fantassins. Les Anglais étaient stupéfaits. En 1383, les Parisiens, pour recevoir Charles VI, qui revenait de Flandre, sortirent du côté de Montmartre et se rangèrent en bataille. Il y avait plusieurs corps d'armée, un d'arbalétriers, un de paveschiens (portant des boucliers), un autre armé de maillets, qui à lui seul comptait vingt mille hommes.

Cette population n'était pas seulement très-nombreuse, mais très-intelligente, et bien au-dessus de la France d'alors. Sans parler du contact de cette grande Université, le commerce, la banque, les lombards, devaient y importer des idées. Le Parlement, où se portaient les appels de toutes les justices de France, attirait à Paris un monde de plaideurs. La chambre des Comptes, ce grand tribunal de finances, l'*empire de Galilée*, comme on l'appelait, ne pouvait manquer d'attirer beaucoup de gens, à cette époque fiscale. Les bourgeois remplissaient les plus grandes charges. Barbet, (p. 266) maître de la monnaie sous Philippe le Bel, Poilvilain, trésorier du roi Jean, étaient des bourgeois de Paris. Le roi faisait montre de sa confiance pour la bonne ville. Malgré la révolte des monnaies en 1306, il les avait appelés lui-même à son jardin royal, lors de l'affaire des Templiers[347].

Le chef naturel de ce grand peuple était, non le prévôt royal, magistrat de police, presque toujours impopulaire, mais le prévôt des marchands[348], président naturel des échevins de Paris. Dans l'abandon où le royaume se trouvait après la bataille de Poitiers, Paris prit l'initiative, et dans Paris le prévôt des marchands.

Les états du nord de la France, assemblés le 17 octobre, un mois après la bataille, réunirent quatre cents députés des bonnes villes, et à leur tête Étienne Marcel, prévôt des marchands. Les seigneurs, la plupart prisonniers, n'y vinrent guère que par procureurs. Il en fut de même des évêques. Toute l'influence fut aux députés des villes, et surtout à ceux de Paris. Dans l'ordonnance de 1357, résultat mémorable de ces états, on sent la verve révolutionnaire et en même temps le génie administratif de la grande commune. On ne peut expliquer qu'ainsi la netteté, l'unité des vues qui caractérisent cet acte. La France n'eût rien fait sans Paris.

Les états, assemblés d'abord au Parlement, puis aux (p. 267) Cordeliers, nommèrent un comité de cinquante personnes pour prendre connaissance de la situation du royaume. Ils voulurent «encore savoir plus avant que le grand trésor qu'on avoit levé au royaume du temps passé, en dixièmes, en maltôtes, en subsides, et en forges de monnoies, et en toute autre extorsion, dont leurs gens avoient été formenés et triboulés, et les soudoyers mal payés, et le royaume mal gardé et défendu, étoit devenu; mais de ce ne savoit nul à rendre compte[349].»

Tout ce qu'on sut, c'est qu'il y avait eu prodigalité monstrueuse, malversation, concussion. Le roi, au plus fort de la détresse publique, avait donné cinquante mille écus à un seul de ses chevaliers. Des officiers royaux, pas un n'avait les mains nettes. Les commissaires firent savoir au dauphin que, dans la séance publique, ils lui demanderaient de poursuivre ses officiers, de délivrer le roi de Navarre, et de permettre que trente-six députés des états, douze de chaque ordre, l'aidassent à gouverner le royaume.

Le dauphin, qui n'était pas roi, ne pouvait guère mettre ainsi le royaume entre les mains des états. Il ajourna la séance, sous prétexte de lettres qu'il aurait reçues du roi et de l'empereur. Puis il invita les députés à retourner chez eux pour prendre l'avis des leurs, tandis qu'il consulterait aussi son père[350].

(p. 268) Les états du Midi, assemblés à Toulouse, et si près du danger, se montrèrent plus dociles. Ils votèrent de l'argent et des troupes. Les états provinciaux, ceux d'Auvergne, par exemple, accordèrent aussi, mais toujours en se réservant l'administration de ce qu'ils accordaient. Le dauphin était pendant ce temps à Metz pour recevoir son oncle, l'empereur Charles VI; triste dauphin, triste empereur, qui ne pouvaient rien l'un pour l'autre. De son côté, la reine-mère s'en allait à Dijon marier son petit duc de Bourgogne, qu'elle avait eu d'un premier lit, avec la petite Marguerite de Flandre. Ce voyage coûteux avait l'avantage lointain de rattacher la Flandre à la France. Que devenait Paris, ainsi abandonné, sans roi, ni reine, ni dauphin? Il voyait arriver par toutes ses portes les paysans avec leurs familles et leurs petits bagages; puis, par longues files lugubres, les moines, les religieuses des environs. Tous ces fugitifs racontaient des choses effroyables de ce qui se passait dans les campagnes. Les seigneurs, les prisonniers de Poitiers, relâchés sur parole, revenaient sur leurs terres pour ramasser vitement leurs rançons, et ruinaient le paysan. Par-dessus, arrivaient les soldats licenciés, pillant, violant, tuant. Ils torturaient celui qui n'avait plus rien pour le forcer à donner encore[351]. C'était dans toute la campagne une terreur, comme celle des *chauffeurs* de la Révolution.

(p. 269) Les états étant de nouveau réunis le 5 février 1357, Marcel et Robert le Coq, évêque de Laon, leur présentèrent le cahier des doléances, et obtinrent que chaque député le communiquerait à sa province. Cette communication, très-rapide pour ce temps-là et surtout en cette saison, se fit en un mois. Le 3 mars, le dauphin reçut les doléances. Elles lui furent présentées par Robert le Coq, ancien avocat de Paris, qui avait été successivement conseiller de Philippe de Valois, président du Parlement, et qui, s'étant fait évêque-duc de Laon, avait acquis l'indépendance des grands dignitaires de l'Église. Le Coq, tout à la fois homme du roi, homme des communes, allait des uns aux autres, et conseillait les deux partis. On le comparait à la *besaguë* du charpentier (bis-acuta), *qui taille des deux bouts*[352].

Après qu'il eut parlé, le sire de Péquigny pour les nobles, un avocat de Bâville pour les communes, Marcel pour les bourgeois de Paris, déclarèrent qu'ils l'avouaient de tout ce qu'il venait de dire.

Cette remontrance des états[353] était tout à la fois une (p. 270) harangue et un sermon. On conseillait d'abord au dauphin de craindre Dieu, de l'honorer ainsi que ses ministres, de garder ses commandements. Il devait (p. 271) éloigner les mauvais de lui, ne rien *ordonner par les jeunes, simples et ignorants*. Il ne pouvait douter, lui disait-on, que les états n'exprimassent la pensée du royaume, puisque les députés étaient près de huit cents et qu'ils avaient consulté leurs provinces. Quant à ce qu'on lui avait dit que les députés songeaient à faire tuer ses conseillers, c'était, ils le lui assuraient, un mensonge, une calomnie.

Ils exigeaient que dans l'intervalle des assemblées il gouvernât avec l'assistance de trente-six élus des états, douze de chaque ordre. D'autres élus devaient être envoyés dans les provinces avec des pouvoirs presque illimités. Ils pouvaient punir sans forme de procès, emprunter et contraindre, instituer, salarier, châtier les agents royaux, assembler des états provinciaux, etc.

Les états accordaient de quoi payer trente mille hommes d'armes. Mais ils faisaient promettre au dauphin que l'aide *ne seroit levée ni employée par ses gens, mais par bonnes gens sages, loyaux et solvables, ordonnés par les trois états*[354]. Une nouvelle monnaie devait être faite, mais conforme *à l'instruction et aux patrons qui sont entre les mains du prévôt des marchands de Paris*. Nul changement dans les monnaies sans le consentement des états.

Nulle trêve, nulle convocation d'arrière-ban sans leur autorisation.

Tout homme en France sera obligé de s'armer.

Les nobles ne pourront quitter le royaume sous aucun (p. 272) prétexte. Ils suspendront toute guerre privée: «Que si aucun fait le contraire, la justice du lieu, ou s'il est besoin, *ces bonnes gens du pays, prennent tels guerriers*... et les contraignent sans délai par retenue de corps et exploitement de leurs biens, à faire paix et à cesser de guerroyer.» Voilà les nobles soumis à la surveillance des communes.

Le droit de prise cesse. On pourra résister aux procureurs, et *s'assembler contre eux par cri, ou par son de cloche.*

Plus de don sur le domaine. Tout don est révoqué, en remontant jusqu'à Philippe le Bel. — Le dauphin promet de faire cesser autour de lui toute dépense superflue et *voluptuaire.* — Il fera jurer à tous ses officiers de ne lui rien demander qu'en présence du grand conseil.

Chacun se contentera d'un office. — Le nombre des gens de justice sera réduit. — Les prévôtés, vicomtés, ne seront plus données à ferme. — Les prévôts, etc., ne pourront être placés dans les pays où ils sont nés.

Plus de jugement par commission. — Les criminels ne pourront composer, «mais il sera fait pleine justice.»

Quoique l'un des principaux rédacteurs de l'ordonnance, Le Coq, soit un avocat, un président du Parlement, les magistrats y sont traités sévèrement. On leur défend de faire le commerce; on leur interdit les coalitions, les empiétements sur leurs juridictions respectives. On leur reproche leur paresse. On réduit leurs salaires en certains cas. Les réformes sont justes; mais le langage est rude, le ton aigre et hostile. Il est (p. 273) évident que le Parlement se refusait à soutenir les états et la commune.

Les présidents, ou autres membres du Parlement, commis aux enquêtes, ne prendront que quarante sols par jour. «Plusieurs ont accoustumé de prendre salaire trop excessif, et d'aller à quatre ou cinq chevaux, quoique s'ils alloient à leurs dépens, il leur suffiroit bien d'aller à deux chevaux ou à trois.»

Le grand conseil, le Parlement, la chambre des Comptes, sont accusés de négligence. *Des arrêts qui devroient avoir été rendus, il y a vingt ans, sont encore à rendre.* Les conseillers viennent tard, leurs dîners sont longs, leurs après-dîners *peu profitables.* Les gens de la chambre des Comptes «jureront aux saints évangiles de Dieu, que bien et loyalement ils délivreront la bonne gent et par ordre, *sans eux faire muser.*» Le grand conseil, le Parlement, la chambre des Comptes, doivent s'assembler *au soleil levant.* Les membres du grand conseil qui ne viendront pas *bien matin* perdront les gages de la journée. — Ces membres, malgré leur haute position, sont, comme on voit, traités sans façon par les bourgeois législateurs.

141

Cette grande ordonnance de 1357, que le dauphin fut obligé de signer, était bien plus qu'une réforme. Elle changeait d'un coup le gouvernement. Elle mettait l'administration entre les mains des états, substituait la république à la monarchie. Elle donnait le gouvernement au peuple. Constituer un nouveau gouvernement au milieu d'une telle guerre, c'était une opération singulièrement périlleuse, comme celle d'une armée qui renverserait son ordre de bataille en présence (p. 274) de l'ennemi. Il y avait à craindre que la France ne pérît dans ce revirement.

L'ordonnance détruisait les abus. Mais la royauté ne vivait guère que d'abus[355].

Dans la réalité, la France existait-elle comme personne politique? pouvait-on lui supposer une volonté commune? Ce qu'on peut affirmer, c'est que l'autorité lui apparaissait tout entière dans la royauté. Elle ne souhaitait que des réformes partielles. L'ordonnance approuvée des états n'était, selon toute vraisemblance, que l'œuvre d'une commune, d'une grande et intelligente commune, qui parlait au nom du royaume, mais que le royaume devait abandonner dans l'action.

Les nobles conseillers du dauphin, dans leur haine de nobles contre les bourgeois, dans leurs jalousies provinciales contre Paris, poussaient leur maître à la résistance. Au mois de mars, il avait signé l'ordonnance (p. 275) présentée aux états; le 6 avril, il défendit de payer l'aide que les états avaient votée. Le 8, sur les représentations du prévôt des marchands, il révoqua la défense. Le jeune prince flottait ainsi entre deux impulsions, suivant l'une aujourd'hui, demain l'autre, et peut-être de bonne foi. Il y avait grandement à douter dans cette crise obscure. Tout le monde doutait, personne ne payait. Le dauphin restait désarmé, les états aussi. Il n'y avait plus de pouvoir public, ni roi, ni dauphin, ni états.

Le royaume, sans force, se mourant, pour ainsi dire, et perdant conscience de soi, gisait comme un cadavre. La gangrène y était, les vers fourmillaient; les vers, je veux dire les brigands, anglais, navarrais. Toute cette pourriture isolait, détachait l'un de l'autre les membres du pauvre corps. On parlait du royaume; mais il n'y avait plus d'états vraiment généraux, rien de général, plus de communication, de route pour s'y rendre. Les routes étaient des coupe-gorges. La campagne un champ de bataille; la guerre partout à la fois, sans qu'on pût distinguer ami ou ennemi.

Dans cette dissolution du royaume, la commune restait vivante[356]. Mais comment la commune vivrait-elle (p. 276) seule, et sans secours du pays qui l'environne? Paris, ne sachant à qui s'en prendre de sa détresse, accusait les états. Le dauphin enhardi déclara qu'il voulait gouverner, qu'il se passerait désormais de tuteur. Les commissaires des états se séparèrent. Mais il n'en fut que plus embarrassé. Il essaya de faire un peu d'argent en vendant des offices, mais l'argent ne vint pas. Il sortit de Paris; toute la campagne était en feu. Il n'y avait pas de petite ville où il ne pût être enlevé par les brigands. Il revint se blottir à Paris et se remettre aux mains des états. Il les convoqua pour le 7 novembre.

Dans la nuit du 8 au 9, un ami de Marcel, un Picard, le sire de Pecquigny, enleva par un coup de main Charles le Mauvais du fort où il était enfermé. Marcel, qui voyait toujours autour du dauphin une foule menaçante de nobles, avait besoin d'une épée contre ces gens d'épée, d'un prince du sang contre le dauphin. (p. 277) Les bourgeois, dans leurs plus hardies tentatives de liberté, aimaient à suivre un prince. Il semblait beau aussi et chevaleresque, quand la chevalerie se conduisait si mal, que les bourgeois se chargeassent de réparer cette grande injustice, de redresser le tort des rois. La foule, toujours facile aux émotions généreuses, accueillit le prisonnier avec des larmes de joie. Le retour de ce méchant homme, mais si malheureux, leur semblait celui de la justice elle-même. Amené par les communes d'Amiens, reçu à Saint-Denis par la foule des bourgeois qui étaient allés au-devant[357], il vint à Paris, mais d'abord seulement hors des murs, à Saint-Germain-des-Prés. Le surlendemain il *prêcha* le peuple de Paris. Il y avait contre les murs de l'abbaye une chaire ou tribune, d'où les juges présidaient aux combats judiciaires qui se faisaient au Pré-aux-Clercs, limite des deux juridictions. Ce fut de là que parla le roi de Navarre. Le dauphin, à qui il avait demandé l'entrée de la ville et qui n'avait pas osé refuser, était venu l'entendre, peut-être dans l'espoir qu'il en dirait moins. Mais la harangue n'en fut que plus hardie. Il commença en latin, et continua en langue vulgaire[358]. Il parla à merveille. Il était, disent les contemporains, petit, vif et d'esprit subtil.

143

Le texte du discours, tiré, selon l'usage du temps, de la sainte Écriture, prêtait aux développements pathétiques: *Justus Dominus et dilexit justitias; vidit (p. 278) æquitatem vultus ejus.* Le roi de Navarre, s'adressant, avec une insidieuse douceur, au dauphin lui-même, le prenait à témoin des injures qu'on lui avait faites. On avait bien tort de se défier de lui; n'était-il pas Français de père et de mère? n'était-il pas plus près de la couronne que le roi d'Angleterre qui la réclamait? il voudrait vivre et mourir en défendant le royaume de France... Le discours fut si long, qu'*on avait soupé dans Paris quand il cessa*[359]. Mais, quoique le bourgeois n'aime pas à se *desheurer*[360], il n'en fut pas moins favorable au harangueur. Ce fut à qui lui donnerait de l'argent.

De Paris, il alla à Rouen et y exposa ses malheurs avec la même faconde[361]. Il fit descendre du gibet les corps de ses amis qui avaient été mis à mort au terrible dîner de Rouen[362], et les suivit à la cathédrale au son des cloches et à la lueur des cierges. C'était le jour des Saints-Innocents (28 décembre); il parla sur ce texte: «Des Innocents et des justes s'étaient attachés à moi, parce que je tenais pour vous, ô Seigneur!»

(p. 279) Le dauphin *prêchait* aussi à Paris. Il haranguait aux halles, Marcel à Saint-Jacques[363]. Mais le premier n'avait pas la foule. Le peuple n'aimait pas la mine chétive du jeune prince. Tout sage et sensé qu'il pouvait être, c'était un froid harangueur, à côté du roi de Navarre.

L'engouement de Paris pour celui-ci était étrange[364]. Que demandait ce prince si populaire? Qu'on affaiblît encore le royaume, qu'on mît en ses mains des provinces entières, les provinces les plus vitales de la monarchie, toute la Champagne et une partie de la Normandie, la frontière anglaise, le Limousin, une foule de places et de forteresses. Mettre en des mains si suspectes nos meilleures provinces, c'eût été perdre d'un trait de plume autant qu'on avait perdu par la bataille de Poitiers.

(p. 280) Les bourgeois de Paris s'imaginaient que si le roi de Navarre était satisfait, il allait les délivrer des bandes de brigands qui affamaient la ville et qui se disaient Navarrais. Au fond, ils n'étaient ni au roi de Navarre, ni à personne. Il eût voulu rappeler tous ces pillards qu'il ne l'aurait pu.

Cependant les bourgeois, le prévôt, l'Université, entouraient, assiégeaient le dauphin. Ils le sommaient de faire justice à ce pauvre roi de Navarre. Un jacobin, parlant au nom de l'Université, lui déclara qu'il était arrêté que le roi de Navarre ayant une fois fait toutes ses demandes, le dauphin lui rendrait ses forteresses; que sur le reste, la ville et l'Université aviseraient. Un moine de Saint-Denis vint après le Jacobin: «Vous n'avez pas tout dit, maître, s'écria-t-il. Dites encore que si monseigneur le duc ou le roi de Navarre ne se tient à ce qui est décidé, nous nous déclarons contre lui.»

Il n'y avait pas à dire non. Le dauphin promettait gracieusement. Puis il faisait répondre par les commandants et capitaines qu'ayant reçu leurs places du roi ils ne pouvaient les rendre sur un ordre du dauphin.

Celui-ci, au milieu d'une ville ennemie, n'avait d'autre moyen de se procurer quelque argent que par de nouvelles altérations de monnaies (22, 23 janvier, 7 février). Les états, réunis le 11 février, lui firent prendre le titre de régent du royaume, sans doute afin d'autoriser tout ce qu'ils ordonneraient en son nom. Peut-être aussi la commission des trente-quatre, choisie sous l'influence de Marcel, mais composée en (p. 281) majorité de nobles et d'ecclésiastiques, voulait-elle rendre force au dauphin contre les bourgeois de Paris.

Un événement tragique avait porté au comble le mauvais vouloir de ceux-ci. Un clerc, apprenti d'un changeur, nommé Perrin Marc, ayant vendu, pour le compte de son maître, deux chevaux au dauphin et n'étant pas payé, arrêta dans la rue Neuve-Saint-Merry Jean Baillet, trésorier des finances. Le trésorier refusait de payer, sans doute sous prétexte du droit de prise. Une dispute s'éleva, Perrin tua Baillet et se jeta à quartier dans Saint-Jacques-la-Boucherie. Les gens du dauphin, Robert de Clermont, maréchal de Normandie, Jean de Châlons et Guillaume Staise, prévôt de Paris, s'y rendirent, forcèrent l'asile, traînèrent Perrin au Châtelet, lui coupèrent les poings et le firent pendre. L'évêque se plaignit bien haut de cette violation des immunités ecclésiastiques, il obtint le corps de Perrin et l'enterra honnêtement à Saint-Merry. Marcel assista au service tandis que le dauphin suivait l'enterrement de Baillet.

Une collision était imminente. Marcel, pour encourager les bourgeois par la vue de leur nombre, leur fit porter des chaperons bleus et rouges, aux couleurs de la ville[365]. Il écrivit aux bonnes villes pour les prier de (p. 282) prendre ces chaperons. Amiens et Laon n'y manquèrent pas. Peu d'autres villes consentirent à en faire autant.

Cependant la désolation des campagnes amenait, entassait dans Paris tout un peuple de paysans. Les vivres devenaient rares et chers. Les bourgeois qui avaient beaucoup de petits biens dans l'Île-de-France, et qui en tiraient mille douceurs, œufs, beurre, fromages, volailles, ne recevaient plus rien. Ils trouvaient cela bien dur[366]. Le 22 février, le dauphin rendit une nouvelle ordonnance pour altérer encore les monnaies.

Le lendemain, le prévôt des marchands assembla en armes à Saint-Éloi tous les corps de métiers. À neuf heures, cette foule armée reconnut dans la rue un des conseillers du dauphin, avocat au parlement, maître Regnault Dacy, qui revenait du Palais chez lui, près Saint-Landry. Ils se mirent à courir sur lui; il se jeta dans la maison d'un pâtissier, et y fut frappé à mort; il n'eut pas le temps de pousser un cri. Cependant le prévôt, suivi d'une foule de bonnets rouges et bleus, entra dans l'hôtel du dauphin, monta jusqu'à sa chambre, et lui dit aigrement qu'il devait mettre ordre aux affaires du royaume; que ce royaume devant après tout lui revenir, c'était à lui à le garder des compagnies qui gâtaient tout le pays. Le dauphin, qui (p. 283) était entre ses conseillers ordinaires les maréchaux de Champagne et de Normandie, répondit avec plus de hardiesse que de coutume: «Je le ferais volontiers, si j'avais de quoi le faire; mais c'est à celui qui a les droits et profits à avoir aussi la garde du royaume[367].» Il y eut encore quelques paroles aigres, et le prévôt éclata: «Monseigneur, dit-il au dauphin, ne vous étonnez de rien de ce que vous allez voir; il faut qu'il en soit ainsi.» Puis, se tournant vers les hommes aux capuces rouges, il leur dit: «Faites-vite ce pourquoi vous êtes venu[368].» À l'instant, ils se jetèrent sur le maréchal de Champagne et le tuèrent près du lit du dauphin. Le maréchal de Normandie s'était retiré dans un cabinet; ils l'y poursuivirent et le tuèrent aussi. Le dauphin se croyait perdu; le sang avait rejailli jusque sur sa robe. Tous ses officiers avaient fui. «Sauvez-moi la vie,» dit-il au prévôt. Marcel lui dit de ne rien craindre. Il changea de chaperon avec lui, le couvrant ainsi des couleurs de la ville. Toute la journée, Marcel porta hardiment le chaperon du dauphin. Le peuple l'attendait à la Grève. Il le harangua d'une fenêtre, dit que ceux qui avaient été tués étaient des traîtres, et demanda au peuple s'il le soutiendrait. Plusieurs crièrent qu'ils l'avouaient de tout, et se dévouaient à lui à la vie et à la mort.

Marcel retourna au palais avec une foule de gens armés qu'il laissa dans la cour. Il trouva le dauphin (p. 284) plein de saisissement et de douleur. «Ne vous affligez pas, monseigneur, lui dit le prévôt. Ce qui s'est fait, s'est fait pour éviter le plus grand péril, *et de la volonté du peuple*[369]. Et il le priait de tout approuver.

Il fallait que le dauphin approuvât, ne pouvant mieux. Il lui fallut encore faire bonne mine au roi de Navarre, qui rentra quatre jours après. Marcel et Le Coq les avaient réconciliés, bon gré mal gré, et les faisaient dîner ensemble tous les jours.

Ce retour du roi de Navarre, quatre jours après le meurtre des conseillers du dauphin, ne donnait que trop clairement le sens de cette tragédie. Il pouvait rentrer; Marcel lui avait fait place libre par la mort de ses ennemis. Il lui avait donné un terrible gage, qui le liait à lui pour jamais. Il était évident que tout était fini entre Marcel et le dauphin. Ce crime avait été probablement imposé au prévôt par Charles le Mauvais, qui n'était pas neuf aux assassinats[370].» Marcel s'étant donné ainsi, le roi de Navarre avait désormais à voir ce qu'il en ferait, et s'il avait plus d'avantage à l'aider ou à le vendre.

(p. 285) Marcel croyait avoir gagné le roi de Navarre, et il perdit les états. C'est-à-dire que la légalité, violée par un crime, le délaissa pour toujours. Ce qui restait des députés de la noblesse quitta Paris, sans attendre la clôture. Plusieurs même des commissaires des états, chargés du gouvernement dans l'intervalle des sessions, ne voulurent plus gouverner, et laissèrent Marcel. Lui, sans se décourager, il les remplaça par des bourgeois de Paris[371]. Paris se chargeait de gouverner la France. Mais la France ne voulut pas[372].

La Picardie, qui avait si vivement pris parti en délivrant le roi de Navarre, fut la première à refuser d'envoyer de l'argent à Paris. Les états de Champagne s'assemblèrent, et Marcel ne fut pas assez fort pour empêcher le dauphin d'y aller. Dès lors, il devait périr tôt ou tard. Le pouvoir royal n'avait besoin que d'une prise, pour ressaisir tout. Le dauphin alla à ces états, accompagné des gens de Marcel; et d'abord il n'osa rien dire contre ce qui s'était passé à Paris. Mais les nobles de Champagne ne manquèrent pas de (p. 286) parler. Le comte de Braîne lui demanda si les maréchaux de Champagne et de Normandie avaient mérité la mort. Le dauphin répondit qu'ils l'avaient toujours et bien loyalement servi. Même scène à Compiègne, aux états de Vermandois[373]. Le dauphin, tout à fait rassuré, prit sur lui de transférer à Compiègne les états de la Langue d'oïl, qui étaient convoqués pour le 1er mai à Paris. Peu de monde y vint. C'était toutefois une représentation telle quelle du royaume contre Paris.

Les états rendirent hommage aux réformes de la grande ordonnance, en les adoptant pour la plupart. L'aide qu'ils votèrent devait être perçue par des députés des états. Cette affectation de popularité effraya Marcel. Il engagea l'Université à implorer pour la ville la clémence du dauphin. Mais il n'y avait plus de paix possible. Le prince insistait pour qu'on lui livrât dix ou douze des plus coupables. Il se rabattit même à cinq ou six, assurant qu'il ne les ferait pas mourir...

Marcel ne s'y fia pas. Il acheva promptement les murs de Paris, sans épargner les maisons de moines qui touchaient l'enceinte[374]. Il s'empara de la tour du (p. 287) Louvre. Il envoya en Avignon louer des *brigands*[375].

La noblesse et la commune allaient combattre et se mesuraient, lorsqu'un tiers se leva auquel personne n'avait songé. Les souffrances du paysan avaient passé la mesure; tous avaient frappé dessus, comme une bête tombée sous la charge; la bête se releva enragée, et elle mordit.

Nous l'avons déjà dit. Dans cette guerre chevaleresque que se faisaient à armes courtoises[376] les nobles de France et d'Angleterre, il n'y avait au fond qu'un ennemi, une victime des maux de la guerre; c'était le paysan. Avant la guerre, celui-ci s'était épuisé pour fournir aux magnificences des seigneurs, pour payer ces belles armes, ces écussons émaillés, ces riches bannières qui se firent prendre à Crécy et à Poitiers. Après, qui paya la rançon? ce fut encore le paysan.

(p. 288) Les prisonniers, relâchés sur parole, vinrent sur leurs terres, ramasser vitement les sommes monstrueuses qu'ils avaient promises sans marchander sur le champ de bataille. Le bien du paysan n'était pas long à inventorier. Maigres bestiaux, misérables attelages, charrue, charrette, et quelques ferrailles. De mobilier, il n'y en avait point. Nulle réserve, sauf un peu de grain pour semer. Cela pris et vendu, que restait-il sur quoi le seigneur eût recours? le corps, la peau du pauvre diable. On tâchait encore d'en tirer quelque chose. Apparemment, le rustre avait quelque cachette où il enfouissait. Pour le lui faire dire, on le travaillait rudement. On lui chauffait les pieds. On n'y plaignait ni le fer ni le feu.

Il n'y a plus guère de châteaux; les édits de Richelieu, la Révolution, y ont pourvu. Toutefois maintenant encore, lorsque nous cheminons sous les murs de Taillebourg ou de Tancarville, lorsqu'au fond des Ardennes, dans la gorge de Montcornet, nous envisageons sur nos têtes l'oblique et louche fenêtre qui nous regarde passer, le cœur se serre, nous ressentons quelque chose des souffrances de ceux qui, tant de siècles durant, ont langui au pied de ces tours. Il n'est même pas besoin pour cela que nous ayons lu les vieilles histoires. Les âmes de nos pères vibrent encore en nous pour des douleurs oubliées, à peu près comme le blessé souffre à la main qu'il n'a plus.

Ruiné par son seigneur, le paysan n'était pas quitte. Ce fut le caractère atroce de ces guerres des Anglais; pendant qu'ils rançonnaient le royaume en gros, ils le pillaient en détail. Il se forma par tout le royaume des (p. 289) compagnies, dites d'Anglais ou de Navarrais. Le Gallois Griffith désolait tout le pays entre Seine et Loire, l'Anglais Knolles la Normandie. Le premier à lui seul saccagea Montargis, Étampes, Arpajon, Montlhéry, plus de quinze villes ou gros bourgs[377]. Ailleurs, c'étaient l'Anglais Audley, les Allemands Albrecht et Frank Hennekin. Un de ces chefs, Arnaud de Cervoles, qu'on appelait l'archiprêtre, parce qu'en effet, quoique séculier, il possédait un archiprêtré, laissa les provinces déjà pillées, traversa toute la France jusqu'en Provence, mit à sac Salon et Saint-Maximin pour épouvanter Avignon. Le pape tremblant invita le brigand, le reçut comme un fils de France[378], le fit dîner avec lui, et lui donna quarante mille écus, de plus l'absolution. Cervoles, en sortant d'Avignon, n'en pilla pas moins la ville d'Aix, d'où il alla en Bourgogne pour en faire autant.

Ces chefs de bande n'étaient pas, comme on pourrait croire, des gens de rien, de petits compagnons, mais des nobles, souvent des seigneurs. Le frère du roi de Navarre pillait comme les autres[379]. Dans les sauf-conduits qu'ils vendaient aux marchands qui approvisionnaient les villes, ils exceptaient nommément les choses propres aux nobles, les parures militaires: «Chapeaux de castor, plumes d'autruche et fers de glaive[380].»

Les chevaliers du XIVᵉ siècle avaient une autre mission (p. 290) que ceux des romans, c'était d'écraser le faible. Le sire d'Aubrécicourt volait et tuait au hasard *pour bien mériter de sa dame*, Isabelle de Juliers, nièce de la reine d'Angleterre: «Car il était jeune et amoureux durement.» Il se faisait fort de devenir au moins comte de Champagne[381]. La dissolution de la monarchie donnait à ces pillards des espérances folles. C'était à qui entrerait par ruse ou par force dans quelque château mal gardé. Les capitaines des places se croyaient libres de leurs serments. Plus de roi, plus de foi. Ils vendaient, échangeaient leurs places, leurs garnisons.

Cette vie de trouble et d'aventures, après tant d'années d'obéissance sous les rois, faisait la joie des nobles. C'était comme une échappée d'écoliers, qui ne ménagent rien dans leurs jeux. Froissart, leur historien, ne se lasse pas de conter ces belles histoires. Il s'intéresse à ces pillards, prend part à leurs bonnes fortunes: «Et toujours gagnoient pauvres brigands, etc.[382]» (p. 291) Il ne lui arrive nulle part de douter de leur loyauté. À peine doute-t-il de leur salut[383].

L'effroi était tel à Paris, que les bourgeois avaient offert à Notre-Dame une bougie qui, disait-on, avait la longueur du tour de la ville[384]. On n'osait plus sonner dans les églises, si ce n'est à l'heure du couvre-feu, de crainte que les habitants en sentinelle sur les murailles n'entendissent venir l'ennemi. Combien la terreur n'était-elle pas plus grande dans les campagnes! Les paysans ne dormaient plus. Ceux des bords de la Loire passaient les nuits dans les îles, ou dans des bateaux arrêtés au milieu du fleuve. En Picardie, les populations creusaient la terre et s'y réfugiaient. Le long de la Somme, de Péronne à l'embouchure, on comptait encore au dernier siècle trente de ces souterrains[385]. C'est là qu'on pouvait avoir quelque impression de l'horreur de ces temps. C'étaient de longues allées voûtées de sept ou huit pieds de large, bordées de vingt ou trente chambres, avec puits au centre, pour avoir à la fois de l'air et de l'eau. Autour du puits, de grandes chambres pour les bestiaux. Le soin et la solidité qu'on remarque dans ces constructions indiquent (p. 292) assez que c'était une des demeures ordinaires de la triste population de ces temps. Les familles s'y entassaient à l'approche de l'ennemi. Les femmes, les enfants, y pourrissaient des semaines, des mois, pendant que les hommes allaient timidement au clocher voir si les gens de guerre s'éloignaient de la campagne.

Mais ils ne s'en allaient pas toujours assez vite pour que les pauvres gens pussent semer ou récolter. Ils avaient beau se réfugier sous la terre, la faim les y atteignait. Dans la Brie et le Beauvoisis surtout, il n'y avait plus de ressources[386]. Tout était gâté, détruit. Il ne restait plus rien que dans les châteaux. Le paysan, enragé de faim et de misère, força les châteaux, égorgea les nobles.

Jamais ceux-ci n'auraient voulu croire à une telle audace. Ils avaient ri tant de fois, quand on essayait d'armer ces populations simples et dociles, quand on (p. 293) les traînait à la guerre! On appelait par dérision le paysan Jacques Bonhomme, comme nous appelons Jeanjeans, nos conscrits[387]. Qui aurait craint de maltraiter des gens qui portaient si gauchement les armes? C'était un dicton entre les nobles: «Oignez vilain, il vous poindra; poignez vilain, il vous oindra[388].»

Les Jacques payèrent à leurs seigneurs un arriéré de plusieurs siècles. Ce fut une vengeance de désespérés, de damnés. Dieu semblait avoir si complétement délaissé ce monde!... Ils n'égorgeaient pas seulement leurs seigneurs, mais tâchaient d'exterminer les familles, tuant les jeunes héritiers, tuant l'honneur en violant les dames[389]. Puis, ces sauvages s'affublaient de beaux habits, eux et leurs femmes, se paraient de belles dépouilles sanglantes.

(p. 294) Et toutefois, ils n'étaient pas tellement sauvages, qu'ils n'allassent avec une sorte d'ordre, par bannières, et sous un capitaine, un des leurs, un rusé paysan qui s'appelait Guillaume Callet[390]: «Et en ces assemblées avoit gens de labour le plus, et si y avoit de riches hommes bourgeois et aultres[391].» — «Quand on leur demandoit, dit Froissart, pourquoi ils faisoyent ainsi, ils répondoient qu'ils ne savoient, mais qu'il faisoyent ainsi qu'ils veoyent les autres faire; et pensoyent qu'ils dussent en telle manière destruire tous les nobles et gentilhommes du monde.»

Aussi les grands et les nobles se déclarèrent tous contre eux, sans distinction de parti. Charles le Mauvais les flatta, invita leurs principaux chefs[392] et pendant (p. 295) les pourparlers il fit main basse sur eux. Il couronna le roi des Jacques d'un trépied de fer rouge. Il les surprit ensuite près de Montdidier, et en fit un grand carnage. Les nobles se rassurèrent, prirent les armes, et se mirent à tuer et brûler tout dans les campagnes, à tort ou à droit[393].

La guerre des Jacques avait fait une diversion utile à celle de Paris. Marcel avait intérêt à les soutenir[394]. (p. 296) Les communes hésitaient. Senlis et Meaux les reçurent. Amiens leur envoya quelques hommes, mais les fit bientôt revenir. Marcel, qui avait profité du soulèvement pour détruire plusieurs forteresses autour de Paris, se hasarda à leur envoyer du monde pour les aider à prendre le Marché de Meaux. D'abord le prévôt des monnaies leur conduisit cinq cents hommes, auxquels se joignirent trois cents autres sous la conduite d'un épicier de Paris.

(p. 297) La duchesse d'Orléans, la duchesse de Normandie, une foule de nobles dames, de demoiselles et d'enfants, s'étaient jetées dans le Marché de Meaux, environné de la Marne. De là elles voyaient et entendaient les Jacques qui remplissaient la ville. Elles se mouraient de peur. D'un moment à l'autre, elles pouvaient être forcées, massacrées. Heureusement il leur vint un secours inespéré. Le comte de Foix et le captal de Buch (ce dernier au service des Anglais) revenaient de la croisade de Prusse, avec quelques cavaliers. Ils apprirent à Châlons le danger de ces dames, et chevauchèrent rapidement vers Meaux. Arrivés dans le Marché: «Ils firent ouvrir tout arrière, et puis se mirent au-devant de ces vilains, noirs et petits et très-mal armés, et lancèrent à eux de leurs lances et de leurs épées. (p. 298) Ceux qui étoient devant et qui sentoient les horions reculèrent de *hideur* et tomboient les uns sur les autres. Alors issirent les gens d'armes hors des barrières et les abattoient à grands monceaux et les tuoient ainsi que bêtes et les reboutèrent hors de la ville. Ils en mirent à fin plus de sept mille et boutèrent le feu en la désordonnée ville de Meaux (9 juin 1358)[395].»

Les nobles firent partout main basse sur les paysans, sans s'informer de la part qu'ils avaient prise à la Jacquerie; et ils firent, dit un contemporain, tant de mal au pays, qu'il n'y avait pas besoin que les Anglais vinssent pour la destruction du royaume. Ils n'auraient jamais pu faire ce que firent les nobles de France[396].»

(p. 299) Ils voulaient traiter Senlis comme Meaux. Ils s'en firent ouvrir les portes, disant venir de la part du régent, puis ils se mirent à crier: «Ville prise! ville gagnée.» Mais ils trouvèrent tous les bourgeois en armes, et même d'autres nobles qui défendaient la (p. 300) ville. On lança sur eux, par la pente rapide de la grande rue, des charrettes qui les renversèrent. L'eau bouillante pleuvait des fenêtres. «Les uns s'enfuirent à Meaux conter leur déconfiture et se faire moquer; les (p. 301) autres qui restèrent sur la place, ne feront plus de mal aux gens de Senlis[397].»

C'est un prodige qu'au milieu de cette dévastation des campagnes, Paris ne soit pas mort de faim. Cela fait grand honneur à l'habileté du prévôt des marchands. Il ne pouvait nourrir longtemps cette grande et dévorante ville sans avoir pour lui la campagne; de là l'apparente inconstance de sa conduite. Il s'allia aux Jacques, puis au roi de Navarre, destructeur des Jacques. La cavalerie de ce prince lui était indispensable pour garder quelques routes libres, tandis que le dauphin tenait la rivière. Il fit donner à Charles le Mauvais le titre de capitaine de Paris (15 juin). Mais le prince lui-même n'était pas libre. Il fut abandonné de plusieurs de ses gentilshommes, qui ne voulaient pas servir la canaille contre les honnêtes gens. Cependant les bourgeois mêmes tournaient contre lui; ils lui en voulaient d'avoir détruit les Jacques, et ils soupçonnaient bien que leur capitaine ne faisait pas grand cas d'eux.

Cependant les vivres enchérissaient. Le dauphin, avec trois mille lances, était à Charenton et arrêtait les arrivages de la Seine et de la Marne. Les bourgeois sommèrent le roi de Navarre de les défendre, de sortir, de faire enfin quelque chose. Il sortit, mais pour traiter. Les deux princes eurent une longue et secrète entrevue, et se séparèrent bons amis. Le roi de Navarre ayant encore osé rentrer dans Paris, ses plus (p. 302) déterminés partisans et Marcel lui-même lui ôtèrent le titre de capitaine de la ville. Il se retira en se plaignant fort; Navarrais et bourgeois se querellèrent, et il y eut quelques hommes de tués.

La position de Marcel devenait mauvaise. Le dauphin tenait la haute Seine, Charenton, Saint-Maur; le roi de Navarre, la basse,

Saint-Denis. Il battait toute la campagne. Les arrivages étaient impossibles. Paris allait étouffer. Le roi de Navarre, qui le voyait bien, se faisait marchander par les deux partis. La dauphine et beaucoup de *bonnes* gens, c'est-à-dire des seigneurs, des évêques, s'entremettaient, allaient et venaient. On offrait au roi de Navarre quatre cent mille florins, pourvu qu'il livrât Paris et Marcel[398]. Le traité était déjà signé, et une messe dite, où les deux princes devaient communier de la même hostie. Le roi de Navarre déclara qu'il ne pouvait, n'étant pas à jeûn[399].

Le dauphin lui promettait de l'argent. Marcel lui en donnait. Toutes les semaines il envoyait à Charles le Mauvais deux charges d'argent pour payer ses troupes. Il n'avait d'espoir qu'en lui; il l'allait voir à Saint-Denis; il le conjurait de se rappeler que c'étaient les gens de Paris qui l'avaient tiré de prison, et eux encore qui avaient tué ses ennemis. Le roi de Navarre lui donnait de bonnes paroles; il l'engageait: «À se bien pourvoir d'or et d'argent, et à l'envoyer hardiment à Saint-Denis; qu'il leur en rendrait bon compte[400].»

(p. 303) Ce roi des bandits ne pouvait, ne voulait sans doute les empêcher de piller. Les bourgeois voyaient leur argent s'en aller aux pillards, et les vivres n'en venaient pas mieux. Le prévôt était toujours sur la route de Saint-Denis, toujours en pourparlers. Cela leur donnait à penser. De tant d'argent que levait Marcel, n'en gardait-il pas bonne part? Déjà on avait épilogué sur les salaires que les commissaires des états s'étaient libéralement attribués à eux-mêmes[401].

Les Navarrais, Anglais et autres mercenaires, avaient suivi la plupart le roi de Navarre à Saint-Denis. D'autres étaient restés à Paris pour manger leur argent. Les bourgeois les voyaient de mauvais œil. Il y eut des batteries, et l'on en tua plus de soixante. Marcel, qui ne craignait rien tant que de se brouiller avec le roi de Navarre, sauva les autres en les emprisonnant, et le soir même il les renvoya à Saint-Denis[402]. Les bourgeois ne le lui pardonnèrent pas.

Cependant les Navarrais poussaient leurs courses jusqu'aux portes; on n'osait plus sortir. Les Parisiens se fâchèrent; ils déclarèrent au prévôt qu'ils voulaient châtier ces brigands. Il fallut leur complaire, les faire sortir, pour chercher les Navarrais. Ayant couru tout le jour vers Saint-Cloud, ils revenaient fort las (c'était le 22 juillet), traînant leurs épées, ayant défait leurs bassinets[403], se plaignant fort de n'avoir rien trouvé, (p. 304) lorsqu'au fond d'un chemin ils trouvent quatre cents hommes qui se lèvent et tombent sur eux. Ils s'enfuirent à toutes jambes, mais avant d'atteindre les portes, il en périt sept cents; d'autres encore furent tués le lendemain lorsqu'ils allaient chercher les morts. Cette déconfiture acheva de les exaspérer contre Marcel: c'était sa faute, disaient-ils; il était rentré avant eux[404], il ne les avait pas soutenus; probablement il avait averti l'ennemi.

Le prévôt était perdu. Sa seule ressource était de se livrer au roi de Navarre, lui et Paris, et le royaume s'il pouvait. Charles le Mauvais touchait au but de son ambition[405]. Marcel aurait promis au roi de Navarre de lui livrer les clefs de Paris, pour qu'il se rendît maître de la ville, et tuât tous ceux qui lui étaient opposés. Leurs portes étaient marquées d'avance[406].

La nuit du 31 juillet au 1ᵉʳ août, Étienne Marcel entreprit de livrer la ville qu'il avait mise en défense, les murailles qu'il avait bâties. Jusque-là, il semble avoir toujours consulté les échevins, même sur le meurtre des deux maréchaux. Mais cette fois, il voyait (p. 305) que les autres ne songeaient plus qu'à se sauver en le perdant.

Celui des échevins sur lequel il comptait le plus, qui s'était le plus compromis, qui était son compère, Jean Maillart, lui avait cherché querelle le jour même. Maillart s'entendit avec les chefs du parti du dauphin, Pépin des Essarts et Jean de Charny; et tous trois, avec leurs hommes, se trouvèrent à la bastille Saint-Denis, que Marcel devait livrer.

«Et s'en vinrent un peu avant minuit... et trouvèrent ledit prévôt des marchands, les clefs de la porte en ses mains. Le premier parler que Jean Maillart lui dit, ce fut que il lui demanda par son nom: «Étienne, Étienne, que faites-vous ci à cette heure?» Le prévôt lui répondit: «Jean, à vous qu'en monte de savoir? je suis ci pour prendre garde de la ville dont j'ai le gouvernement.» — «Par Dieu, répondit Jean Maillart, il ne va mie ainsi; mais n'êtes ci à cette heure pour nul bien; et je le vous montre, dit-il à ceux qui étoient de-lez (près) lui, comment il tient les clefs des portes en ses mains pour trahir la ville.» Le prévôt des marchands s'avança et dit: «Vous mentez.» — «Par Dieu! répondit Jean Maillart, traître, mais vous mentez!»

et tantôt férit à lui et dit à ses gens: «À la mort, à la mort tout homme de son côté, car ils sont traîtres.» Là eut grand hutin et dur; et s'en fut volontiers le prévôt des marchands fui s'il eût pu; mais il fut si hâté qu'il ne put. Car Jean Maillart le férit d'une hache sur la tête et l'abattit à terre, quoique ce fût son compère, ni ne se partit de lui jusqu'à ce qu'il fut (p. 306) occis et six de ceux qui là étoient, et le demeurant pris et envoyé en prison[407].»

Selon une version plus vraisemblable, Marcel et cinquante-quatre de ses amis qui étaient venus avec lui tombèrent frappés par des gardes obscurs de la porte Saint-Antoine[408].

Cependant les meurtriers s'en allèrent, criant par la ville et éveillant le peuple. Le matin, tous étaient assemblés aux halles, où Maillart les harangua. Il leur conta comment cette même nuit, la ville devait être *courue* et détruite, si Dieu ne l'eût éveillé lui et ses amis, et ne leur eût révélé la trahison. La foule apprit avec saisissement le péril où elle avait été sans le savoir; tous joignaient les mains et remerciaient Dieu[409].

(p. 307) Telle fut la première impression. Qu'on ne croie pas pourtant que le peuple ait été ingrat pour celui qui avait tant fait pour lui. Le parti de Marcel, qui comptait beaucoup d'hommes instruits et éloquents[410], survécut à son chef. Quelques mois après, il y eut une conspiration pour venger Marcel. Le dauphin fit rendre à sa veuve tous les meubles du prévôt qui n'avaient pas été donnés ou perdus, dans le moment qui suivit sa mort[411].

La carrière de cet homme fut courte et terrible. En 1356, il sauve Paris, il le met en défense. De concert avec Robert Le Coq, il dicte au dauphin la fameuse (p. 308) ordonnance de 1357. Cette réforme du royaume par l'influence d'une commune ne peut se faire que par des moyens violents. Marcel est poussé de proche en proche à une foule d'actes irréguliers et funestes. Il tire de prison Charles le Mauvais pour l'opposer au dauphin, mais il se trouve avoir donné un chef aux bandits. Il met la main sur le dauphin, il lui tue ses conseillers, les ennemis du roi de Navarre.

Abandonné des états, il tue les états en les faisant comme il les veut, en créant des députés, en remplaçant les députés des nobles par des bourgeois de Paris[412]. Paris ne pouvait encore mener la France, Marcel n'avait pas les ressources de la Terreur; il ne pouvait assiéger Lyon, ni guillotiner la Gironde. La nécessité des approvisionnements le mettait dans la dépendance de la campagne. Il s'allia aux Jacques, et, les Jacques échouant, au roi de Navarre. Celui à qui il s'était donné, il essaya de lui donner le royaume; il y périt.

La doctrine classique du *Salus populi*, du droit de tuer les tyrans, avait été attestée, au commencement du siècle, par le roi contre le pape. Un demi-siècle (p. 309) est à peine écoulé; Marcel la tourne contre la royauté elle-même, contre les serviteurs de la royauté.

Cette tache sanglante dont la mémoire d'Étienne Marcel est restée souillée ne peut nous faire oublier que notre vieille charte est en partie son ouvrage. Il dut périr, comme ami du Navarrais, dont le succès eût démembré la France; mais dans l'ordonnance de 1357, il vit et vivra.

Cette ordonnance est le premier acte politique de la France, comme la Jacquerie est le premier élan du peuple des campagnes. Les réformes indiquées dans l'ordonnance furent presque toutes accomplies par nos rois. La Jacquerie, commencée contre les nobles, continua contre l'Anglais. La nationalité, l'esprit militaire, naquirent peu à peu. Le premier signe peut-être de ce nouvel esprit se trouve, dès l'an 1359, dans un récit du continuateur de Nangis. Ce grave témoin, qui note jour par jour tout ce qu'il voit et entend, sort de sa sécheresse ordinaire, pour conter tout au long une de ces rencontres où le peuple des campagnes laissé à lui-même commença à s'enhardir contre l'Anglais. Il s'y arrête avec complaisance: «C'est, dit-il naïvement, que la chose s'est passée près de mon pays, et qu'elle a été menée bravement par les paysans, *par Jacques Bonhomme*[413].

Il y a un lieu assez fort au petit village près Compiègne, lequel dépend du monastère de Saint-Corneille. Les habitants, voyant qu'il y avait péril pour eux si (p. 310) les Anglais s'en emparaient, l'occupèrent, avec la permission du régent et de l'abbé, et s'y établirent avec des armes et des vivres. D'autres y vinrent des villages voisins, pour être plus en sûreté. Ils jurèrent à leur capitaine de défendre ce poste jusqu'à la mort. Ce capitaine, qu'ils s'étaient donné du consentement du régent, était un des leurs, un grand et bel homme, qu'on appelait Guillaume aux Allouettes. Il avait avec lui pour le servir un autre paysan d'une force de membres incroyable, d'une corpulence et d'une taille énorme, plein de vigueur et d'audace,

157

mais, avec cette grandeur de corps, ayant une humble et petite o-
pinion de lui-même. On l'appelait le Grand-Ferré[414]. Le capitaine
le tenait près de lui *comme sous le frein*, pour le lâcher à propos. Ils
s'étaient donc mis là deux cents, tous laboureurs ou autres gens qui
gagnaient humblement leur vie par le travail de leurs mains. Les
Anglais, qui campaient à Creil, n'en tinrent grand compte, et dirent
bientôt: «Chassons ces paysans, la place est forte et bonne à prendre.» On ne s'aperçut pas de leur approche, ils trouvèrent les portes
ouvertes et entrèrent hardiment. Ceux du dedans, qui étaient aux
fenêtres, sont d'abord tout étonnés de voir ces gens armés. Le capitaine est bientôt entouré, blessé mortellement. Alors le Grand-Ferré
et les autres se disent: «Descendons, vendons bien notre vie; il n'y a
pas de merci à attendre.» Ils descendent en effet, sortent (p. 311) par
plusieurs portes, et se mettent à frapper sur les Anglais, comme s'ils
battaient leur blé dans l'aire[415]; les bras s'élevaient, s'abattaient, et
chaque coup était mortel. Le Grand, voyant son maître et capitaine
frappé à mort, gémit profondément, puis il se porta entre les Anglais et les siens qu'il dominait également des épaules, maniant une
lourde hache, frappant et redoublant si bien qu'il fit place nette; il
n'en touchait pas un qu'il ne fendît le casque ou n'abattît les bras.
Voilà tous les Anglais qui se mettent à fuir; plusieurs sautent dans le
fossé et se noient. Le Grand tue leur porte-enseigne, et dit à un de
ses camarades de porter la bannière anglaise au fossé. L'autre lui
montrant qu'il y avait encore une foule d'ennemis entre lui et le
fossé: «Suis-moi donc,» dit Le Grand. Et il se mit à marcher devant,
jouant de la hache à droite et à gauche, jusqu'à ce que la bannière
eût été jetée à l'eau... Il avait tué en ce jour plus de quarante hommes... Quant au capitaine, Guillaume aux Allouettes, il mourut de
ses blessures, et ils l'enterrèrent avec bien des larmes, car il était bon
et sage... Les Anglais furent encore battus une autre fois par Le
Grand. Mais cette fois hors des murs. Plusieurs nobles Anglais
furent pris, qui auraient donné de bonnes rançons, si on les eût
rançonnés, *comme font les nobles*[416]; mais on les tua, afin qu'ils ne
fissent plus de mal. Cette fois Le Grand, échauffé par cette besogne,
but de l'eau (p. 312) froide en quantité, et fut saisi de la fièvre. Il s'en
alla à son village, regagna sa cabane et se mit au lit, non toutefois
sans garder près de lui sa hache de fer qu'un homme ordinaire pouvait à peine lever. Les Anglais, ayant appris qu'il était malade, envoyèrent un jour douze hommes pour le tuer. Sa femme les vit ve-

nir, et se mit à crier: «Ô mon pauvre Le Grand, voilà les Anglais! que faire?...» Lui, oubliant à l'instant son mal, il se lève, prend sa hache, et sort dans la petite cour: «Ah! brigands, vous venez donc pour me prendre au lit! vous ne me tenez pas encore...» Alors s'adossant à un mur, il en tue cinq en un moment; les autres s'enfuient. Le Grand se remit au lit; mais il avait chaud, il but encore de l'eau froide: la fièvre le reprit plus fort, et au bout de quelques jours, ayant reçu les sacrements de l'Église, il sortit du siècle, et fut enterré au cimetière de son village. Il fut pleuré de tous ses compagnons, de tout le pays; car, lui vivant, jamais les Anglais n'y seraient venus[417].

Il est difficile de ne pas être touché de ce naïf récit. Ces paysans qui ne se mettent en défense qu'en demandant permission, cet homme fort et humble, ce bon géant, qui obéit volontiers, comme le saint Christophe de la légende, tout cela présente une belle figure du peuple. Ce peuple est visiblement simple et brute encore, impétueux, aveugle, demi-homme et demi-taureau... Il ne sait ni garder ses portes, ni se garder lui-même de ses appétits. Quand il a battu l'ennemi (p. 313) comme blé en grange, quand il l'a suffisamment charpenté de sa hache, et qu'il a pris chaud à la besogne, le bon travailleur, il boit froid, et se couche pour mourir. Patience; sous la rude éducation des guerres, sous la verge de l'Anglais, la brute va se faire homme. Serrée de plus près tout à l'heure, et comme tenaillée, elle échappera, cessant d'être elle-même, et se transfigurant; Jacques deviendra Jeanne, Jeanne la Vierge, la Pucelle.

Le mot vulgaire, *un bon Français*, date de l'époque des Jacques et des Marcel[418]. La Pucelle ne tardera pas à dire: «*Le cœur me saigne quand je vois le sang d'un François.*»

Un tel mot suffirait pour marquer dans l'histoire le vrai commencement de la France. Depuis lors, nous avons une patrie. Ce sont des Français que ces paysans, n'en rougissez pas, c'est déjà le peuple Français, c'est vous, ô France! Que l'histoire vous les montre beaux ou laids, sous le capuce de Marcel, sous la jaquette des Jacques, vous ne devez pas les méconnaître. Pour nous, parmi tous les combats des nobles, à travers les beaux coups de lance où s'amuse l'insouciant Froissart, nous cherchons ce pauvre peuple. Nous l'irions prendre dans cette grande mêlée, sous l'éperon des gentilshommes, sous le ventre des chevaux. Souillé, défiguré, nous l'amènerons tel quel au jour de la justice et de l'histoire, afin que nous puissions lui dire, à ce vieux peuple du XIVᵉ siècle: «Vous êtes mon père, vous êtes ma mère. Vous m'avez conçu dans (p. 314) les larmes. Vous avez sué la sueur et le sang pour me faire une France. Bénis soyez-vous dans votre tombeau! Dieu me garde de vous renier jamais!»

Lorsque le dauphin rentra dans Paris, appuyé sur le meurtrier, il y eut, comme toujours en pareille circonstance, des cris, des acclamations. Ceux qui le matin s'étaient armés pour Marcel cachaient leurs capuces rouges, et criaient plus fort que les autres[419].

Avec tout ce bruit, il n'y avait pas beaucoup de gens qui eussent confiance au dauphin. Sa longue taille maigre, sa face pâle et son *visage longuet*[420], n'avaient jamais plu au peuple. On n'en attendait ni grand bien, ni grand mal; il y eut cependant des confiscations et des supplices contre le parti de Marcel[421]. Pour lui, il n'aimait, il ne haïssait personne. Il n'était pas facile de l'émouvoir. Au moment même de son entrée, un (p. 315) bourgeois s'avança hardiment et dit tout haut: «Par Dieu! sire, si j'en fusse cru, vous n'y fussiez entré; mais on y fera peu pour vous.» Le comte de Tancarville voulait tuer le vilain; le prince le retint et répondit: «On ne vous croira pas, beau sire[422].»

La situation de Paris n'était pas meilleure. Le dauphin n'y pouvait rien. Le roi de Navarre occupait la Seine au-dessus et au-dessous. Il ne venait plus de bois de la Bourgogne, ni rien de Rouen. On ne se chauffait qu'en coupant des arbres[423]. Le setier de blé qui se donne ordinairement pour douze sols, dit le chroniqueur, se vend maintenant trente livres et plus. — Le printemps fut beau et doux, nouveau chagrin pour tant de pauvres gens des campagnes qui étaient enfermés dans Paris, et qui ne pouvaient cultiver leurs champs, ni tailler leurs vignes[424].

Il n'y avait pas moyen de sortir. Les Anglais, les Navarrais couraient le pays. Les premiers s'étaient établis à Creil, qui les rendait maîtres de l'Oise. Ils prenaient partout des forts, sans s'inquiéter des trêves. (p. 316) Les Picards essayaient de leur résister. Mais les gens de Touraine, d'Anjou et de Poitou, leur achetaient des sauf-conduits, leur payaient des tribus[425].

Le roi de Navarre, en voyant les Anglais se fixer ainsi au cœur du royaume, finit par en être lui-même plus effrayé que le dauphin. Il fit sa paix avec lui, sans stipuler aucun avantage, et promit d'être *bon Français*[426]. Les Navarrais n'en continuèrent pas moins de rançonner les bateaux sur la haute Seine. Toutefois cette réconciliation du dauphin et du roi de Navarre donnait à penser aux Anglais. En même temps des Normands, des Picards, des Flamands, firent ensemble une expédition pour délivrer, disaient-ils, le roi Jean[427]. Ils se contentèrent de brûler une ville anglaise. Du moins les Anglais surent aussi ce que c'étaient que les maux de la guerre.

Les conditions qu'ils voulaient d'abord imposer à la France étaient monstrueuses, inexécutables. Ils demandaient non-seulement tout ce qui est en face d'eux, Calais, Montreuil, Boulogne, le Ponthieu, non-seulement l'Aquitaine (Guyenne, Bigorre, Agénois, Quercy, Périgord, Limousin, Poitou, Saintonge, Aunis), mais encore la Touraine, l'Anjou, et de plus la Normandie; c'est-à-dire qu'il ne leur suffisait pas d'occuper le détroit, de fermer la Garonne; ils voulaient aussi fermer (p. 317) la Loire et la Seine, boucher le moindre jour par où nous voyons l'Océan, crever les yeux de la France.

Le roi Jean avait signé tout, et promis de plus quatre millions d'écus d'or pour sa rançon. Le dauphin, qui ne pouvait se dépouiller ainsi, fit refuser le traité par une assemblée de quelques députés des provinces, qu'il appela états généraux. Ils répondirent: «Que le roi Jean demeurât encore en Angleterre, et que quand il plairoit à Dieu, il y pourvoiroit de remède[428].»

Le roi d'Angleterre se mit en campagne, mais cette fois pour conquérir la France. Il voulait d'abord aller à Reims, et s'y faire sacrer[429]. Tout ce qu'il y avait de noblesse en Angleterre l'avait suivi à cette expédition. Une autre armée l'attendait à Calais, sur laquelle il ne comptait pas. Une foule d'hommes d'armes et de seigneurs d'Allemagne et des Pays-Bas, entendant dire qu'il s'agissait d'une conquête, et espérant un partage, comme celui d'Angleterre par les compagnons de Guillaume le Conquérant, avaient voulu être aussi de la fête. Ils croyaient déjà «tant gagner qu'ils ne seroient jamais pauvres[430].» Ils attendirent Édouard jusqu'au 28 octobre, et il eut grand'peine à s'en débarrasser. Il fallut qu'il les aidât à retourner chez eux, qu'il leur prêtât de l'argent, à ne jamais rendre.

Édouard avait amené avec lui six mille gens d'armes couverts de fer, son fils, ses trois frères, ses princes, ses grands seigneurs. C'était comme une émigration des Anglais en France. Pour faire la guerre confortablement, ils traînaient six mille chariots, des fours, (p. 318) des moulins, des forges, toute sorte d'ateliers ambulants. Ils avaient poussé la précaution jusqu'à se munir de meutes pour chasser, et de nacelles de cuir pour pêcher en carême[431]. Il n'y avait rien en effet à attendre du pays, c'était un désert; depuis trois ans, on ne semait plus[432]. Les villes, bien fermées, se gardaient elles-mêmes; elles savaient qu'il n'y avait pas de merci à attendre des Anglais.

Du 28 octobre au 30 novembre, ils cheminèrent à travers la pluie et la boue, de Calais à Reims. Ils avaient compté sur les vins. Mais il pleuvait trop; la vendange ne valut rien. Ils restèrent sept semaines à se morfondre devant Reims, gâtèrent le pays tout autour, mais Reims ne bougea pas. De là ils passèrent devant Châlons, Bar-le-Duc, Troyes; puis ils entrèrent dans le duché de Bourgogne. Le duc composa avec eux pour deux cent mille écus d'or. Ce fut une bonne affaire pour l'Anglais, qui autrement n'eût rien tiré de toute cette grande expédition.

Il vint camper tout près de Paris, fit ses pâques à Chanteloup, et approcha jusqu'à Bourg-la-Reine. «De la Seine jusqu'à Étampes, dit le témoin oculaire, il n'y a plus un seul homme. Tout s'est réfugié aux trois faubourgs de Saint-Germain, Saint-Marcel et Notre-Dame-des-Champs... Montlhéry et Lonjumeau sont en feu... On distingue dans tous les alentours la fumée des villages, qui monte jusqu'au ciel... Le saint jour de Pâques, j'ai vu aux Carmes officier les prêtres de dix communes... Le lendemain, on a donné ordre de brûler (p. 319) les trois faubourgs, et permis à tout homme d'y prendre ce qu'il pourrait, bois, fer, tuiles et le reste. Il n'a pas manqué de gens pour le faire bien vite. Les uns pleuraient, les autres riaient...—Près de Chanteloup, douze cents personnes, hommes, femmes et enfants, s'étaient enfermés dans une église. Le capitaine, craignant qu'ils ne se rendissent, a fait mettre le feu... Toute l'église a brûlé. Il ne s'en est pas sauvé trois cents personnes. Ceux qui sautaient par les fenêtres trouvaient en bas les Anglais, qui les tuaient et se moquaient d'eux pour s'être brûlés eux-mêmes. J'ai appris ce lamentable événement d'un homme qui avait échappé, par la volonté de notre Seigneur, et qui en remerciait Dieu[433].

Le roi d'Angleterre n'osa pas attaquer Paris[434]. Il s'en alla vers la Loire, sans avoir pu combattre ni gagner aucune place. Il consolait les siens en leur promettant de les ramener devant Paris aux vendanges. Mais ils étaient fatigués de cette longue campagne d'hiver. Arrivés près de Chartres, ils y éprouvèrent un terrible orage, qui mit leur patience à bout. Édouard y fit vœu, dit-on, de rendre la paix aux deux peuples. Le pape l'en suppliait. Les nobles de France, ne touchant plus rien de leurs revenus, priaient le régent de traiter (p. 320) à tout prix. Le roi Jean sans doute pressait aussi son fils. Aux conférences de Bretigny, ouvertes le 1er mai, les Anglais demandèrent d'abord tout le royaume; puis tout ce qu'avaient eu les Plantagenets (Aquitaine, Normandie, Maine, Anjou, Touraine). Ils cédèrent enfin sur ces quatre dernières provinces; mais ils eurent l'Aquitaine comme libre souveraineté, et non plus comme fief. Ils acquirent au même titre ce qui entourait Calais, les comtés de Ponthieu et de Guines, et la vicomté de Montreuil. Le roi payait l'énorme rançon de trois millions d'écus d'or, six cent mille écus sous quatre mois, avant de sortir de Calais, et quatre cent mille par an dans les six années suivantes. L'Angleterre, après avoir tué et démembré la France, continuait à peser dessus, de sorte que, s'il restait un peu de vie et de moelle, elle pût encore la sucer.

Ce déplorable traité excita à Paris une folle joie. Les Anglais qui l'apportèrent pour le faire jurer au dauphin furent accueillis comme des anges de Dieu. On leur donna en présent ce qu'on avait de plus précieux, des épines de la couronne du Sauveur, qu'on gardait à la Sainte-Chapelle. Le sage chroniqueur du temps cède ici à l'entraînement général. «À l'approche de l'Ascension, dit-il, au temps où le Sauveur, ayant remis la paix entre son Père et le genre humain, montait au ciel dans la jubilation, il ne souffrit pas que le peuple de France demeurât affligé... Les conférences commencèrent le dimanche où l'on chante à l'église: *Cantate*. Le dimanche où l'on chante: *Vocem jucundidatis*, le régent et les Anglais allèrent jurer le traité à Notre-Dame. Ce fut une joie ineffable pour le peuple. (p. 321) Dans cette église et dans toutes celles de Paris, toutes les cloches, mises en branle, mugissaient dans une pieuse harmonie; le clergé chantait en toute joie et dévotion: *Te Deum laudamus*... Tous se réjouissaient, excepté peut-être ceux qui avaient fait de gros gains dans les guerres, par exemple les armuriers... Les faux traîtres, les brigands, craignaient la potence. Mais de ceux-ci n'en parlons plus[435].»

La joie ne dura guère. Cette paix, tant souhaitée, fit pleurer toute la France. Les provinces que l'on cédait ne voulaient pas devenir anglaises. Que l'administration des Anglais fût pire ou meilleure, leur insupportable morgue les faisait partout détester. Les comtes de Périgord, de Comminges, d'Armagnac, le sire d'Albret, et beaucoup d'autres disaient avec raison que le seigneur n'avait pas droit de donner ses vassaux. La Rochelle, d'autant plus française que Bordeaux était anglais, supplia le roi, au nom de Dieu, de ne pas l'abandonner. Les Rochellais disaient qu'ils aimeraient mieux être taillés tous les ans *de la moitié de leur chevance*, et encore: «Nous nous soumettrons aux Anglais des lèvres, mais de cœur jamais[436].»

Ceux qui restaient Français n'en étaient que plus misérables. La France était devenue une ferme de l'Angleterre. On n'y travaillait plus que pour payer les sommes prodigieuses par lesquelles le roi s'était (p. 322) racheté. Nous avons encore, au Trésor des Chartes, les quittances de ces payements. Ces parchemins font mal à voir; ce que chacun de ces chiffons représente de sueur, de gémissements et de larmes, on ne le saura jamais. Le premier (24 octobre 1360) est la quittance des *dépens de garde* du roi Jean, à dix mille réaux par mois[437]: cette noble hospitalité, tant vantée des historiens, Édouard se la faisait payer; le geôlier, avant la rançon, se faisait compter *la pistole*. Puis vient une effroyable quittance de quatre cent mille écus d'or (même date). Puis, quittance de 200,000 écus d'or (déc). Autre de 100,000 (1361, Toussaint); autre de 200,000 encore, et de plus, de 57,000 moutons d'or, pour compléter les 200,000 promis par la Bourgogne (21 février).—En 1362: 198,000; 30,000; 60,000; 200,000.—Les payements se continuent jusqu'en 1368.—Mais nous sommes bien loin d'avoir toutes les quittances. Les rançons de la noblesse montaient peut-être à une somme aussi considérable.

Le premier payement n'aurait pu se faire, si le roi n'eût trouvé une honteuse ressource. En même temps qu'il donnait des provinces, il donna un de ses enfants. Les Visconti, les riches tyrans de Milan, avaient la fantaisie d'épouser une fille de France. Ils imaginaient que cela les rendraient plus respectables en Italie. Ce féroce Galéas, qui allait à la chasse aux hommes dans (p. 323) les rues, qui avait jeté des prêtres tout vivants dans un four, demanda pour son fils, âgé de dix ans, une fille de Jean qui en avait onze. Au lieu de recevoir une dot, il en donnait une: trois cent mille florins en pur don, et autant pour un comté en Champagne. Le roi de France, dit Matteo Villani, vendit sa chair et son sang[438]. La petite Isabelle fut échangée, en Savoie, contre les florins. L'enfant ne se laissa pas donner aux Italiens de meilleure grâce que La Rochelle aux Anglais.

Ce malheureux argent d'Italie servit à faire sortir le roi de Calais. Il en sortit pauvre et nu. Il lui fallut, le 5 décembre (1360), imposer une aide nouvelle à ce peuple ruiné. Les termes de l'ordonnance sont remarquables. Le roi demande, en quelque sorte, pardon à son peuple de parler d'argent. Il rappelle, en remontant jusqu'à Philippe de Valois, tous les maux qu'il a soufferts, *lui et son peuple; il a abandonné à l'aventure de la bataille son propre corps et ses enfants*; il a traité à Bretigni, *non pas pour sa délivrance tant seulement, mais pour éviter la perdition de son royaume et de son bon peuple*. Il assure qu'il va faire bonne et loyale justice, qu'il supprimera tout nouveau péage, qu'il fera bonne et forte monnaie d'or et d'argent, *et noire monnaie par laquelle on pourra faire plus aisément des aumônes aux pauvres gens.* «Nous avons ordonné et ordonnons que nous prendrons sur ledit peuple de langue d'oil ce qui nous est nécessaire, *et qui ne grèvera pas tant notre peuple comme feroit la mutation de notre (p. 324) monnoie*, savoir: 12 deniers par livres sur les marchandises, ce que payera le vendeur, une aide du cinquième sur le sel, du treizième sur le vin et les autres breuvages. Duquel aide, *pour la grande compassion que nous avons de notre peuple*, nous nous contenterons; et elle sera levée seulement jusqu'à la perfection de l'entérinement de la paix.»

Quelque douce et paternelle que fût la demande, le peuple n'en était pas plus en état de payer: tout argent avait disparu. Il fallut s'adresser aux usuriers, aux juifs, et cette fois leur donner un établissement fixe. On leur assura un séjour de vingt années. Un prince du sang était établi gardien de leurs priviléges et il se chargeait spécialement de *les faire payer de leurs dettes.* Ces priviléges étaient excessifs. Nous en parlerons ailleurs. Pour les acquérir, ils devaient payer vingt florins en rentrant dans ce royaume, et de plus sept par an. Un Manassé, qui prenait en ferme toute la juiverie, devait avoir pour sa peine un énorme droit de deux florins sur les vingt, et d'un par an sur les sept.

Les tristes et vides années qui suivent, 1361, 1362, 1363, ne présentent au dehors que les quittances de l'Anglais, au dedans que la cherté des vivres, les ravages des brigands, la terreur d'une comète, une grande et effroyable mortalité. Cette fois le mal atteignait les hommes, les enfants, plutôt que les vieillards et les femmes. Il frappait de préférence la force et l'espoir des générations. On ne voyait que mères en pleurs, que veuves, que femmes en noir[439].

(p. 325) La mauvaise nourriture était pour beaucoup dans l'épidémie. On n'amenait presque rien aux villes. On ne pouvait plus aller de Paris à Orléans, ni à Chartres, le pays était infesté de Gascons et de Bretons[440].

Les nobles qui revenaient d'Angleterre, et qui se sentaient méprisés, n'étaient pas moins cruels que ces brigands. La ville de Péronne, qui s'était bravement gardée elle-même, prit querelle avec Jean d'Artois. Ce fut comme une croisade des nobles contre le peuple. Jean d'Artois, soutenu par le frère du roi et par la noblesse, prit à sa solde des Anglais; il assiégea Péronne, la prit, la brûla. Ils traitèrent de même Chauny-sur-Oise et d'autres villes. — En Bourgogne, les nobles servaient eux-mêmes de guide aux bandes qui pillaient le pays[441]. Les brigands de toute nation se disant Anglais, le roi défendait de les attaquer. Il pria Édouard d'en écrire à ses lieutenants[442].

Ces pillards s'appelaient eux-mêmes les Tard-Venus; venus après la guerre, il leur fallait aussi leur part. La principale compagnie commença en Champagne et en Lorraine, puis elle passa en Bourgogne: le chef était un Gascon, qui voulait, comme l'Archiprêtre, les mener voir le pape à Avignon, en passant par le Forez et le Lyonnois. Jacques de Bourbon, qui se trouvait alors (p. 326) dans le Midi, était intéressé à défendre le Forez, pays de ses neveux et de sa sœur. — Ce prince, généralement aimé, réunit bientôt beaucoup de noblesse. Il avait avec lui le fameux Archiprêtre, qui avait laissé le commandement des compagnies. S'il eût suivi les conseils de cet homme, il les aurait détruites. Étant venu en présence à Brignais, près Lyon, il donna dans un piége grossier, crut l'ennemi moins fort qu'il n'était, l'attaqua sur une montagne, et fut tué avec son fils, son neveu, et nombre des siens (2 avril 1362). Cette mort toutefois fut glorieuse. Le premier titre des Capets est la mort de Robert le Fort à

Brisserte; celui des Bourbons, la mort de Jacques à Brignais: tous deux tués en défendant le royaume contre les brigands.

Les compagnies n'avaient plus rien à craindre, elles couraient les deux rives du Rhône. Un de leurs chefs s'intitulait: Ami de Dieu, ennemi de tout le monde[443]. Le pape, tremblant dans Avignon, prêchait la croisade contre eux. Mais les croisés se joignaient plutôt aux compagnies[444]. Heureusement pour Avignon, le marquis de Monferrat, membre de la ligue Toscane contre les Visconti, en prit une partie à sa solde, et les mena en Italie, où ils portèrent la peste. Le pape[445], (p. 327) pour décider leur départ, leur donna 30,000 florins et l'absolution.

La mortalité qui dépeuplait le royaume lui donna au moins un bel héritage. Le jeune duc de Bourgogne mourut, ainsi que sa sœur; la première maison de Bourgogne se trouva éteinte: la succession comprenait les deux Bourgognes, l'Artois, les comtés d'Auvergne et de Boulogne. Le plus proche héritier était le roi de Navarre. Il demandait qu'on lui laissât prendre possession de la Bourgogne, ou au moins de la Champagne qu'il réclamait depuis si longtemps. Il n'eut ni l'une ni l'autre. Il était impossible de remettre ces provinces à un roi étranger, à un prince odieux. Jean les déclara réunies à son domaine[446]; et partit pour en prendre possession, «cheminant à petites journées et à grands dépens, et séjournant de ville en ville, de cité en cité, en la duché de Bourgogne[447].»

Il y apprit, sans aller plus vite, la mort de Jacques de Bourbon. Vers la fin de l'année, il descendit à Avignon, et y passa six mois dans les fêtes. Il espérait y faire une nouvelle conquête en pleine paix. Jeanne de Naples, comtesse de Provence, celle qui avait laissé tuer son premier mari, se trouvait veuve du second. Jean prétendait être le troisième. Il était veuf lui-même; il n'avait encore que quarante-trois ans. Captif, (p. 328) mais après une belle résistance, ce roi soldat[448] intéressait la chrétienté, comme François 1er après Pavie. Le pape ne se soucia pas de faire un roi de France maître de Naples et de la Provence. Il donna à cette reine de trente-six ans un tout jeune mari, non pas un fils de France, mais Jacques d'Aragon, fils du roi détrôné de Majorque.

Pour consoler Jean, le pape l'encouragea dans un projet qui semblait insensé au premier coup d'œil, mais qui eût effectivement relevé sa fortune. Le roi de Chypre était venu à Avignon demander des secours, proposer une croisade. Jean prit la croix et une foule de grands seigneurs avec lui[449]. Le roi de Chypre alla proposer la croisade en Allemagne; Jean en Angleterre. Un de ses fils donné en otage venait de rentrer en France, au mépris des traités. Le retour de Jean à Londres avait l'apparence la plus honorable. Il semblait réparer la faute de son fils. Quelques uns prétendaient qu'il n'y allait que par ennui des misères de la France, ou pour revoir quelque belle maîtresse[450]. Cependant les rois d'Écosse et de Danemark devaient venir l'y trouver. Comme roi de France, il présidait naturellement toute assemblée de rois. Humilié par le nouveau système de guerre que les Anglais avaient mis (p. 329) en pratique, le roi de France eût repris, par la croisade, sous le vieux drapeau du moyen âge, le premier rang dans la chrétienté. Il aurait entraîné les compagnies, il en aurait délivré la France[451]. Les Anglais mêmes et les Gascons, malgré la mauvaise volonté du roi d'Angleterre qui alléguait son âge pour ne pas prendre la croix[452], disaient hautement au roi de Chypre: «Que c'étoit vraiment un voyage où tous gens de bien et d'honneur devoient entendre, et que s'il plaisoit à Dieu que le passage fut ouvert, il ne le feroit pas seul.» La mort de Jean détruisit ces espérances. Après un hiver passé à Londres en fêtes et en grands repas, il tomba malade, et mourut regretté, dit-on, des Anglais, qu'il aimait lui-même, et auxquels il s'était attaché, simple qu'il était et sans fiel, pendant sa longue captivité. Édouard lui fit faire de somptueuses funérailles à Saint-Paul de Londres. On y brûla, selon des témoins oculaires, quatre mille torches de douze pieds de haut, et quatre mille torches cierges de dix livres pesant.

La France, toute mutilée et ruinée qu'elle était, se retrouvait encore, de l'aveu de ses ennemis, la tête de la chrétienté. C'est son sort, à cette pauvre France, de voir de temps à autre l'Europe envieuse s'ameuter contre elle, et conjurer sa ruine. Chaque fois, ils (p. 330) croient l'avoir tuée; ils s'imaginent qu'il n'y aura plus de France; ils tirent ses dépouilles au sort; ils arracheraient volontiers ses membres sanglants. Elle s'obstine à vivre. Elle survécut en 1361, mal défendue, trahie par sa noblesse; en 1709, vieillie de la vieillesse de son roi; en 1815 encore, quand le monde entier l'attaquait... Cet accord obstiné du monde contre la France prouve sa supériorité mieux que des victoires. Celui contre lequel tous sont facilement d'accord, c'est qu'apparemment il est le premier.

FIN DU QUATRIÈME VOLUME.

CHAPITRE IV.

CHAPITRE V.

Suite du Règne de Philippe le Bel. — Ses trois Fils. — Procès. — Institutions. 1314-1328.

Le diable.
Procès atroces.
1314. Mort de Philippe le Bel.
Activité, éducation de Philippe le Bel.
Il ménage l'Université.
Institutions.
Ordonnances contradictoires.
Hypocrisie de ce gouvernement.
Attaques contre la noblesse.
Confédération de la noblesse du nord et de l'est.
— Louis X; réaction féodale.
Lutte des barons et des légistes.
1315. Lois nouvelles sur les monnaies.
Ordonnance pour l'affranchissement des serfs.
1316. Philippe le Long.
Application de la loi Salique.
Les villes sont armées.
Tentative pour la réforme des poids et des mesures.
Règlements de finances.
1316-1322. Le parlement se constitue.
La royauté se constitue.
1320. Pastoureaux.
Les Juifs et les lépreux.
1322-1328. Charles IV, le Bel.
Édouard II, roi d'Angleterre, renversé par sa femme, Isabelle de France.
1328. Mort de Charles IV.

LIVRE VI.

CHAPITRE PREMIER.

L'Angleterre. — Philippe de Valois. 1328-1349.

Les Anglais brûlent Saint-Germain, Saint-Cloud, Boulogne.
Philippe VI les poursuit.
Bataille de Crécy.
Siége de Calais.
Persistance d'Édouard III; ses succès en Écosse et en Bretagne.
Tentatives de Philippe pour faire lever le siége de Calais.
1347. Prise de Calais: dévouement de six bourgeois.
Calais peuplé d'Anglais.
Les mercenaires, les fantassins remplacent les troupes féodales.
Humiliation du pape, de l'empereur, du roi, de la noblesse.
Abattement moral; attente de la fin du monde; mortalité.
1348. La *Peste noire*.
Mysticisme de l'Allemagne; flagellants.
Boccace; prologue du Décaméron.
Suites de la peste.
1349-1350. Le roi se remarie; il acquiert Montpellier et le Dauphiné.
Noces et fêtes.
1350. Mort de Philippe VI.

CHAPITRE II.

CHAPITRE III.

PARIS. — IMPRIMERIE MODERNE (Barthier, d^r), rue J.-J. Rousseau, 61.

Note 1: Ce volume fut publié, dans sa première édition, en même temps que nos *Origines du droit français, trouvées dans les symboles et formules.*(Retour au texte)

Note 2: Lettre de Christophe Colomb à Ferdinand et Isabelle, après son quatrième voyage. (Navarette.)(Retour au texte)

Note 3: Philippe le Bel emploie pendant tout son règne, comme ministres, les deux banquiers florentins Biccio et Musciato, fils de Guido Franzesi.(Retour au texte)

Note 4: Αφ' οὐ Υὰρ ὁ Πλουτος ουτος ηρξατο βλέπειν, Απολωλ' επό λιμου... Aristoph., Plut., v. 1174. Voyez aussi les vers 129, 133, 1152 et 1168-9.(Retour au texte)

Note 5: Chacune des grandes révolutions du monde est aussi l'époque des grandes apparitions de l'or. Les Phocéens le font sortir de Delphes, Alexandre de Persépolis; Rome le tire des mains du dernier successeur d'Alexandre; Cortès l'enlève de l'Amérique. Chacun de ces moments est marqué par un changement subit, non-seulement dans les prix des denrées, mais aussi dans les idées et dans les mœurs.(Retour au texte)

Note 6: Le dernier but de l'alchimie n'était pas tant de trouver l'or que d'obtenir l'or pur, l'or potable, le breuvage d'immortalité. On racontait la merveilleuse histoire d'un bouvier de Sicile du temps du roi Guillaume, qui, ayant trouvé dans la terre un flacon d'or, but la liqueur qu'il renfermait et revint à la jeunesse. (Roger Bacon, Opus majus.)(Retour au texte)

Note 7: Quelques-uns se vantèrent de n'avoir point soufflé pour rien. Raymond Lulle, dans leurs traditions, passe en Angleterre, et, pour encourager le roi à la croisade, lui fabrique dans la Tour de Londres pour six millions d'or. On en fit des Nobles à la rose, *qu'on appelle encore aujourd'hui Nobles de Raymond.*

Il est dit dans l'Ultimum Testamentum, mis sous son nom, qu'en une fois il convertit en or cinquante milliers pesant de mercure, de plomb et d'étain. — Le pape Jean XXII, à qui Pagi attribue un traité sur l'*Art transmutatoire*, y disait qu'il avait transmuté à Avignon deux cents lingots pesant chacun un quintal, c'est-à-dire vingt mille livres d'or. Était-ce une manière de rendre compte des énormes richesses entassées dans ses caves? — Au reste, ils étaient forcés de convenir entre eux que cet or qu'ils obtenaient par quintaux n'avait de l'or que la couleur.(Retour au texte)

Note 8: Dans l'usure, les juifs, dit-on, ne faisaient qu'imiter les Lombards, leurs prédécesseurs. (Muratori.)(Retour au texte)

Note 9: À Toulouse, on les souffletait trois fois par an, pour les punir d'avoir autrefois livré la ville aux Sarrasins; sous Charles le Chauve, ils réclamèrent inutilement. — À Béziers, on les chassait à coups de pierres pendant toute la Semaine sainte. Ils s'en rachetèrent en 1160. — Ils commencèrent sous le règne de Philippe Auguste à porter la rouelle jaune, et le concile de Latran en fit une loi à tous les Juifs de la chrétienté (canon 68).(Retour au texte)

Note 10: Souvent ils firent l'objet de traités entre les seigneurs. Dans l'ordonnance de 1230, il est dit: «que personne dans notre royaume ne retienne le juif d'un autre seigneur; partout où quelqu'un retrouvera son juif, il pourra le reprendre comme son esclave (tanquam proprium servum), quelque long séjour qu'il ait fait sur les terres d'un autre seigneur.» On voit en effet dans les Établissements que les meubles des juifs appartenaient aux barons. Peu à peu le juif passa au roi, comme la monnaie et les autres droits fiscaux.(Retour au texte)

Note 11: Patiens, quia æternus... — C'est l'usage que les juifs se tiennent sur le passage de chaque nouveau pape, et lui présentent leur loi. Est-ce un hommage ou un reproche de la vieille loi à la nouvelle, de la mère à la fille?... — «Le jour de son couronnement, le pape Jean XXIII chevaucha avec sa mitre papale de rue en rue dans la ville de Boulogne la Grasse, faisant le signe de la croix jusques en la rue où demeuraient les Juifs, lesquels offrirent par écrit leur loi, laquelle de sa propre main il prit et reçut, et puis la regarda, et tantôt la jeta derrière lui, en disant: «Votre loi est bonne, mais d'icelle la nôtre est meilleure.» Et lui parti de là, les juifs le suivoient le cuidant atteindre, et fut toute la couverture de son cheval déchirée; et le pape jetoit, par toutes les rues où il passoit, monnoie, c'est à savoir deniers qu'on appelle quatrins et mailles de Florence; et y avoit devant lui et derrière lui deux cents hommes d'armes, et avoit chacun en sa main une masse de cuir dont ils frappoient les juifs, tellement que c'étoit grand'joie à voir.» Monstrelet.(Retour au texte)

Note 12: Je lisais le ... octobre 1834, dans un journal anglais: «Aujourd'hui, peu d'affaires à la bourse; c'est jour férié pour les juifs.» — Mais ils n'ont pas seulement la supériorité de richesses. On serait tenté de leur en accorder une autre lorsqu'on voit que la plupart des hommes qui font aujourd'hui le plus d'honneur à l'Allemagne sont des juifs (1837). — J'ai parlé dans les notes de la Renaissance de tant de Juifs illustres, nos contemporains (1860).(Retour au texte)

Note 13: Shakespeare, The Merchant of Venice, acte I, sc. III: «Let the forfeit be nominated for an equal pound *of your fair flesh*, to be cut and taken, in what part of your body pleaseath me.»

Sir Thomas Mungo acquit à Calcutta, il y a trente ans, un ms. où se trouve l'histoire originale de la livre de chair, etc. Seulement, au lieu d'un chrétien, c'est un musulman que le juif veut dépecer. V. Asiatic Journal. — Orig. du droit, l. IV, c. XIII; L'atrocité de la loi des Douze Tables, déjà repoussée par les Romains eux-mêmes, ne pouvait, à plus forte raison, prévaloir chez les nations chrétiennes. Voyez cependant le droit norvégien. Grimm, 617.

Dans les traditions populaires, le juif stipule une livre de chair à couper sur le corps de son débiteur, mais le juge le prévient que *s'il coupe plus ou moins*, il sera lui-même mis à mort. — V. le Pecorone (écrit vers 1378), les Gesta Romanorum dans la forme allemande. — Voir aussi mon Histoire romaine.(Retour au texte)

Note 14: J'insiste avec M. Beugnot sur ce point important: les juifs ne connurent pas l'usure aux Xe et XIe siècles, c'est-à-dire aux époques où on leur permit l'industrie (1860).(Retour au texte)

Note 15: G. Villani, l. VIII, c. LXXX, p. 417. — L'opinion du temps est bien représentée dans les vers burlesques cités par Walsingham:
Ecclesiæ navis titubat, regni quia clavis
Errat, Rex, Papa, facti sunt una cappa.

Hoc faciunt *do, des*, Pilatus hic, alter Herodes.
Walsingh., p. 456, ann. 1306.(Retour au texte)

Note 16: Ces mots sont synonymes dans la langue de ce temps.(Retour au texte)

Note 17: Contin. G. de Nangis.(Retour au texte)

Note 18: Baluze, Acta vet. ad Pap. Av., p. 75-6... «Quædam præparatoria sumere, et postmodum purgationem accipere, quæ secundum prædictorum physicorum judicium, auctore Domino, valde utilis nobis erit.»(Retour au texte)

Note 19: La Coulture du Temple, contiguë à celle de Saint-Gervais, comprenait presque tout le domaine des Templiers, qui s'étendait le long de la rue du Temple, depuis la rue Sainte-Croix ou les environs de la rue de la Verrerie jusqu'au delà des murs, des fossés et de la porte du Temple. (Sauval.)(Retour au texte)

Note 20:«Sicut mater infantem.» Lettre de Jacques Molay.(Retour au texte)

Note 21: Voyez plus loin les motifs qui nous ont décidé à regarder ce point comme hors de doute. — Le XIVe siècle ne voyait probablement qu'une singularité suspecte dans la fidélité des Templiers aux anciennes traditions symboliques de l'Église, par exemple dans leur prédilection pour le nombre trois. On interrogeait *trois* fois le récipiendaire avant de l'introduire dans le chapitre. Il demandait par *trois* fois le pain et l'eau, et la société de l'ordre. Il faisait *trois* vœux. Les chevaliers observaient *trois* grands jeûnes. Ils communiaient *trois* fois l'an. L'aumône se faisait dans toutes les maisons de l'ordre *trois* fois la semaine. Chacun des chevaliers devait avoir *trois* chevaux. On leur disait la messe *trois* fois la semaine. Ils mangeaient de la viande *trois* jours de la semaine seulement. Dans les jours d'abstinence, on pouvait leur servir *trois* mets différents. Ils adoraient la croix solennellement à *trois* époques de l'année. Ils juraient de ne pas fuir en présence de *trois* ennemis. On flagellait par *trois* fois en plein chapitre ceux qui avaient mérité cette correction, etc., etc. Même remarque pour les accusations dont ils furent l'objet. On leur reprocha de renier *trois* fois, de cracher *trois* fois sur la croix. «*Ter abnegabant, et horribili crudelitate ter in faciem spuebant ejus.*» Circul. de Philippe le Bel, du 14 septembre 1307. «Et li fait renier par trois fois le prophète et par trois fois crachier sur la croix.» Instruct. de l'inquisiteur Guillaume de Paris. Rayn., p. 4.(Retour au texte)

Note 22: Dans quelques monuments anglais, l'ordre du Temple est appelé Militia Templi Salomonis. (*Ms. Biblioth. Cottontanæ et Bodleianæ.*) Ils sont aussi nommés Fratres militiæ Salomonis, dans une charte de 1197. Ducange. Rayn., p. 2.(Retour au texte)

Note 23: Il est possible que les Templiers qui échappèrent se soient fondus dans des sociétés secrètes. En Écosse, ils disparaissent tous, excepté deux. Or, on a remarqué que les plus secrets mystères de la franc-maçonnerie sont réputés émanés d'Écosse, et que les hauts grades y sont nommés Écossais. V. Grouvelle et les écrivains qu'il a suivis, Munter, Moldenhawer, Nicolaï., etc.(Retour au texte)

Note 24: Voyez Hammer, Mémoire sur deux coffrets gnostiques, p. 7. V. aussi le mémoire du même dans les Mines d'Orient, et la réponse de M. Raynouard. (Michaud, Hist. des croisades, éd. 1828, t. V. p. 572.)(Retour au texte)

Note 25: Voyez mon *Histoire de France*, t. III, chapitre VIII.(Retour au texte)

Note 26: Sans parler de notre dicton populaire «Boire comme un Templier,» les Anglais en avaient un autre: «Dum erat juvenis sæcularis, omnes pueri clamabant publice et vulgariter unus ad alterum: Custodiatis vobis ab osculo Templariorum.» Conc. Britann.(Retour au texte)

Note 27: La règle austère que l'ordre reçut à son origine semble à sa chute un acte d'accusation terrible: «Domus hospitis non careat lumine, ne tenebrosus hostis... Vestiti autem camisiis dormiant, et cum femoralibus dormiant. Dormientibus itaque fratribus usque mane nunquam deerit lucerna...» Actes du concile de Troyes, 1128. Ap. Dup. Templ. 92-102.(Retour au texte)

Note 28: Voyez cependant *Processus contra Templarios, ms. de la Biblioth. royale.* Ce qu'on y lit dans les Articles de l'interrogatoire sur leurs relations avec les femmes (*Item, les maîtres fesoient frères et suers du Temple... Proc. ms. folio* 10-11) doit s'entendre des affiliés de l'ordre; il y en avait des deux sexes (V. Dup. 99, 102), mais il ne me souvient pas d'avoir lu aucun aveu sur ce point, même dans les dépositions les plus contraires à l'ordre. Ils avouent plutôt une autre infamie bien plus honteuse (1837). — Depuis j'ai publié les deux premiers volumes des pièces du procès des Templiers, avec une introduction, 1841-1851. J'y renvoie le lecteur (1860).(Retour au texte)

Note 29: «La manere de tenir chapitre et d'assoudre. Après chapitre dira le mestre ou cely que tendra le chapitre: Beaux seigneurs frères, le pardon de nostre chapitre est tiels, que cil qui ostast les almones de la meson à toute male resoun, ou tenist aucune chose en noun de propre, ne prendreit u tens ou pardon de nostre chapitre. Mes toutes les choses qe *vous lessez à dire pour hounte de la char*, ou poor de la justice de la mesoun, qe lein ne la prenge requer Dieu pour la requestre de la sue douce Mere le vous pardoint.» Conciles d'Angleterre, édit. 1737, t. II, p. 383.(Retour au texte)

Note 30: Les dépositions les plus sales, et qui paraîtraient avec le plus de vraisemblance dictées par la question, sont celles des témoins anglais, qui pourtant n'y furent pas soumis.

«Post redditas gratias capellanus ordinis Templi increpavit fratres, dicens: «Diabolus comburet vos» vel similia verba... Et vidit braccias unius fratrum Templi et ipsum tenentem faciem versus occidentem et posteriora versus altare...» 359, «Ostendebatur imago crucifixi et dicebatur ei, quod sicut antea honoraverat ipsum sic modo vituperaret, et conspueret in eum: quod et fecit. Item dictum fuit ei quod, depositis bracciis, verteret dorsum ad crucifixum: quod lacrymando fecit...» Ibidem, 369.(Retour au texte)

Note 31:V. entre autres le tome XII de cette histoire, ch. XVI, XIX, XX, et le tome XIII, ch. IX.(Retour au texte)

Note 32:«Habent Templarii in christianitate novem millia maneriorum...» Math. Pâris, p. 417. Plus tard la chronique de Flandre leur attribue 10,500 manoirs. Dans la sénéchaussée de Beaucaire, l'ordre avait acheté en quarante ans pour 10,000 livres de rentes. — Le seul prieuré de Saint-Gilles avait 54 commanderies, Grouvelle, p. 196.(Retour au texte)

Note 33: Dans leurs anciens statuts on lit: «Regula pauperum commilitonum templi Salomonis.»(Retour au texte)

Note 34: «Et Acre une cité trahirent-ils par leur grand mesprison.» Chron. de S. Denys.(Retour au texte)

Note 35: Voyez Hammer.(Retour au texte)

Note 36: Dupuy.(Retour au texte)

Note 37: En 1259, l'animosité fut poussée à un tel excès, qu'ils se livrèrent une bataille dans laquelle les Templiers furent taillés en pièces. Les historiens disent qu'il n'en échappa qu'un seul.(Retour au texte)

Note 38: Joinville, p. 81, ap. Dup., Pr., p. 163-164.—Lorsqu'on effectuait le payement de la rançon, il manquait 30,000 livres. Joinville pria les Templiers de les prêter au roi. Ils refusèrent et dirent: «Vous savez que nous recevons les commandes en tel manière que par nos serements nous ne les poons délivrer, mès que à ceulz qui les nous baillent.» Cependant ils dirent qu'on pouvait leur prendre cet argent de force, que l'ordre avait dans la ville d'Acre de quoi se dédommager. Joinville se rendit alors sur leur «mestre galie,» et, descendu dans la cale, demanda les clefs d'un coffre qu'il voyait devant lui. On les lui refusa, il prit une cognée, la leva et menaça de *faire la clef le roy*. Alors le maréchal du Temple le prit à témoin qu'il lui faisait violence, et lui donna la clef. Joinville, p. 81, éd. 1761.(Retour au texte)

Note 39: Arch. du Vatican, Rayn.(Retour au texte)

Note 40: Ces ordres également puissants furent également attaqués. Les évêques livoniens portèrent contre les chevaliers Teutoniques des accusations non moins graves. De Jean XXII à Innocent VI, les Hospitaliers eurent à soutenir les mêmes attaques. Les Jésuites y succombèrent.(Retour au texte)

Note 41: En Castille, les Templiers, les Hospitaliers et les chevaliers de Saint-Jacques avaient un traité de garantie contre le roi même.(Retour au texte)

Note 42: Is magistrum ordinis exosum habuit, propter importunam pecuniæ exactionem, quam, in nuptiis filiæ suæ Isabellæ, ei mutua dederat.» Thomas de la Moor, in Vitâ Eduardi, apud Baluze, Pap. Aven., notæ, p. 189.—Le Temple avait, à diverses époques, servi de dépôt aux trésors du roi. Philippe-Auguste (1190) ordonne que tous ses revenus, pendant son voyage d'outre-mer, soient portés au Temple et enfermés dans des coffres, dont ses agents auront une clef et les Templiers une autre. Philippe le Hardi ordonne qu'on y dépose les épargnes publiques. — Le trésorier des Templiers s'intitulait Trésorier du Temple et du Roi, et même Trésorier du Roi au Temple. Sauval, II, 37.(Retour au texte)

Note 43: Mitford.(Retour au texte)

Note 44:V. dans Dupuy un pamphlet que Philippe le Bel se fit probablement adresser: «Opinio cujusdam prudentis regi Philippo, ut regnum Hieros, et Cypri acquireret pro altero filiorum suorum, ac de invasione regni Ægypti et de dispositione bonorum ordinis Templariorum.» — V. aussi Walsingham. — L'idée d'appliquer leurs biens au service de la Terre sainte aurait été de Raymond Lulle, Baluz. Pap. Aven.(Retour au texte)

Note 45: Statuts du chapitre général des dominicains en 1243.(Retour au texte)

Note 46: Voyez l'histoire de cet ordre, par le dominicain Federici, 1787. Ils profitèrent pourtant des biens du Temple; plusieurs Templiers passèrent dans leur ordre.(Retour au texte)

Note 47: Ils avaient de sombres pressentiments. Un Templier anglais rencontrant un chevalier nouvellement reçu: «Esne frater noster receptus in ordine? Cui respondens, ita. Et ille: Si sederes super campanile Sancti Pauli Londini, non posses videre majora infortunia quam tibi contingent antequam moriaris.» Concil. Brit.(Retour au texte)

Note 48: Le concile de Saltzbourg, tenu en 1272, et plusieurs autres assemblées ecclésiastiques, avaient proposé cette réunion.(Retour au texte)

Note 49:«Si unio fieret, multum oporteret quod Templarii lararentur, vel Hospitalarii restringerentur in pluribus. Et ex, hoc possent animarum pericula provenire... Religio hospitalariorum super hospitalitate fundata est. Templarii vero super militia proprie sunt fundati.» Dupuy, Pr., p. 180.(Retour au texte)

Note 50: Dupuy.

Un autre disait: «Esto quod esses pater meus et posses fieri summus magister totius ordinis, nollem quod intrares, quia habemus tres articulos inter nos in ordine nostro quos nunquam aliquis sciet nisi Deus et diabolus, et nos, fratres illius ordinis (51 test., p. 361).» — V. les histoires qui couraient sur des gens qui auraient été tués pour avoir vu les cérémonies secrètes du Temple. Concil. Brit., II, 361.(Retour au texte)

Note 51: C'est le premier des cent quarante déposants. Dupuy a tronqué le passage. V. le ms. aux archives du royaume. K. 413.(Retour au texte)

Note 52:
Tosjors achetaient sans vendre...
Tant va pot à eau qu'il brise.
Chron. en vers, citée par Rayn.(Retour au texte)

Note 53: En Écosse, on leur reprochait, outre leur cupidité, de n'être pas hospitaliers. «Item dixerunt quod pauperes ad hospitalitatem libenter non recipiebant, sed, timoris causa, divites et potentes solos; et quod multum erant cupidi aliena bona per fas et nefas pro suo ordine adquirere.» Concil. Brit., 40e témoin d'Écosse, p. 382.(Retour au texte)

Note 54: Il est curieux de voir par quelle prodigalité d'éloges et de faveurs il les attirait dans son royaume dès 1304: «Philippus, Dei gratia Francorum Rex, opera misericordiæ, magnifica plenitudo quæ in sancta domo militiæ Templi, divinitus instituta, longe lateque per orbem terrarum exercentur... merito nos inducunt ut dictæ domui Templi et fratribus ejusdem in regno nostro ubilibet constitutis, quos sincere diligimus et prosequi favore cupimus speciali, regiam liberalitatis dextram extendimus.» Rayn., p. 44.(Retour au texte)

Note 55: Le roi s'étudia toujours à lui faire partager l'examen et aussi la responsabilité de cette affaire. Nogaret lut l'acte d'accusation devant la première assemblée de l'Université, tenue dès le lendemain de l'arrestation. Une autre assemblée de tous les maîtres et de tous les écoliers de chaque faculté fut tenue au Temple: on y interrogea le grand maître et quelques autres. Ils le furent encore dans une seconde assemblée.(Retour au texte)

Note 56: Voyez les nombreux articles de l'acte d'accusation (Dup.). Il est curieux de le comparer à une autre pièce du même genre, à la bulle du pape Grégoire IX aux électeurs d'Hildesheim,

Lubeck, etc., contre les Stadhinghiens (Rayn., ann. 1234, XIII, p. 446-7). C'est avec plus d'ensemble l'accusation contre les Templiers.

Cette conformité prouverait-elle, comme le veut M. de Hammer, l'affiliation des Templiers à ces sectaires?(Retour au texte)

Note 57: Selon les plus nombreux témoignages, c'était une tête effrayante à la longue barbe blanche, aux yeux étincelants (Rayn., p. 261) qu'on les accusait d'adorer. Dans les instructions que Guillaume de Paris envoyait aux provinces, il ordonnait de les interroger sur «une ydole qui est en forme d'une teste d'homme à grant barbe.» Et l'acte d'accusation que publia la cour de Rome portait, art. 16: «Que dans toutes les provinces ils avaient des idoles, c'est-à-dire des têtes dont quelques-unes avaient trois faces et d'autres une seule et qu'il s'en trouvait qui avaient un crâne d'homme.» Art. 47 et suivants: «Que dans les assemblées et surtout dans les grands chapitres, ils adoraient l'idole comme un Dieu, comme leur sauveur, disant que cette tête pouvait les sauver, qu'elle accordait à l'ordre toutes les richesses et qu'elle faisait fleurir les arbres et germer les plantes de la terre.» Rayn. p. 287. Les nombreuses dépositions des Templiers en France, en Italie, plusieurs témoignages indirects en Angleterre, répondirent à ce chef d'accusation et ajoutèrent quelques circonstances. On adorait cette tête comme celle d'un Sauveur, «quoddam caput cum barba, quod adorant et vocant Salvatorem suum.» (Rayn., p. 288.) Deodat Jaffet, reçu à Pedenat, dépose que celui qui le recevait lui montra une tête ou idole qui lui parut avoir trois faces, en lui disant: Tu dois l'adorer comme ton Sauveur et le Sauveur de l'ordre du Temple, et que lui témoin adora l'idole disant: «Béni soit celui qui sauvera mon âme.» (P. 247 et 293.) Cettus Ragonis, reçu à Rome dans une chambre du palais de Latran, dépose qu'on lui dit en lui montrant l'idole: Recommande-toi à elle, et prie-la qu'elle te donne la santé (p. 293). Selon le premier témoin de Florence, les frères lui disaient les paroles chrétiennes: «Deus, adjuva me.» Et il ajoutait que cette adoration était un rit observé dans tout l'ordre (p. 294). Et en effet en Angleterre un frère mineur dépose avoir appris d'un Templier anglais qu'il y existait quatre principales idoles, une dans la sacristie du temple de Londres, une à Bristelham, la troisième *apud Brueriam* et la quatrième au delà de l'Humber (p. 297). Le second témoin de Florence ajoute une circonstance nouvelle; il déclare que dans un chapitre un frère dit aux autres: «Adorez cette tête... Istud caput vester Deus est, et vester Mahumet» (p. 295). Gauserand de Montpesant dit qu'elle était faite in figuram Baffometi, et Raymond Rubei déposant qu'on lui avait montré une tête de bois où était peinte *figura Baphometi*, ajoute: «Et illam adoravit obsculando sibi pedes, dicens *yalla*, verbum Saracenorum.»

M. Raynouard (p. 301) regarde le mot Baphomet, dans ces deux dépositions, comme une altération du mot Mahomet donné par le premier témoin; il y voit une tendance des inquisiteurs à confirmer ces accusations de bonne intelligence avec les Sarrasins, si répandues contre les Templiers. Alors il faudrait admettre que toutes ces dépositions sont complètement fausses et arrachées par les tortures, car rien de plus absurde sans doute que de faire les Templiers plus mahométans que les mahométans, qui n'adorent point Mahomet. Mais ces témoignages sont trop nombreux, trop unanimes et trop divers à la fois (Rayn., p. 232, 337 et 286-302). D'ailleurs ils sont loin d'être accablants pour l'ordre. Tout ce que les Templiers disent de plus grave, c'est qu'ils ont eu peur, c'est qu'ils ont cru y voir une tête de diable, de *mauffe* (p. 290), c'est qu'ils ont vu le diable lui-même dans ces cérémonies, sous la figure d'un chat ou d'une femme (p. 293-294). Sans vouloir faire des Templiers en tout point un secte de gnostiques, j'aimerais mieux voir ici avec M. de Hammer une influence de ces doctrines orientales. Baphomet, en grec (selon une étymologie, il est vrai, assez douteuse), c'est le dieu qui baptise l'esprit, celui dont il est écrit: Ipse vos baptizavit in Spiritu Sancto et igni (Math., 3, 11), etc. C'était pour les gnostiques le Paraclet descendu sur les apôtres en forme de langues de feu. Le baptême gnostique était en effet un baptême de feu. Peut-être faut-il voir une allusion à quelque cérémonie de ce genre dans ces bruits qui couraient dans le peuple contre les Templiers «qu'un enfant nouveau engendré d'un Templier et une pucelle estoit cuit et rosty au feu, et toute la graisse ostée et de celle estoit sacrée et ointe leur idole» (Chron. de Saint-Denis, p. 28). Cette prétendue idole ne serait-elle pas une représentation du Paraclet dont la fête (la Pentecôte) était la plus grande solennité du Temple? Ces têtes, dont une devait se trouver dans chaque chapitre, ne furent point retrouvées, il est vrai, sauf une seule, mais elle portait l'inscription LIII. La publicité et l'importance qu'on donnait à ce chef d'accusation décidèrent sans doute les Templiers à en faire au plus tôt disparaître la preuve.

Quant à la tête saisie au chapitre de Paris, ils la firent passer pour un reliquaire, la tête de l'une des onze mille vierges (Rayn. p. 299).— Elle avait une grande barbe d'argent.(Retour au texte)

Note 58: Dupuy ne donne point cette lettre en entier; probablement elle ne fut point envoyée, mais plutôt répandue dans le peuple. Nous en avons une au contraire du pape (1er décembre 1308), selon laquelle le roi aurait écrit à Clément V, *que des gens de la cour pontificale avaient fait croire aux gens du roi* que le pape le chargeait de poursuivre; le roi se serait empressé *de décharger sa conscience d'un tel fardeau*, et de remettre toute l'affaire au pape qui l'en remercie beaucoup. Cette lettre de Clément me paraît, comme l'autre, moins adressée au roi qu'au public; il est probable qu'elle répond à une lettre qui ne fut jamais écrite.(Retour au texte)

Note 59:*Archives du royaume*, I, 413. Ces dépositions existent dans un gros rouleau de parchemin, elles ont été fort négligemment extraites par Dupuy, p. 207-212.(Retour au texte)

Note 60:«Confessus est abnegationem prædictam, nobis supplicans quatenus quemdam fratrem servientem et familiarem suum, quem secum habebat, volentem confiteri, audiremus.» Lettre des cardinaux. Dupuy, 241.(Retour au texte)

Note 61: Charles le Boiteux écrit à ses officiers en leur adressant des *lettres encloses*: «À ce jour que je vous marque, avant qu'il soit clair, voire plutôt en pleine nuict, vous les ouvrirez, 13 janvier 1308.»(Retour au texte)

Note 62: Raynouard.(Retour au texte)

Note 63: Dupuy.(Retour au texte)

Note 64: Id.(Retour au texte)

Note 65: Il avait même écrit déjà au roi d'Angleterre, pour lui assurer que Philippe les remettait aux agents pontificaux, et pour l'engager à imiter ce bon exemple. Dupuy, p. 204. Lettre du 4 octobre 1307. Toutefois l'ordonnance de mainlevée par laquelle Philippe faisait remettre les biens des Templiers aux délégués du pape n'est que du 15 janvier 1309. Encore, à ces délégués du pape il avait adjoint quelques siens agents qui veillaient à ses intérêts en France, et qui, à l'ombre de la commission pontificale, empiétaient sur le domaine voisin. C'est ce que nous apprenons par une réclamation du sénéchal de Gascogne, qui se plaint, au nom d'Édouard II, de ces envahissements du roi de France. Dupuy, p. 312.

Ailleurs il loue magnifiquement le désintéressement de son cher fils, qui n'agit point par avarice, et ne veut rien garder sur ces biens: «Deinde vero, tu, cui, eadem fuerant facinora nuntiata, non typo avaritiæ, cum de bonis Templariorum nihil tibi appropriare... immo ea nobis administranda, gubernanda, conservanda et custodienda liberaliter et devote dimisisti...» 12 août 1308. Dupuy, p. 240.(Retour au texte)

Note 66: Dupuy, p. 240-242. La commission se composait de l'archevêque de Narbonne, des évêques de Bayeux, de Mende, de Limoges, des trois archidiacres de Rouen, de Trente et de Maguelonne, et du prévôt de l'église d'Aix. Les méridionaux, plus dévoués au pape, étaient, comme on le voit, en majorité.(Retour au texte)

Note 67: Dupuy.(Retour au texte)

Note 68: Passant ensuite à une autre affaire, le pape déclare avoir supprimé comme inutile un article de la convention avec les Flamands, qu'il avait, par préoccupation ou négligence, signé à Poitiers, savoir, que si les Flamands encouraient la sentence pontificale en violant cette convention, ils ne pourraient être absous qu'à la requête du roi. Ladite clause pourrait faire taxer le pape de simplicité. Tout excommunié qui satisfait peut se faire absoudre, même sans le consentement de la partie adverse. Le pape ne peut abdiquer le pouvoir d'absoudre.(Retour au texte)

Note 69:*Processus contra Templarios, ms.* Les commissaires écrivirent une nouvelle lettre où ils disaient qu'apparemment les prélats avaient cru que la commission devait procéder contre l'ordre en général, et non contre les membres; qu'il n'en était pas ainsi: que le pape lui avait remis le jugement des Templiers.(Retour au texte)

Note 70: «Le même jour, avant lui, le 22 novembre, se présenta devant les évêques un homme en habit séculier, lequel déclara s'appeler Jean de Melot (et non Molay, comme disent Raynouard et Dupuy), avoir été Templier dix ans et avoir quitté l'ordre, quoique, disait-il, il n'y eût vu aucun mal. Il déclarait venir pour faire et dire tout ce qu'on voudrait. Les commissaires lui demandèrent s'il voulait défendre l'ordre, qu'ils étaient prêts à l'entendre bénignement. Il répondit qu'il n'était venu pour autre chose, mais qu'il voudrait bien savoir auparavant ce qu'on voulait faire de l'ordre. Et il ajoutait: «Ordonnez de moi ce que vous voudrez; mais faites-moi donner mes nécessités, car je suis bien pauvre.» — Les commissaires voyant à sa figure, à ses gestes et à ses paroles, que c'était un homme simple et un esprit faible, ne procédèrent pas plus avant, mais le renvoyèrent à l'évêque de Paris, qui, disaient-ils, l'accueillerait avec bonté et lui ferait donner de la nourriture.» Process. ms.(Retour au texte)

Note 71: M. Raynouard dit les cardinaux, mais à tort.(Retour au texte)

Note 72:«Quum idem Magister rogasset nobilem virum dominum Guillelmum de Plasiano... qui ibidem venerat, sed non de mandato dictorum dominorum commissariorum, secundum quod dixerunt... et dictus dominus Guillelmus fuisset ad partem locutus cum eodem Magistro, quem sicut asserebat, diligebat et dilexerat, quia uterque miles erat.» Dupuy, 319.

«Quam dilationem concesserunt eidem, majorem etiam se datutos asserentes, si sibi placeret et volebat.» Ibid., 320.(Retour au texte)

Note 73: Dupuy.(Retour au texte)

Note 74:«Vade, vade, ego plus possum quam Christus unquam potuerit, quia ego possum humiliare et depauperare reges, et imperatores et principes, et possum de uno parvo milite facere unum magnum regem, et possum donare civitates et regna.» Ibid., p. 566. — «Tace, miser, non credimus in asinam nec in pullum ejus.» Ibid., p. 6.(Retour au texte)

Note 75:«Pro quâ defensione si patrem occidat, meritum habet, nec pœnas meretur.» Dupuy.(Retour au texte)

Note 76:«Quod contenti erant de lectura facta in latino, et quod non curabant quod tantæ turpitudines, quas asserebant omnino esse falsas et non nominandas, vulgariter exponerentur.»*Proc. contra Templ.*, *ms.* — «Dicentes quod non petebatur ab eis quando ponebantur in janiis, si procuratores constituere volebant.» Ibidem.(Retour au texte)

Note 77: Les uns étaient gardés au Temple, les autres à Saint-Martin-des-Champs, d'autres à l'hôtel du comte de Savoie et dans diverses maisons particulières. (Process. ms.)(Retour au texte)

Note 78:«Respondit quod nolebat litigare cum Dominis papâ et rege Franciæ.» Process. ms.(Retour au texte)

Note 79: Le frère Élie, auteur de cette pièce touchante, finit par prier les notaires de corriger les locutions vicieuses qui peuvent s'être glissées dans son latin. *Process. ms., folio* 31-32. — D'autres écrivent une apologie en langue romane, altérée et fort mêlée de français du nord. *Folio* 36-8.(Retour au texte)

Note 80: Je donne cette pièce, telle qu'elle a été transcrite par les notaires, dans son orthographe barbare. «À homes honerables et sages, ordenés de per notre père l'Apostelle (*le pape*) pour le fet des Templiers li freres, liquies sunt en prisson à Paris en la masson de Tiron... Honeur et reverencie. Comes votre comandemans feut à nos ce jeudi prochainement passé et nos feut demandé se nos volens defendre la Religion deu Temple desusdite, tuit disrent oil, et disons que ele est bone et leal, et en tout sans mauvesté et traison tout ce que nos l'en met sus, et somes prest de nous defendre chacun pour soy ou tous ensemble, an telle manière que droit et sante Église et vos an regardarons, come cil qui sunt en prisson an nois frès à cople II. Et somes en neire fosse oscure toutes les nuits. — Item no vos fessons à savir que les gages de XII deniers que nos avons ne nos soufficent mie. Car nos convient paier nos lis. III deniers par jour chascun lis. Loage du cuisine, napes, touales pour tenelles et autres choses, II sols VI denier la semaigne. Item pour nos ferger et desferger (*ôter les fers*), puisque nos somes devant les auditors, II sol. Item pour laver dras et robes, linges, chacun XV jours XVIII denier. Item pour buche et candole chascun jor IIII deniers. Item passer et repasser les dis frères, XVI deniers de asiles de Notre-Dame de l'altre part de l'iau.» *Proc. ms. folio 39.*(Retour au texte)

Note 81:«... Apud Deum et Patrem... Et hoc est omnium fratrum Templi communiter una professio, quæ per universum orbem servatur et servata fuit per omnes fratres ejusdem ordinis, a fundamento religionis usque ad diem præsentem. Et quicumque aliud dicit vel aliter credit, errat totaliter, peccat mortaliter...» Dup., 333.(Retour au texte)

Note 82:«... Quia si recesserunt, prout dicunt, comburentur omnino.»(Retour au texte)

Note 83: Dupuy.(Retour au texte)

Note 84: Le roi d'Angleterre s'était d'abord déclaré assez hautement pour l'ordre; soit par sentiment de justice, soit par opposition à Philippe le Bel, il avait écrit, le 4 décembre 1307, aux rois de Portugal, de Castille, d'Aragon et de Sicile, en faveur des Templiers, les conjurant de ne point ajouter foi à tout ce que l'on débitait contre eux en France. (Dupuy.)(Retour au texte)

Note 85: Selon Dupuy, p. 45, les commissaires du pape auraient répondu à l'appel des défenseurs: «Que les conciles jugeaient les particuliers, et eux informaient du général.»—La commission dit tout le contraire.(Retour au texte)

Note 86: Nom presque illisible dans le texte. La main tremble évidemment. Plus haut, le notaire a bien écrit: Bertaldi.(Retour au texte)

Note 87:«Quod LIV ex Templariis... erant dicta die comburendi...» Process. ms. folio 72 (feuille coupée par la moitié).(Retour au texte)

Note 88:«... Aquodam fuisse dictum coram domino archiepiscopo Senonensi, ejus suffraganeis et concilio... quod dicti præpositus... et archidiaconus... (qui in dicta die martis... præmissa intimasse dicebantur, et ipse iidem hoc attestabantur, suffraganeis domini archiepiscopi Senomensi... *tunc absente dicto domino, archiepiscopo Senomensi*) prædicta *non significaverant de mandato* eorumdem dominorum commissariorum.»*Process. ms. folio*, 71 *verso.*(Retour au texte)

Note 89:«Constanter et perseveranter in abnegatione communi perstiterunt... non absque multa admiratione stuporeque vehementi.» Contin. Guil. Nang.(Retour au texte)

Note 90:«Pallidus et multum exterritus... impetrando sibi ipsi, si mentiebatur in hoc, mortem subitaneam et quod statim in anima et corpore in præsentia dominorum commissariorum absorberetur in infernum, tondendo sibi pectus cum pugnis, et elevando manus suas versus altare ad majorem assertionem, flectendo genua... cum ipse testi *vidisset... duci in quadrigis*LIIII fratres dicti ordinis *ad* *comburendum...* et AUDIVISSE EOS FUISSE COMBUSTOS; quod ipse qui dubitabat quod non posset habere bonam patientiam si combureretur, timore mortis confiteretur... omnes errores... *et quidem etiam interfecisse Dominum*, si peteretur ab eo...»*Process. ms.*, 70, *verso.*(Retour au texte)

Note 91:«Non erat intentionis... in aliquo impedire officium...»*Ibidem.*

«Comme on disait que le prévôt de l'église de Poitiers et l'archidiacre d'Orléans n'avaient pas parlé de la part des commissaires, ceux-ci chargèrent les envoyés de l'archevêque de Sens de lui dire que le prévôt et l'archidiacre avaient effectivement parlé en leur nom. De plus, ils leur dirent d'annoncer à l'archevêque de Sens que Pierre de Boulogne, Chambonnet et Sartiges avaient appelé de l'archevêque et de son concile, le dimanche 10 mai, et que cet appel avait dû être annoncé le mardi, au concile, par le prévôt et l'archidiacre.» *Process. ms. ibidem.*(Retour au texte)

Note 92:«Intellecto per litteras regias quod non expediebat.»(Retour au texte)

Note 93: On peut en juger par la déposition de Jean de Pollencourt, le trente-septième déposant. Il déclare d'abord s'en tenir à ses premiers aveux. Les commissaires, le voyant tout pâle et tout effrayé, lui disent de ne songer qu'à dire la vérité, et à sauver son âme; qu'il ne court aucun péril à dire la vérité devant eux; qu'ils ne révéleront pas ses paroles, ni eux, ni les notaires présents. Alors il révoque sa déposition, et déclare même s'en être confessé à un frère mineur, qui lui a enjoint de ne plus porter de faux témoignages.(Retour au texte)

Note 94: Aux conciles de Sens, Senlis, Reims, Rouen, etc., et devant les évêques d'Amiens, Cavaillon, Clermont, Chartres, Limoges, Puy, Mans, Mâcon, Maguelonne, Nevers, Orléans, Périgord, Poitiers, Rhodez, Saintes, Soissons, Toul, Tours, etc.(Retour au texte)

Note 95: Ce registre, que j'ai souvent cité, est à la Bibliothèque royale (fonds Harlay, n° 329). Il contient l'instruction faite à Paris par les commissaires du pape: *Processus contra Templarios.* Ce ms. avait été déposé dans le trésor de Notre-Dame. Il passa, on ne sait comment, dans la bibliothèque du président Brisson, puis dans celle de

M. Servin, avocat général, enfin dans celle des Harlay, dont il porte encore les armes. Au milieu du XVIIIᵉ siècle, M. de Harlay, ayant probablement scrupule de rester détenteur d'un manuscrit de cette importance, le légua à la bibliothèque de Saint-Germain-des-Prés. Ayant heureusement échappé à l'incendie de cette bibliothèque en 1793, il a passé à la Bibliothèque royale. Il en existe un double aux archives du Vatican. Voyez l'appendice de M. Rayn., p. 309. — La plupart des pièces du procès des Templiers sont aux archives du royaume. Les plus curieuses sont: 1° le premier *interrogatoire de cent quarante Templiers* arrêtés à Paris (en un gros rouleau de parchemin); Dupuy en a donné quelques extraits fort négligés; 2° plusieurs *interrogatoires*, faits en d'autres villes; 3° la minute des *articles* sur lesquels ils furent interrogés; ces articles sont précédés d'une minute de *lettre*, sans date, *du roi au pape*, espèce de factum destiné évidemment à être répandu dans le peuple. Ces minutes sont sur papier de coton. Ce frêle et précieux chiffon, d'une écriture fort difficile, a été déchiffré et transcrit par un de mes prédécesseurs, le savant M. Pavillet. Il est chargé de corrections que M. Raynouard a relevées avec soin (p. 50) et qui ne peuvent être que de la main d'un des ministres de Philippe le Bel, de Marigni, de Plasian ou de Nogaret; le pape a copié docilement les articles sur le vélin qui est au Vatican. La lettre, malgré ses divisions pédantesques, est écrite avec une chaleur et une force remarquables: «In Dei nomine, Amen. Christus vincit, Christus regnat, Christus imperat. Post illam universalem victoriam quam ipse Dominus fecit in ligno crucis contra hostem antiquum... ita miram et magnam et strenuam, ita utilem et necessariam... fecit novissimis his diebus per inquisitores... in perfidorum Templariorum negotio... Horrenda fuit domino regi... propter conditionem personarum denunciantium, *quia parvi status erant* homines ad tam grande promovendum negotium, etc.»*Archives, Section hist.,* J. 413.(Retour au texte)

Note 96: Mayence, 1ᵉʳ juillet; Ravenne, 17 juin, Salamanque, 21 octobre 1310. Les Templiers d'Allemagne se justifièrent à la manière des francs-juges westphaliens. Ils se présentèrent en armes pardevant les archevêques de Mayence et de Trêves, affirmèrent leur innocence, tournèrent le dos au tribunal, et s'en allèrent paisiblement. — Origines du droit, liv. IV, chap. VI: «Si le franc-juge westphalien est accusé, il prendra une épée, la placera devant lui, mettra dessus deux doigts de la main droite, et parlera ainsi: «Seigneurs francs-comtes, pour le point principal, pour tout ce dont vous m'avez parlé et dont l'accusateur me charge, j'en suis innocent: ainsi me soient en aide Dieu et tous ses saints!» Puis il prendra un pfenning marqué d'une croix (kreutz-pfenning) et le jettera en preuve au franc-comte; ensuite il tournera le dos et ira son chemin.» Grimm. 860.(Retour au texte)

Note 97:_Monsgaudii_, la Montagne de la joie.(Retour au texte)

Note 98: Collectio conciliorum Hispaniæ, epistolarum, decretalium, etc., cura Jos. Saenz. de Aguirre, bened. hisp. mag, generalis et cardinalis. Romæ, 1694, c. III, p. 546. Concilium Tarraconense omnes et singuli a cunctis delictis, erroribus absoluti. 1312. — V. aussi Monarchia Lusitana, pars 6, 1, 19.(Retour au texte)

Note 99: Cette timide et incomplète réparation ne semble pas suffisante à Villani. Il ajoute, sans doute pour rendre la chose plus dramatique et plus honteuse aux Français, que deux chevaliers catalans jetèrent le gant, et s'offrirent pour défendre en combat l'innocence de Boniface. Villani, l. IX, c. XXII, p. 454.(Retour au texte)

Note 100: La pièce suivante, trouvée à l'abbaye des dames de Longchamp, est un échantillon des merveilleux récits par lesquels on tâchait de réchauffer le zèle du peuple pour la croisade: «À trez sainte dame de la réal lingniée des Françoiz, Jehenne, Royne de Jerusalem et de Cécile, notre trez honorable cousine, Hue roy de Cypre, tous ses boz desirs emprospérité venir. Esjouissez vous et elessiez avecquez nous et avecques les autrez crestienz portans le singne de la croix, qui pour la reverance de Dieu et la venjance du trez doulz Jhesucrist qui pour nous sauver voult estre en l'autel de la crois sacrefiez, se combatent contre la trez mescréant gents des Turz. Eslevez au ciel le cri de vous voiz au plus haut que vous pourrez et criez ensemble et faitez crier en rendant gracez et loangez sanz jamez cesser à la benoite Trinité et à la très glorieuse Vierge Marie de si sollempnel si grant et singullier bénéfice qui onques maiz tel dus quez à hore, ne fu ouis, lequel je faiz savoir. Quar le XXIIII jours de juing, nous avecquez les autrez crestienz signés du singne de la croiz, estions assemblez en un plain entre Smirme et haut lieu, là ou estoit l'ost et l'assemblée trez fort et trez puissant des Turz prez de XII. C. mille, et nous crestiens environ CC. mille, meuz et animez de la vertu divine, comansamez à si vigreusement combattre et si grant multitudez Turz mettre à mort, que environ de heure de vesprez nous feusmez tant lassez et tant afoibloiez que nous n'en poyons plus. Mais tous cheux à terre atandions la mort et le loier de notre martire, pour ce que dez Turz avait encore moult deschiellez qui encore point ne sestoient combatu ne sestoient de rienz travaillez et venoient contre nous, aussi désiraux de boire notre sanc comme chienz sont désiraux de boire le sanc des lievrez. Et beu l'eussent, si la trez haute doulceur du ciel ne eust aultrement pourveu. Maiz quant les chevaliers de Jhesucrist se regarderent que il estoient venuz à tel point de la bataille, si commencierent de cuer ensemble à crier à voiz enroueez de leur grant labeur et de leur grant feblesce: Ô très doulz fils de la trèz doulze Vierge Marie, qui pour nous racheter vousiz estre crucifiez, donne nous ferme espérance et vieillez noz cuers si en vous confermer que nous pussions par l'amour de ton glorieux non le loier de martire recevoir, que pluz ne nous poonz deffandre de cez chiens mescreanz. Et ainsi comme nous estienz en oraison en pleurs et en larmez, en criant alassez vois enroueez, et la mort trez amere atendanz, soudainement devant noz tentez apparut suz un trez blanc cheval si trez haut que nulle beste de si grant hauteur nest. Unz homs en sa main portant baniere en champ plus blanche que nulle rienz à une croiz merveille plus rouge que sanc, et estoit vestu de peuz de chamel, et avoit trez grant et trez longue barbe et de maigre face clere et reluisant comme le soleil, qui cria a clere et haute voiz: «Ô les genz de Jhesucrist, ne vous doubtez. Veci la majesté divine qui vous a ouver lez cielx et vouz envoie aide invisible; levez suz et vouz reconfortez et prenez de la viande et venez vigreusement avecquez moi combattre, ne ne vouz doubtez de rienz. Quar des Turz vous aurez victoire et peu mourronz de vouz et ceulz qui de vouz mourront auront la vie perdurable.» Et adonc nous nouz levamez touz, si reconfortez et aussi comme se nous ne nous feussienz onquez combatuz et soudainement nous assilemez (assaillimes) les Turz de tres grand cuer et nous combatinez toutez nuit, et si ne poons paz bien vraiement dire nuit, car la lune non pas comme lune, maiz comme le soleil resplandissant. Et le jour venu, les Turz qui demourez estoient s'enfouirent si que pluz ne lez veismez et aussi par l'aide de Dieu nous eumez victoire de la bataille, et de matin nous nous sentienz plus fors que nous ne faisienz au commencement de la première bataille. Si feimez chanter une messe en lonneur de la benoite Trinité et de la benoite Vierge Marie, et devotement priamez Dieu que il nous vousit octroier grace que les corps des sainz martirs nous puissienz reconnoistre des corps aux mescreanz. Et adonc celui qui devant nous avoit aparut nous dit: «Vous aurez ce que vous avez demandé et plus grant chose fera Dieu pour vous, se fermement en vraie foy perseverez.» Adonc de notre propre bouche li demandamez: «Sire, di nous qui es tu, qui si granz choses as fait pour nous, pourquoy nous puissionz au pueple crestien ton non manifester.» Et il respondi: «Je suis celui qui dist: Ecce agnus Dei, Ecce qui tollit peccata mundi, Celui de cui aujourduy vous celebrez la feste.» Et ce dit, plus ne le veismez mais de lui nous demoura si très-grant et si très-soueve oudeur que ce jour et la nuit ensuivant nous en feumez parfaitement soustenus recreez et repuez sans autre soutenance de viande corporelle. Et en ceste si parfaite recreation nous ordenemez de querre et denombrer lez corps dez sainz martirs et quant nous veinmez au lieu nous trouvasmes au chief de chaccun corps dez crestienz un lonc fut sanz wranchez (branches) qui avoit au coupel une trez blanche fleur ronde comme une oiste (hostie) que l'on consacre, et en celle fleur avoit escript de lettrez dor: Je suis crestien. Et adonc nous lez separamez dez corps dez mescreanz, en merciant le souverain Seingneur. Et ainsi comme nous voulienz suz lez corps faire dire l'office dez mors, cy comme lez crestienz ont accoustume à faire, lez voix du ciel sanz nombre entonnerent et leverent un chans de si tres doulce melodie que il sembloit a chaccun de nous que nous feussienz en possession de la vie perdurable, et par III foiz chanterent ce verset: Venite, benedicti Patris mei, etc. Venez lez benoiz filz de mon Pere, et vous metez en possession du royaume qui vouz est aplie dez le commencement du monde. Et adonc nous ensevelismez lez corps, c'est a savoir III mille et cin-quante et II, jouste la cite de Tesbayde qui fu jadiz une cite singulie-re, laquelle, avuecquez le pays dileuc environ, nous tenonz pour nous et pour loiaux crestienz. Et est ce pays tant plaisant et delitable et plantureux que nul bon crestien qui soit la, ne se puet doubter que il ne puist bien vivre et trouver sa soustenance. Et les charo-ingnez des corps des mescreanz cy, comme nous les poimez no-mbrer, furent pluz de LXXIIIM. Si avonz esperance que le temps est présent venu que la parole de l'Euvangele sera verefiée qui dit qu'il sera une bergerie et un pasteur, c'est-à-dire que toutez manières de

gent seront d'une foy emsemblez en la maison et lobediance de S^e
église dont Jhesucrist sera pasteur. Qui est benedictus in secula
seculorum. Amen. Et avint cedit miracle en lan de grace MIL CCC.
et XLVII.» *Archives, Section hist.*, M. 105.(Retour au texte)

Note 101:V. la lettre de Clément V au roi de France, 11 nov.
1311.(Retour au texte)

Note 102: L'*Imitation de Jésus-Christ* est le sujet commun d'une foule de livres au XIVe siècle. Le livre que nous connaissons sous ce
titre est venu le dernier; c'est le plus raisonnable de tous, mais non
peut-être le plus éloquent. «Nihil in hoc libro intendit nisi Jesus
Christi notitia et dilectio viscerosa et imitatoria vita.» Arbor Vitæ
crucifixi Jesu, Prolog. I, I.—Plusieurs passages respirent un amour
exalté: «Ô mon âme, fonds et résous-toi toute en larmes, en son-
geant à la vie dure du cher petit Jésus et de la tendre Vierge sa mère.
Vois comme ils se crucifient, et de leur compassion mutuelle et de
celle qu'ils ont pour nous. Ah! si tu pouvais faire de toi un lit pour
Jésus fatigué qui couche sur la terre... Si tu pouvais de tes larmes
abondantes leur faire un breuvage rafraîchissant; pèlerins altérés, ils
ne trouvent rien à boire.—Il y a deux saveurs dans l'amour; l'une si
douce dans la présence de l'objet aimé: comme Jésus le fit goûter à
sa mère tandis qu'elle était avec lui, le serrait et le baisait. L'autre
saveur est amère, dans l'absence et le regret. L'âme défaille en soi,
passe en Lui; elle erre autour, cherchant ce qu'elle aime et demandant secours à toute créature. (Ainsi la Vierge cherchait le petit
Jésus lorsqu'il enseignait dans le Temple.) Ubert. de Casali, Arbor
Vitæ crucifixi Jesu, lib. V, c. VI-VIII, in-4°.(Retour au texte)

Note 103: Selon quelques-uns, la Passion était mieux représentée
dans l'aumône que dans le sacrifice: «Quod opus misericordiæ plus
placet Deo, quam sacrificium altaris. Quod in eleemosyna magis
repræsentatur Passio Christi quam in sacrificio Christi.» Erreurs
condamnées à Tarragone, ap. d'Argentré, I, 271.(Retour au texte)

Note 104: Dante célèbre le mariage de la pauvreté et de saint
François. Ubertino dit ce mot: «La lampe de la foi, la pauvreté...»(Retour au texte)

Note 105: Voyez Ubertino de Casali, dans son chapitre: *Jesus pro
nobis indigens.* «Habentes dicit (apostolus) non quantum ad
proprietatem dominii sed quantum ad facultatem utendi, per quem

Note 118:«... Personas reservatas ut nosti,... vivæ vocis oraculo...» 1310, nov. *Archives.*(Retour au texte)

Note 119: Cont. G. de Nangis, p. 67. Il nous reste encore un acte authentique où cette exécution se trouve indirectement constatée dans un registre du parlement de l'année 1313: «Cum nuper Parisius in insula existente in fluvio Sequanæ justa pointam jardinii nostri, inter dictum jardinium nostrum ex una parte dicti fluvii, et domum religiosorum virorum nostrum S. Augustini Parisius ex alterâ parte dicti fluvii, *executio facta fuerit de duobus hominibus qui quondam templarii extitarunt, in insula prædicta combustis*; et abbas et conventus S. Germani de Pratis Parisius, dicentes se esse in saisina habendia omnimodam altam et bassam justitiam in insula prædicta... Nos nolumus... quod juri prædictorum... præjudicium aliquod generetur.»*Olim. Parliam, III, folio*CXLVI, 13 mars 1313 (1314).(Retour au texte)

Note 120: Il y a des monnaies de Philippe le Bel qui représentent la Salutation angélique, avec cette légende: Salus populi.(Retour au texte)

Note 121: «Comment qualifier les paroles de Dupuy: Les grands princes ont je ne scay quel malheur qui accompagne leurs plus belles et généreuses actions, qu'elles sont le plus souvent tirées à contre sens, et prises en mauvaise part, par ceux qui ignorent l'origine des choses, et qui se sont trouvez intéressez dans les partis, puissants ennemis de la vérité, en leur donnant des motifs et des fins vitieuses, au lieu que le zèle à la vertu y prend d'ordinaire la meilleure part.» Dupuy, n. 1.(Retour au texte)

Note 122: Ce reniement fait penser au mot: Offrez à Dieu votre incrédulité.—Dans toute initiation, le récipiendaire est présenté comme un vaurien, afin que l'initiation ait tout l'honneur de sa régénération morale. Voyez l'*initiation des tonneliers allemands* (notes de l'Introd. à l'hist. univ.): «Tout à l'heure, dit le parrain de l'apprenti, je vous amenais une *peau de chèvre*, un meurtrier de cerceaux, un gâte-bois, un batteur de pavés, traître aux maîtres et aux compagnons; maintenant j'espère... etc.»—V. plus haut, t. II, livre III et livre IV, ch. IX, les cérémonies grotesques et la fête des idiots, *fatuorum*: «Le peuple élevait la voix..., il entrait, innombrable, tumultueux, par tous les vomitoires de la cathédrale, avec sa grande voix confuse,

géant enfant, comme le saint Christophe de la légende, brut, ignorant, passionné, mais docile, implorant l'initiation, demandant à
porter le Christ sur ses épaules colossales. Il entrait, amenant dans
l'Église le hideux dragon du péché, il le traînait, soûlé de victuailles,
aux pieds du Sauveur, sous le coup de la prière qui doit l'immoler.
Quelquefois aussi, reconnaissant que la bestialité était en lui-même,
il exposait dans des extravagances symboliques sa misère, son in-
firmité. C'est ce qu'on appelait la fête des idiots, *fatuorum*. Cette
imitation de l'orgie païenne, tolérée par le christianisme, comme
l'adieu de l'homme à la sensualité qu'il abjurait, se reproduisait aux
fêtes de l'enfance du Christ, à la Circoncision, aux Rois, aux Saints-
Innocents.»(Retour au texte)

Note 123: Un des témoins dépose que, comme il se refusait à renier Dieu et à cracher sur la croix, Raynaud de Brignolles, qui le
recevait, lui dit en riant: «Sois tranquille, ce n'est qu'une farce. Non
cures, quia non est nisi quædam trufa.» (Rayn.) Le précepteur
d'Aquitaine dans son importante déposition, que nous transcrirons
en partie, nous a conservé, avec le récit d'une cérémonie de ce genre,
une tradition sur son origine. — Celui qui le recevait, l'ayant revêtu
du manteau de l'Ordre, lui montra sur un missel un crucifix et lui
dit d'abjurer le Christ, attaché en croix. Et lui tout effrayé le refusa
s'écriant: Hélas! mon Dieu, pourquoi le ferais-je? Je ne le ferai
aucunement. — Fais-le sans crainte, lui répondit l'autre. Je jure sur
mon âme que tu n'en éprouveras aucun dommage en ton âme et ta
conscience; car c'est une cérémonie de l'Ordre, introduite par un
mauvais grand maître, qui se trouvait captif d'un soudan, et ne put
obtenir sa liberté qu'en jurant de faire ainsi abjurer le Christ à tous
ceux qui seraient reçus à l'avenir; et cela fut toujours observé, c'est
pourquoi tu peux bien le faire. Et alors le déposant ne le voulut
faire, mais plutôt y contredit, et il demanda où était son oncle et les
autres bonnes gens qui l'avaient conduit là. Mais l'autre lui répondit: Ils sont partis, et il faut que tu fasses ce que je te prescris. Et il ne
le voulut encore faire. Voyant sa résistance, le chevalier lui dit encore: Si tu voulais me jurer sur les saints Évangiles de Dieu que tu
diras à tous les frères de l'Ordre que tu as fait ce que je t'ai prescrit,
je t'en ferais grâce. Et le déposant le promit et jura. Et alors il lui en
fit grâce, sauf toutefois que couvrant de sa main le crucifix, il le fit
cracher sur sa main... Interrogé s'il a ordonné quelques frères, il dit

qu'il en fit peu de sa main, à cause de cette irrévérence qu'il fallait commettre en leur réception... Il dit toutefois qu'il avait fait cinq chevaliers. Et interrogé s'il leur avait fait abjurer le Christ, il affirma sous serment qu'il les avait ménagés de la même manière qu'on l'avait ménagé... Et un jour qu'il était dans la chapelle pour entendre la messe... le frère Bernard lui dit: Seigneur, certaine trame s'ourdit contre vous: on a déjà rédigé un écrit dans lequel on mande au grand maître et aux autres que dans la réception des frères de l'Ordre tous n'observez pas les formes que tous devez observer... Et le déposant pensa que c'était pour avoir usé de ménagements envers ces chevaliers. — Adjuré de dire d'où venait cet aveuglement étrange de renier le Christ et de cracher sur la croix, il répondit sous serment: «Certains de l'Ordre disent que ce fut un ordre de ce grand maître captif du soudan comme on l'a dit. D'autres, que c'est une des mauvaises introductions et statuts de frère Procelin, autrefois grand maître; d'autres, de détestables statuts et doctrines de frère Thomas Bernard, jadis grand maître; d'autres, *que c'est à l'imitation en mémoire de saint Pierre, qui renia trois fois le Christ.*» Dupuy, p. 314-316. Si l'absence de torture, et les efforts de l'accusé pour atténuer le fait, mettent ce fait hors de doute, ses scrupules, ses ménagements, les traditions diverses qu'il accumule avant d'arriver à l'origine symbolique, prouvent non moins sûrement qu'on avait perdu la signification du symbole.(Retour au texte)

Note 124: Pourtant mes études pour le 2e volume du procès m'ont livré des actes accablants. C'étaient les mœurs de l'Église, prêtres et moines. V. le cartulaire de Saint-Bertin pour le XIe et le XIIe siècles, Eudes Rigaud pour le XIIIe. (1860.)(Retour au texte)

Note 125: Origines du droit, page CXVIII:

«Le symbolisme féodal n'eut point en France la riche efflorescence poétique qui le caractérise en Allemagne. La France est une province romaine, une terre d'église. Dans ses âges barbares, elle conserve toujours des habitudes logiques. La poésie féodale naquit au sein de la prose.

«Cette poésie trouvait dans l'élément primitif, dans la race même, quelque chose de plus hostile encore. Nos Gaulois, dans leurs invasions d'Italie et de Grèce, apparaissent déjà comme un peuple railleur. On sait qu'au majestueux aspect du vieux Romain siégeant sur sa chaise curule, le soldat de Brennus trouva plaisant de lui toucher la barbe. La France a touché ainsi familièrement toute poésie.

«Malgré l'abattement des misères, malgré la grande tristesse que le christianisme répandait sur le moyen âge, l'ironie perce de bonne heure. Dès le XIIe siècle, Guilbert de Nogent nous montre les gens d'Amiens, les cabaretiers et les bouchers, se mettant sur leur porte, quand leur comte, sur son gros cheval, caracolait dans les rues, et tous effarouchant de leurs risées la bête féodale.

«Le symbolisme armorial, ses riches couleurs, ses belles devises, n'imposaient probablement pas beaucoup à de telles gens. La pantomime juridique des actes féodaux faisait rire le bourgeois sous cape.

«Ne croyez pas trop à la simplesse du peuple de ces temps-là, à la naïveté de cette *bonne vieille langue*. Les renards royaux, qui s'affublèrent de si blanche et si douce hermine pour surprendre les lions, les aigles féodaux, tuaient, comme tuait le sphinx, par l'énigme et par l'équivoque.»(Retour au texte)

Note 126:«Una est columba mea, perfecta mea, una est matri suæ... Una nempe fuit diluvii tempore arca Noë... Hæc est tunica illa Domini inconsutilis... Dicentibus Apostolis: Ecce gladii duo hic...» preuves du différend, p. 55. — «Qu'elle est forte cette Église, et que redoutable est le glaive...» Bossuet, Oraison funèbre de Le Tellier.(Retour au texte)

Note 127: Et aussi, je crois, des frères servants. La plupart des deux cents témoins interrogés par la commission pontificale sont qualifiés *servants,* servientes.(Retour au texte)

Note 128: C'est un des faits qui par l'accord de tous les témoignages avait été placé en Angleterre dans la catégorie des points irrécusables. «Articuli qui videbantur probati.»

Tantôt les chefs renvoyaient à absoudre au frère chapelain, sans confession: «Præcipit fratri capellano eum absolvere a peccatis suis quamvis frater capellanus eam confessionem non audierat,» p. 377, col. 2, 367.

Tantôt ils les absolvaient eux-mêmes, quoique laïcs:... «Quod et credebant et licebatur eis quod magnus magister ordinis poterat eos absolvere a peccatis suis. Item quod visitator. Item quod præceptores quorum multi erant laici,» 358, 22 test. «Quod... templarii laici suos homines absolvebant.» Concil. Brit., II, 360.

«Quod facit generalem absolutionem de peccatis quæ nolunt confiteri propter erubescentiam carnis... quod credebant quod de peccatis capitulo recognitis, de quibus ibidem fuerat absolutio non oportebat confiteri sacerdoti... quod de mortalibus non debebant confiteri nisi in capitulo, et de venialibus tantum sacerdoti» (5 testes) 358, col. 1.

Même accord dans les dépositions des templiers d'Écosse: «Inferiores clerici vel laïci possunt absolvere fratres sibi subditos,» p. 381, col. 1, premier témoin. De même le 41e témoin. Conc. Brit. 14, p. 382.(Retour au texte)

Note 129: M. Fauriel a fort bien établi que le grand poète théologien ne fut jamais populaire en Italie. Les Italiens du XIVe siècle, hommes d'affaires, et qui succédaient aux Juifs, furent antidantesques.(Retour au texte)

Note 130:V. la mort du président Minart.(Retour au texte)

Note 131: Rien de plus fréquent dans les hagiographes que cette lutte pour l'âme convertie, ou plutôt ce procès simulé où le Diable vient malgré lui rendre témoignage à la puissance du repentir. — On connaît la fameuse légende de Dagobert. César d'Heisterbach cite une pareille histoire d'un usurier converti. Que le débat fût visible ou non, c'était toujours la formule: «Si quis decedat contritus et confessus, licet non satisfecerit de peccatis confessis, tamen boni angeli confortant ipsum contra incursum dæmonum, dicentes... Quibus maligni spiritus... Mox advenit Virgo Maria alloquens dæmones..., etc.» Herm. Corn. chr. ap. Eccard. m. ævi, t. II, p. 11.(Retour au texte)

Note 132:«Agnei, lucifugi, etc.» M. Psellus. Cet auteur byzantin est du XIe siècle. Édid. Gaulminus. 1615, in-12. — Bodin, dans son livre De Præstigiis, imprimé à Bâle, 1578, a dressé l'inventaire de la monarchie diabolique avec les noms et surnoms de 72 princes et de 7,405,926 diables.(Retour au texte)

Note 133: La sorcellerie naît surtout des misères de ce temps si manichéen. Des monastères elle avait passé dans les campagnes.

Voir sur le Diable, l'An 1000, tome II; sur les sorcières, Renaissance, Introduction; sur le sabbat au moyen âge, tome XI de cette histoire, ch. XVII et XVIII. Le sabbat au moyen âge est une révolte nocturne de serfs contre le Dieu du prêtre et du seigneur, (1860.)(Retour au texte)

Note 134: Plusieurs furent accusés d'en avoir vendu en bouteilles. «Plût à Dieu, dit sérieusement Leloyer, que cette denrée fût moins commune dans le commerce!»(Retour au texte)

Note 135: Mém. de Luther, t. III.(Retour au texte)

Note 136: La dénonciation avait été d'autant mieux accueillie que Guichard passait pour être fils d'un démon, d'un incube. *Archives, section hist.* J. 433.(Retour au texte)

Note 137: Marguerite, fille du duc de Bourgogne; Jeanne et Blanche, filles du comte de Bourgogne (Franche-Comté). «Mulierculis... adhuc ætate juvenculis.» Contin. G. de Nangis.(Retour au texte)

Note 138:«Pluribus locis et temporibus sacrosanctis.»(Retour au texte)

Note 139: Jean de Meung Clopinel, qui, dit-on, par ordre de Philippe le Bel, allongea de dix-huit mille vers le trop long Roman de la Rose, exprime brutalement ce qu'il pense des dames de ce siècle. On conte que ces dames, pour venger leur réputation d'honneur et de modestie, attendirent le poète, verges en main, et qu'elles voulaient le fouetter. Il aurait échappé en demandant pour grâce unique que la plus outragée frappât la première. — «Prudes femmes par saint Denis. Autant en est que de Phénix, etc.» — Lui-même au reste avait pris soin de les justifier par les doctrines qu'il prêche dans son livre. Ce n'est pas moins que la communauté des femmes:

Car nature n'est pas si sotte...
Ains vous a fait, beau fils, n'en doubtes,
Toutes pour tous, et tous pour toutes,
Chascune pour chascun commune
Et chascun commun pour chascune.
Roman de la Rose, V, 14, 653. Éd. 1725-7.

Cet insipide ouvrage, qui n'a pour lui que le jargon de la galanterie du temps, et l'obscénité de la fin, semble la profession de foi du sensualisme grossier qui règne au XIVᵉ siècle. Jean Molinet l'a *moralisé* et mis en prose.(Retour au texte)

Note 140: Elle fut, dit brutalement le moine historien, engrossée par son geôlier ou par d'autres. — D'après ce qu'on sait des princes de ce temps, on croirait aisément que la pauvre créature, dont la première faiblesse n'était pas bien prouvée, fut mise à la discrétion d'un homme chargé de l'avilir. — «Blancha vero carcere remanens, a serviente quodam ejus custodiæ deputato dicebatur imprægnata fuisse quam a proprio comite diceretur, vel ab aliis imprægnata.» Cont. G. de N., p. 70. Il passe outre avec une cruelle insouciance; peut-être aussi n'ose-t-il en dire davantage. — Cette horrible aventure des belles-filles de Philippe le Bel a peut-être donné lieu, par un malentendu, à la tradition relative à la femme de ce prince, Jeanne de Navarre, et à l'hôtel de Nesle. Aucun témoignage ancien n'appuie cette tradition. Voyez Bayle, article Buridan. La tradition serait toutefois moins vraisemblable encore, si l'on voulait, comme Bayle, l'appliquer à l'une des belles-filles du roi. Jeunes comme elles l'étaient, elles n'avaient pas besoin de tels moyens pour trouver des amants. Quoi qu'il en soit, Jeanne de Navarre paraît avoir été d'un caractère dur et sanguinaire. (Voyez plus haut.) Elle était reine de son chef, et pouvait moins ménager son époux.(Retour au texte)

Note 141: Contin. G. de Nangis, ann. 1304, 1308, 1313, 1315, 1320, p. 58, 61, 67, 68, 70, 77, 78.(Retour au texte)

Note 142: À sa mort, il demeura quelque temps comme abandonné. — «Gascones qui cum eo steterant, intenti circa sarcinas, videbantur de sepultura corporis non curare, quia diu remansit insepultum.» Baluz., Vit. Pap. Aven., I, p. 22.(Retour au texte)

Note 143: À côté de Monaldeschi.(Retour au texte)

Note 144: Dante, Paradiso, c. XIX:

Li si vedra in duol, che sopra Senna
Induce, falseggiando la moneta
Quel che morra di colpo di cotenna.

Suivant plusieurs auteurs, il aurait été en effet tué à la chasse au cerf. «Il veit venir le cerf vers luy, si sacqua son espée, et ferit son cheval des esperons, et cuida férir le cerf, et son cheval le porta encore contre un arbre, de si grand'roideur, que le bon roy cheut à terre, et fut moult durement blecé au cueur, et fut porté à Corbeil. Là, luy agreva sa maladie moult fort...» Chronique, trad. par Sauvage, p. 110, Lyon, 1572, in-folio.

«Diuturnâ detentus infirmitate, cujus causa medicis erat incognita, non solum ipsis, sed et aliis multi stuporis materiam et admirationis induxit, præsertim cum infirmitatis aut mortis periculum, nec pulsus ostenderet nec urina.» Contin. G. de Nangis, fol. 69.(Retour au texte)

Note 145:V. S. Ægidii Romani, archiep. Bituricensis questio De utraque potestate, edidit Goldastus, Monarchia,II, 95. Un Colonna ne pouvait qu'inspirer à son élève la haine des papes.(Retour au texte)

Note 146: C'est l'auteur du Roman de la Rose, Jean de Meung, qui lui avait traduit ces livres. — La confiance que lui accordait le roi ne l'avait pas empêché de tracer dans le Roman de la Rose ce rude tableau de la royauté primitive:

Ung grant villain entre eux esleurent,
Le plus corsu de quanqu'ils furent,
Le plus ossu, et le greigneur,
Et le firent prince et seigneur.
Cil jura que droit leur tiendroit,
Se chacun en droit soy luy livre
Des biens dont il se puisse vivre...
De là vint le commencement
Aux rois et princes terriens
Selon les livres anciens.
Rom. de la Rose, v. 1064.

Il rappelle tous ses titres littéraires dans l'*Épître liminaire* qu'il a mise en tête du livre de la Consolation. «À ta royale Majesté, très-noble Prince par la Grâce de Dieu, Roy des François Philippe le Quart; je Jehan de Meung qui jadis au Romans de la Rose, puisque Jalousie ot mis en prison Belacueil, ay enseigné la manière du Chastel prendre, et de la Rose cueillir; et translaté de latin en françois le livre de Vegèce de chevalerie, et le livre des merveilles de Hirlande: et le livre des Épistres de Pierre Abeillard et Héloïse sa femme: et le livre d'Aclred, de spirituelle amitié: envoyé ores Boëce de Consola-

tion, que j'ai translaté en françois, jaçoit ce qu'entendes bien latin.»(Retour au texte)

Note 147: «En celle année s'esmeut grand'dissension en les Recteur, maistres et escholiers de l'Université de Paris, et le prévost
dudit lieu; parce que ledit prévost avoit fait pendre un clerc de ladite Université. Adonc cessa la lecture de toutes facultez, jusques à
tant que ledit prévost l'amenda, et répara grandement l'offense, et
entre autres choses fut condamné ledit prévost à le dépendre et le
baiser. Et convint que ledit prévost allast en Avignon vers le pape,
pour soy faire absoudre.» 1285. Nicolas Gilles.(Retour au texte)

Note 148: Bulæus, IV, 70. Voyez dans Goldast., II, 108, Johannis
de Parisiis Tractatus de potestate regia et papali.(Retour au texte)

Note 149: Ord., I, 502. Le roi déclare qu'il n'y aura pas de profes-
seurs de théologie.(Retour au texte)

Note 150: Aux colléges de Navarre et de Montaigu, il faut ajouter
le collége d'Harcourt (1280); *la Maison du cardinal* (1303); le collége
de Bayeux (1308).—1314, collége de Laon; 1317, collége de Narbonne; 1319, collége de Tréguier; 1317-1321, collége de Cornouailles;
1326, collége du Plessis, collége des Écossais; 1329, collége de
Marmoutiers; 1332, un nouveau collége de Narbonne fondé en
exécution du testament de Jeanne de Bourgogne; 1334, collége des
Lombards; 1334, collége de Tours; 1336, collége de Lizieux; 1337,
collége d'Autun, etc.(Retour au texte)

Note 151: Mons acutus, dentes acuti, ingenium acutum.(Retour au
texte)

Note 152: Le maître sera élu entre les pauvres écoliers et par eux...
L'élu sera appelé le ministre des pauvres. Il est fait mention dans ce
règlement de 84 pauvres écoliers fondés en l'honneur des 12 apôtres
et des 72 disciples.(Retour au texte)

Note 153: L'habit de cette société était une cape fermée par devant
comme en portaient les maîtres ès arts de la rue de Fouarre, et un
camail aussi fermé par devant et par derrière, d'où leur nom de
Capètes. Les parents ne pouvaient menacer leurs enfants d'un plus
grand châtiment que de les faire Capètes. Félibien, I, 526 sq.(Retour
au texte)

Note 154: Ord., I, 329.(Retour au texte)

Note 155: Olim Parliamenti.(Retour au texte)

Note 156:«Omnes in regno Franciæ temperatam juridictionem habentes, baillivum, præpositum et servientes laicos et nullatenus clericos instituant, ut, si ibi delinquant, superiores sui possint animadvertere in eosdem. Et si aliqui clerici sint in prædictis officiis, amoveantur.» Ord., I, 316. Années 1287-1288.(Retour au texte)

Note 157:«Non capiantur aut incarcerentur ad mandatum aliquorum patrum, fratrum alicujus ordinis vel aliorum, quocunque fungantur officio.» Ord., I, 317.(Retour au texte)

Note 158: Ord., I, 322. On y distingue les fiefs du roi, les arrière-fiefs, les aleux. Dans tous les cas, la taxe royale pour les acquisitions à titre onéreux est le double de la taxe des acquisitions à titre gratuit. On craignait plus les achats que les donations.(Retour au texte)

Note 159:«Ad instar sancti Ludovici, eximii confessoris... guerras... bella..., provocationes etiam ad duellum... durantibus guerris nostris, expresse inhibemus.» Ord., I, 390, Conf. p. 328. Ann. 1296, p. 344. Ann. 1302, p. 549. Ann. 1314, juillet. — «Quatenus omnes et singulos nobiles... capias et arrestes, capique et arrestari facias, et tamdiu in arresto teneri, donec a nobis mandatum.» Ord., I, 424 (Ann. 1304).

En 1302, ordre au bailli d'Amiens d'envoyer à la guerre de Flandre, tous ceux qui auront plus de 100 livres en meubles et 200 en immeubles: les autres devaient être épargnés. Ord., I, 345. Mais l'année suivante (29 mai) il fut ordonné que tout roturier qui aurait cinquante livres en meubles ou vingt en immeubles, contribuerait de sa personne ou de son argent. Ord., I, 373.(Retour au texte)

Note 160: C'étaient des formalités analogues à celles qu'on impose aujourd'hui à l'étranger qui veut devenir Français; autorisation du prévost ou maire, domicile établi par l'achat «pour raison de la bourgeoisie d'une maison dedenz an et jour, de la value de soixante sols parisis au moins; signification au seigneur dessoubs cui il iert partis;» résidence obligatoire de la Toussaint à la Saint-Jean, etc. Ord., I, 314.(Retour au texte)

Note 161: Ord., I, p. 318... «Quod bona mobilia clericorum capi vel justiciari non possint... per justiciam secularem... Causæ ordinariæ prælatorum in parliamentis tantummodo agitentur... nec ad senescallos aut baillivos... liceat appellare... Non impediantur a taillis..., etc.»

«Baillivis... injungimus... diocesanis episcopis, et inquisitoribus... pareant, et intendant in hæreticorum investigatione, captione... condemnatos sibi relictos statim recipiant, indilate animadversione debita puniendos... non obstantibus appellationibus.» Ord., I, p. 330, ann. 1298.

Mandement adressé aux baillis de la Touraine et du Maine pour leur commander le respect des ecclésiastiques. Lettres accordées aux évêques de Normandie contre les oppressions des baillis, vicomtes, etc. Ord., I, 331, 334. Ordonnance semblable en faveur des églises du Languedoc, 8 mai 1302, ibid., page 340.(Retour au texte)

Note 162:«Contra usurarum voraginem... volumus ut debita quantum ad sortem primariam plenarie persolvantur, quod vero ultra sortem fuerit legaliter penitus remittendo.» Ord., I, 334.

«Nisi prius per aliquem idoneum virum, *quem ad hoc specialiter deputaverimus*... constiterit, quod nos sumus in bona saisina percipiendi...» Ord., I, 338-339.(Retour au texte)

Note 163: «Signifiez à tous, par cri général, sans faire mention de prélats ni de barons, c'est à savoir que toutes manières de gens apportent la moitié de leur vaissellement d'argent blanc.» Ord., I, 317.(Retour au texte)

Note 164: L'irritation semble avoir été grande contre les prêtres; le roi est obligé de défendre aux Normands de crier *Haro sur les clercs.* (Ord., I, 318.) — «Nonnulli prælati, abbates, priores..., inhibitione nostra spreta... ab regno egredi... Nolentes igitur ob ipsarum absentiam personarum bona earum dissipari et potius ea cupientes conservari... mandamus, etc.» Ord., I, 349.(Retour au texte)

Note 165: Ord., fin 1302.(Retour au texte)

Note 166: Le roi déclare qu'en réformation de son royaume, il prend les églises sous sa protection, et entend les faire jouir de leurs franchises ou priviléges comme au temps de son aïeul saint Louis.

En conséquence, s'il lui arrive de prononcer quelque saisie sur un prêtre, son bailli ne devra y procéder qu'après mûre enquête, et la saisie ne dépassera jamais le taux de l'amende. On recherchera par tout le royaume les bonnes coutumes qui existaient au temps de saint Louis pour les rétablir. Si les prélats ou barons ont au Parlement quelque affaire, ils seront traités honnêtement, expédiés promptement.» (Ord., I, 357.)(Retour au texte)

Note 167:«Nisi in casu pertinente ad jus nostrum regium...» Il ajoutait pourtant que le fief acquis ainsi par forfaiture serait dans l'an et jour remis hors sa main à une personne convenable qui desservît le fief. Mais il se réservait encore cette alternative: «Ou nous donnerons au maître du fief récompense suffisante et raisonnable.» Ord., I, 358.

La plus grande partie de cette ordonnance de réforme concerne les baillis et autres officiers royaux, et tend à prévenir les abus de pouvoir. Nommés par le grand conseil (14), ils ne pourront faire partie de cette assemblée (16). Ils ne pourront avoir pour prévôts ou lieutenants leurs parents ou alliés, ni remplir cette charge dans le lieu de leur naissance (27), ni s'attacher par mariage ou achat d'immeubles au pays de leur juridiction, mesure de garantie imitée des Romains, mais étendue aux enfants, sœurs, nièces et neveux des officiers royaux (50-51). L'ordonnance réglait le temps de leurs assises (26), dont chacune, en finissant, devait préciser le commencement de la suivante; elle posait les limites de leur ressort entre eux (60), de leur compétence entre les justices des prélats et des barons (25), et les limites de leurs pouvoirs sur les justiciables. Ils ne pouvaient tenir aucun en prison pour dettes, à moins qu'il n'y eût sur lui *contrainte par corps*, par lettres passées sous le scel royal (52).

La même ordonnance leur défendait de recevoir à titre de don ou de prêt (40-43) ni pour eux ni pour leurs enfants (41) (ils ne pourront recevoir de vin, nisi in barillis, seu boutellis vel potis), et ils ne pourront vendre le surplus, ni donner rien aux membres du grand conseil, leurs juges (44), ni prendre des baillis inférieurs leurs comptables (48). La nomination à ces charges devait se faire par eux avec les plus grandes précautions (56); le roi continue à en exclure les clercs; il met ceux-ci en assez mauvaise compagnie: «Non clerici, non usurarii, non infames, nec suspecti circa oppressiones subjectorum» (19). Ord., II, 357-367.(Retour au texte)

Note 168: Nul doute que le Parlement ne remonte plus haut. On en trouve la première trace dans l'ordonnance, dite testament de Philippe Auguste (1190). Si pourtant l'on considère l'importance toute nouvelle que le Parlement prit sous Philippe le Bel, on ne s'étonnera pas que la plupart des historiens l'en aient nommé le fondateur. — Voyez l'important mémoire de M. Klimrath *Sur les Olim et sur le Parlement*. V. aussi une dissertation ms. sur l'origine du Parlement (*Archives du royaume*). L'auteur anonyme, qui peut-être écrivait sous le chancelier Maupeou, partage l'opinion de M. Klimrath.(Retour au texte)

Note 169: Ann. 1304. Ord., I, 547. Cette ordonnance paraît être la mise à exécution de l'art. 62 de l'édit que nous venons d'analyser. C'est le règlement d'administration qui complète la loi.

Origines du droit, livre IV, chap. VII: «Pendant tout le moyen âge, la jurisprudence flotte entre le duel et l'épreuve, selon que l'esprit militaire et sacerdotal l'emporte alternativement.

«Le serment et les ordalies étant trop souvent suspectes, les guerriers préféraient le duel. Saint Louis et Frédéric II le défendirent dès le XIIIe siècle.

«Une trop mauvese coustume souloit courre enchiennement, si comme nous avons entendu des seigneurs de lois, car li aucuns si louoient campions, en tele manière que il se devoient combatre par toutes les querelles que il aroient à fere ou bonnes ou mauveses.» (Beaumanoir.) — «Quand aucun a passé âge comme de soixante ans, ou qu'il est débilité d'aucun membre, il n'est pas habile à combattre. Et pour ce fut établi que s'il étoit accusé d'aucun cas, qui par gage de bataille se deut terminer, qu'il pourroit mettre champion qui feroit le fait pour lui, à ses périls et dépends, et pour ce fut constitué et établi homage de foy et de service. Et en vouloit-on anciennement plus user, que l'on ne fait, car on combattoit pour plus de cas, qu'on ne fait pour le présent... Et doit l'en savoir, que quand un champion faisoit gaige de bataille pour aucun autre accusé d'aucun crime, se le champion estoit desconfit, feust par soi rendant en champ, ou autrement, cil pour qui il combattoit estoit pendu, et forfaisoit tous ses biens et meubles héritages, ainsi que la coutume déclaire, aussi bien comme cil propre eust été déconfit en champ; et le champion n'avoit nul mal et ne forfaisoit rien.» (Vieille glose sur l'ancienne coutume de Normandie.)(Retour au texte)

Note 170:«Nos autem Johanna impertimus assensum.» Ord., I, 326.—Ord., I, 429.—Ord., I, page 451.

«Que nul ne rachace, ne fasse rechacier, ne trebucher, ne requeure nulle monnoye quele qu'ele soit de nostre coing.» 20 janvier 1310. Ord., I, 475.—Ord., I, 481, 16 mai 1311.

«Que le Roi pourchace par devers ses Barons que ils se sueffrent de faire ouvrer jusques à onze ans, car autrement il ne peut pas remplir son pueble de bonne monnoie, ne son royaume. Et furent à accort que li Rois doint tant en or, en argent que il n'y preigne nul profit.» Ord., I, 548-549. Cependant on rencontra tant de résistance de la part des barons et des prélats intéressés qu'il fallut se contenter de leur prescrire l'aloi, le poids et la marque de leurs monnaies. Leblanc, p. 229.(Retour au texte)

Note 171: Ord., ann. 1311.(Retour au texte)

Note 172: Boulainvilliers.(Retour au texte)

Note 173: Voyez comme le continuateur de Nangis change de langage tout à coup, comme il devient hardi, comme il élève la voix. Fol. 69-70.—Ord., I, 551 et 592, 561-577 et 525, 572.—Ord., I, 559, 8°; 574, 5°; 554, 2°.—Ord., I, 562, 2°.

«Nous voullons et octroyons que en cas de murtre, de larrecin, de rapt, de trahison et de roberie gage de bataille soit ouvert, se les cas ne pouvoient estre prouves par tesmoings.» Ord., I, 507. «Et quant au gage de bataille, nous voullons que il en usent, si come l'en fesoit anciennement.» Ibid., 558.

«Le quart article qui est tiel. *Item, que le Roy n'acquiere, ne s'accroisse ès baronnies et chastellenies, ès fiez et riere-fiez desdits nobles et religieus, se n'est de leur volonté*, nous leur octroyons.»—Ord., I, 572 (31); 576 (15); 564 (6).(Retour au texte)

Note 174:«Gratiosus, cautus et sapiens.» Cont. G. de Nangis.(Retour au texte)

Note 175: Ses ennemis l'en accusèrent.—On disait encore qu'il avait, pour de l'argent, procuré une trêve au comte de Flandre.(Retour au texte)

Note 176: Les modernes ont ajouté beaucoup de circonstances sur la rupture de Charles de Valois et de Marigny, un démenti, un soufflet, etc.(Retour au texte)

Note 177: Il y eut trois Raoul de Presles; le premier, qui déposa en 1309 contre les Templiers, fut impliqué dans l'affaire de Pierre de Latilly, et recouvra la liberté en perdant ses biens. Louis le Hutin en eut des remords; par son testament, il ordonna qu'on lui rendît *comme de raison* tout ce qu'on lui avait pris. Philippe le Long et Charles le Bel l'anoblirent pour ses bons services. Le second Raoul n'est connu que par un faux, et aussi par un bâtard qu'il eut en prison. Ce bâtard est le plus illustre des Raoul. En 1365, il se fit connaître de Charles V par une allégorie, intitulée *la Muse*. Il fut chargé par ce prince de traduire la Cité de Dieu, et paraît n'avoir pas été étranger à la composition du Songe du Vergier.(Retour au texte)

Note 178: «Nous qui avons oïe la grande complainte de nostre pueble du royaume de France, qui nous a montré comment par les monoies faites hors de nostre royaume et contrefaites à nos coings, et aus coings de nos barons, et par les monoies aussi de nos dits barons lesquelles monoies toutes ne sont pas du poids de la loy ne du coing anciens ne convenables, nos subgiez et nostre pueble sont domagiés en moult de manières et de ceuz souvent grossement... Ordenons, etc.» Ord., I, 609-6.—Ord., I, 615 et suiv.(Retour au texte)

Note 179: Ord., I, p. 583.(Retour au texte)

Note 180: À la fin de son règne si court, Louis semble devenu l'ennemi des barons. Jamais Philippe le Bel ne leur fit réponse plus sèche et, ce semble, plus dérisoire que celle de son fils aux nobles de Champagne (1er décembre 1315). Ils demandaient qu'on leur expliquât ce mot vague de *Cas royaux*, au moyen duquel les juges du roi appelaient à eux toute affaire qu'ils voulaient. Le roi répond: «Nous les avons éclaircis en cette manière. C'est assavoir que la Royal Majesté est entendüe, ès cas qui de droit, ou de ancienne coutume, püent et doient appartenir à souverain Prince et à nul autre.» Ord., I, 606.(Retour au texte)

Note 181: «N'étant revenu à Paris qu'un mois après la mort de Louis X, il trouva son oncle, le comte de Valois, à la tête d'un parti prêt à lui disputer la régence. La bourgeoisie de Paris prit les armes sous la conduite de Gaucher de Châtillon, et chassa les soldats du comte de Valois, qui s'étaient déjà emparés du Louvre.» Félibien.(Retour au texte)

Note 182: Le roi révoque spécialement les dons faits à Guillaume Flotte, Nogaret, Plasian et quelques autres. Ord., I, 667.(Retour au texte)

Note 183: Cont. G. de Nang.(Retour au texte)

Note 184: «Le roi avait commencé à régler qu'on ne se servirait dans son royaume que d'une mesure uniforme pour le vin, le blé et toutes marchandises; mais, prévenu par une maladie, il ne put accomplir l'œuvre qu'il avait commencée. Ledit roi proposa aussi que, dans tout le royaume, toutes les monnaies fussent réduites à une seule; et comme l'exécution d'un si grand projet exigeait de grands frais, séduit, dit-on, par de faux conseils, il avait résolu d'extorquer de tous ses sujets la cinquième partie de leur bien. Il envoya donc pour cette affaire des députés en différents pays; mais les prélats et les grands, qui avaient depuis longtemps le droit de faire différentes monnaies, selon les diversités des lieux et l'exigence des hommes, ainsi que les communautés des bonnes villes du royaume, n'ayant pas consenti à ce projet, les députés revinrent vers leur maître sans avoir réussi dans leur négociation.» Cont. G. de Nang., 79.(Retour au texte)

Note 185: Ord., I, 713-4, 629, 639. — Ord., I, p. 660 (27). — Ord., I, 728-731. — Ord., I, 702.(Retour au texte)

Note 186: Contin. G. de Nang.(Retour au texte)

Note 187: V. au 1er vol. de cette histoire, p. 264 et suiv., la concession de Clovis à saint Remi. — Voy. aussi la Légende dorée, c. 142. — Origines du droit, p. 79-80: «En l'an 676, Dagobert ayant donné à saint Florent la ville où il demeurait et ses dépendances, le saint vint prier le roi de lui faire savoir combien il avait en long et en large. «Tout ce que tu auras chevauché sur ton petit âne pendant que je me baignerai et que je mettrai mes habits, tu l'auras en propre.» Or saint Florent savait fort bien le temps que le roi passait au bain:

aussi il monta en toute hâte sur son âne et trotta par monts et par vaux mieux et plus rapidement que ne l'aurait fait à cheval le meilleur cavalier, et il se trouva encore à l'heure indiquée chez le roi.» Grimm. 87.(Retour au texte)

Note 188: Ord., I, p. 661 (39).—Ord., I, 713 (9).(Retour au texte)

Note 189: «Que pour les dons outragens qui ont esté faiz ça en arrières, par nos prédécesseurs, li domaine dou royaume sont moult apetitié. Nous qui désirons moult l'accroissement et le bon estat de notre Royaume et de nos subgiez, nous entendons dores en ayant garder de tels dons, au plus que nous pourrons bonement, et défendons que nul ne nous ose faire supplication de faire dons à héritage, se ce n'est en la présence de notre grand conseil.» Ord., I, 670 (6).(Retour au texte)

Note 190: Cont. G. de Nang.(Retour au texte)

Note 191:«Cum solis pera et baculo sine pecunia, dimissis in campis porcis et pecoribus, post ipsos quasi pecora confluebant.» Cont. G. de Nangis, p. 77.—«Projectis innumerabilibus lignis et lapidibus, propriis projectis pueris, se viriliter et inhumaniter defensabant... Videntes autem dicti judæi quod evadere non valebant... locaverunt unum de suis... ut eos gladio jugularet.» Ibidem.—«Illic viginti, illic triginta secundum plus et minus suspendens in patibulis et arboribus.» Ibid.(Retour au texte)

Note 192: Voyez le Mémoire de M. Beugnot, sur les juifs d'Occident, et la grande histoire de Jozt.(Retour au texte)

Note 193: Ord., I, p. 595.(Retour au texte)

Note 194:«Fiebant de sanguine humano et urina de tribus herbis... ponebatur etiam Corpus Christi, et cum essent omnia dissicata, usque ad pulverem terebantur, quæ missa in sacculis cum aliquo ponderoso... in puteis... jactabantur.» Cont. G. de Nang., ann. 1321, p. 78.—«Inventum est in panno caput colubri, pedes bufonis et capilli quasi mullieris, infecti quodam liquore nigerrimo... quod totum in ignem copiosum... projectum, nullo modo comburi potuit, habito manifesto experimento et hoc itidem esse venenum fortissimum.» Ibidem.

«Suadente diabolo per ministerium Judæorum... ut christiani omnes morerentur, vel omnes uniformiter leprosi efficerentur, et sic, cum omnes essent uniformes, nullus ab alio despiceretur.» Ibidem.—Voyez sur les lépreux les Dictionnaires de Bouchel et Brion et surtout le Dictionnaire de police par Delamarre, I, p. 603. Voyez aussi les *Olim du Parlement*, IV, *f*.LXXVI, etc.(Retour au texte)

Note 195:«Leprosum aqua benedicta respersum ducat ad ecclesiam cruce procedente... cantando. Libera me Domine... In ecclesia, ante altare pannus niger. Presbyter cum palla terram super quemlibet pedum ejus perducit dicendo: Sis mortuus mundo, vivens iterum Deo.» Rituel du Berri, Martène, II, p. 1010. Plusieurs rituels défendirent plus tard ces lugubres cérémonies, celui d'Angers, de Reims. Ibid, p. 1005, 1006.(Retour au texte)

Note 196: Ce n'était point cependant un signe de réprobation. Mort au monde, il semblait avoir fait son purgatoire ici-bas; et en quelques lieux on célébrait sur lui l'office du confesseur: «Os justi meditabitur sapientiam.»(Retour au texte)

Note 197: Judæi... sine differentia combusti... Facta quadam forea per maxima, igne copioso in eam injecto, octies viginti sexies promiscui sunt combusti; unde et multi illorum et illarum cantantes quasique invitati ad nuptias, in foveam saliebant.» Cont. G. de Nangis, p. 78.—«Ne ad baptismum raperentur.» Ibid.

«Unius antiqui... sanctior et melior videbatur; unde et ob ejus bonitatem et antiquitatem pater vocabatur.» Ibid., p. 79.—«Cum funis esset brevior... dimittens se deorsum cadere, tibiam sibi fregit, auri et argenti præ maximo pondere gravatus.» Ibidem.(Retour au texte)

Note 198: Voyez le Différend entre la France et l'Angleterre sous Charles le Bel, par M. de Bréquigny. La querelle, qui d'abord n'avait pour objet que la possession d'une petite forteresse, prit en peu de temps le caractère le plus grave par la faiblesse d'Édouard et l'audace de ses officiers. Tandis qu'Édouard excuse ses lenteurs à venir rendre hommage, et prie le roi de France d'arrêter les entreprises des Français sur ses domaines, les officiers anglais en Guyenne ruinent la forteresse disputée et rançonnent le grand maître des arbalétriers de France, qui avait voulu en tirer satisfaction. Édouard se hâta de désavouer ces actes auprès de Charles, et en même temps il donnait ordre à toutes personnes de prêter assistance à Raoul Basset, auteur de l'insulte faite au roi de France. Mais il recula bientôt devant cette guerre et destitua Raoul Basset; ses officiers, laissés sans secours, durent donner satisfaction à Charles le Bel, qui ne s'arrêta pas en si beau chemin: les ambassadeurs d'Édouard lui écrivaient qu'on disait tout haut à la cour de France: «Qu'on ne voulait mie être servi seulement de parchemin et de parole comme on l'avait été.» Édouard, qui d'abord avait eu recours au pape et fait quelques préparatifs, s'alarma de cet orage qui pouvait troubler ses plaisirs. Il donna pleins pouvoirs pour tout terminer, et envoya à Charles un Français nommé Sully avec son plénipotentiaire. Le roi écouta le Français, chassa l'Anglais et fit entrer ses troupes en Guyenne. Agen, après avoir inutilement attendu le secours du comte de Kent, ouvrit ses portes. De nouveaux ambassadeurs vinrent d'Angleterre; ils eurent pour toute réponse qu'il fallait «qu'on souffrît sans obstacle que le roi de France mît en ses mains le reste de la Gascogne, et qu'Édouard se rendît auprès de lui. Alors s'il lui demandait droit, il lui ferait bon et hâtif; s'il lui requérait grâce, il ferait ce que bon lui semblerait.»(Retour au texte)

Note 199: «... Dont plusieurs chevaliers en furent moult courroucés... et dirent que or et argent y étoient efforciement accourus d'Angleterre.» Froissart, éd. Dacier, I, 26. — «Si entendit-il secrètement que Charles le Bel étoit en volonté de faire prendre sa sœur, son fils, le comte de Kent et messire Roger de Mortimer, et de eux remettre ès mains du roi d'Angleterre et dudit Spencer; et ainsi le vint-il dire de nuit à la reine d'Angleterre et l'avisa du péril où elle étoit.» Froissart, I, 29.(Retour au texte)

Note 200: Il concluait que le seul moyen de guérir le corps était de lui couper la tête.(Retour au texte)

Note 201:«Ut innotuit viri dejectio, plena dolore (ut foris apparuit), fere mente alienata fuit... Misit indumenta delicata et litteras blandientes. Eodem tempore assignata fuit dos reginæ talis et tanta, quod regi filio regni pars tertia vix remansit.» Wals, p. 126-127. — «Ipso prostrato et sub ostio ponderoso detento ne surgeret, dum tortores imponerent cornu, et per foramen immitterent ignitum veru in viscera sua.» Ibid.(Retour au texte)

Note 202: Comme Christophe Colomb, il eut ses contradicteurs. Mais le retour de Colomb mit fin à tous les doutes: ils commencèrent au retour de Polo. Son traducteur latin en appelle au témoignage du père et de l'oncle de Polo, compagnons de son voyage.(Retour au texte)

Note 203: Marco Polo, captif à Gênes, dictait aux compatriotes de Christophe Colomb le livre qui inspira à ce dernier sa grande entreprise.(Retour au texte)

Note 204:*Livre des secrets des fidèles de la Croix.* — «Au nom de Notre-Seigneur Jésus-Christ. Amen. En l'an 1321, j'ai été introduit auprès de notre seigneur le Pape et lui ai présenté deux livres sur le recouvrement de la Terre sainte, et le salut des fidèles; l'un était couvert en rouge, l'autre en jaune. En même temps j'ai mis sous ses yeux quatre cartes géographiques, l'une de la mer Méditerranée, l'autre de la terre et de la mer, la troisième de la Terre sainte, la quatrième de l'Égypte.» À la suite de Bongars, Gesta Dei per Francos.

S'il partage son livre en trois parties en l'honneur de la Sainte-Trinité, la raison qu'il en donne c'est qu'il y a trois choses principales pour le rétablissement de la santé du corps, le sirop préparatoire, la médecine et le bon régime: «Partitur autem totale opus ad honorem Sanctæ Trinitatis in tres libros. Nam sicut infirmanti corpori... tria impertiri curamus: primo syrupum ad præviam dispositionem... secundo congruam medicinam quæ morbum expellat... tertio ad conservandam sanitatem debitum vitæ regimen... Sic conformiter continet liber primus dispositionem quasi syrupum, etc. Secreta fidelium crucis, etc., p. 9.»(Retour au texte)

Note 205: Il montre la supériorité de la route d'Égypte sur celle de Syrie. Puis il propose contre le soudan d'Égypte, non pas une croisade, mais un simple blocus. Le blocus ruinera le soudan et par suite le monde mahométan, dont l'Égypte est le cœur. Dix galères suffiront. Il fixe avec une prévoyance toute moderne ce qu'il faut d'hommes, d'argent, de vivres. La flotte doit être armée à Venise. «Les marins de Venise, dit-il, sauront seuls se conduire sur les plages basses d'Égypte qui ressemblent à leurs lagunes» (p. 35-36). Il n'ose pas demander que l'amiral soit un Vénitien, il se contente de dire qu'il doit être ami des Vénitiens, pour agir de concert avec eux

(p. 85). «Il faut, dit-il nettement, ou que l'accès de l'Égypte soit absolument interdit, ou qu'il soit élargi et facilité de telle sorte que chacun puisse aller, revenir, commercer par les terres du soudan, en toute liberté, et qu'en ce dernier cas, on ne parle plus de recouvrer la Terre sainte.» — «Mais, dira-t-on, si le soudan détournait le Nil de la Méditerranée dans la Mer Rouge? La chose est impossible; et si elle avait lieu, l'Égypte serait anéantie, elle deviendrait déserte... Le soudan réduit, les forteresses de l'Égypte maritime deviendront un sûr asile pour les nations chrétiennes comme le furent pour les Vénitiens les lagunes de l'Adriatique qui, dans les tempêtes des invasions gauloises, africaines, lombardes et dans celle d'Attila, sont restées inviolées.» (Part. 3, ch. II.) Ces derniers mots font allusion aux craintes récentes que les invasions des Mongols avaient inspirées à toute la Chrétienté.(Retour au texte)

Note 206: Dans la quatrième croisade.(Retour au texte)

Note 207: Sartorius.(Retour au texte)

Note 208: Ulmann.(Retour au texte)

Note 209: Grosley.(Retour au texte)

Note 210: Hallam.(Retour au texte)

Note 211: Les foires de Champagne étaient plus anciennes que le comté même. Il en est fait mention dès l'an 427, dans une lettre de Sidoine Apollinaire à saint Loup. Elles se perpétuèrent toujours florissantes, sans que personne gênât leurs transactions. L'ordonnance de Philippe le Bel est le titre royal le plus ancien qui les concerne.(Retour au texte)

Note 212: Voyez les ordonnances de Charles le Bel et de Philippe de Valois. Ce qui acheva la ruine des foires de Champagne, ce fut la rivalité de Lyon. Quand aux tracasseries fiscales s'ajoutèrent les alarmes et les pillages de la guerre intérieure, Troyes fut désertée, et Lyon s'ouvrit comme un asile au commerce. Il fallut abolir les foires de Lyon pour rendre quelque vie aux foires de Champagne. En 1486, des quatre foires de Lyon, deux furent transférées à Bourges et deux à Troyes; mais elles tombèrent dès que Lyon eut obtenu de rouvrir ses marchés.(Retour au texte)

Note 213: «... Qu'ils en fissent leur profit comme d'un marchand.» Commines.(Retour au texte)

Note 214: Peu après, les priviléges des villes qui auraient entravé ce libre commerce sont déclarés nuls et sans force. Le roi et les barons ne s'inquiétaient pas si la concurrence des étrangers nuisait aux Anglais (Rymer). Le roi déclare qu'il leur accorde à jamais, en son nom et au nom de ses successeurs, 1° de pouvoir venir en sûreté sous la protection royale, libres de divers droits qu'il spécifie: *De muragio, pontagio et panagio liberi et quieti;* 2° d'y vendre en gros à qui ils voudront; les merceries et épices peuvent même être vendues en détail par les étrangers; 3° d'importer et exporter, en payant les droits, toute chose, excepté les vins, qu'on ne peut exporter sans licence spéciale du roi; 4° leurs marchandises n'auront à craindre ni droit de prise ni saisie; 5° on leur rendra bonne justice; car si un juge leur fait tort, il sera puni même après que les marchands auront été indemnisés; 6° en toute cause où ils seront intéressés, le jury sera composé, pour une moitié, de leurs compatriotes; 7° dans tout le royaume il n'y aura qu'un poids et une mesure; dans chaque ville ou lieu de foire, il y aura un poids royal, la balance sera bien vide, et celui qui pèse n'y portera pas les mains; 8° à Londres, il y aura un juge desdits marchands, pour leur rendre justice sommaire; 9° pour tous ces droits ils paieront deux sous de plus qu'autrefois sur chaque tonneau qu'ils amèneront; quarante deniers de plus par sac de laine, etc., etc.; 10° mais une fois ces droits payés, ils pourront aller et commercer librement par tout le royaume.(Retour au texte)

Note 215: Hallam.(Retour au texte)

Note 216: Mathieu de Westminster.(Retour au texte)

Note 217:

Par devant la roïne Robert s'agenouilla,
Et dist que le hairon par temps départira,
Mes que chou ait voué que le cuer li dira.
«Vassal, dit la roïne, or ne me parles jà;
Dame ne peut vouer, puis qu'elle seigneur a,
Car s'elle veue riens, son mari pooir a.
Que bien puet rapeller chou qu'elle vouera;
Et honnis soit li corps que jasi pensera,
Devant que mes chiers sires commandé le m'ara.»

Et dist le roy: «Voués, mes cors l'aquittera.
Mes que finer en puisse, mes cors s'en penera;
Voués hardiement, et Dieux vous aidera.»
«Adonc, dit la roïne, je sais bien, que piecha,
Que suis grosse d'enfant, que mon corps senti là,
Encore n'a il gaires, qu'en mon corps se tourna,
Et je voue, et prometh a Dieu, qui me créa,
Qui nasqui de la Vierge, que ses corps n'enpira,
Et qui mourut en crois, on le crucifia,
Que jà li fruis de moi, de mon corps n'istera,
Si m'en arès menée ou païs par delà,
Pour avanchier le veu que vo corps voué a;
Et s'il en voelh isir, quant besoins n'en sera,
D'un grand coutel d'achier li miens corps s'ochira:
Serai m'asme perdue, et li fruis perira.»
Et quand li rois l'entent, moult forment l'en passa.
Et dist: «Certainement nuls plus ne vouera.»
Li hairons fu partis, la roïne en mengna.
Adonc, quant che fu fait, li rois s'apareilla,
Et fit garnir les nés, la roïne i entra,
Et maint franc chevalier avecques lui mena.
De illoc en Anvers, li rois ne s'arrêta.
Quant outre sont venu, la dame délivra;
D'un beau fils gracieux la dame s'acouka,
Lyon d'Anvers ot non, quant on le baptisa.
Ensi le franque Dame le sien veu acquitta;
Ainsque soient tout fait, main prudomme en morra,
Et maint bon chevalier dolent s'en clamera.
Et mainte prude femme pour lasse s'en tenra.
Adonc parti li cours des Englès par delà.

   Chi finent leus veus du hairon.

   Ce petit poëme se trouve à la fin du t. I de Froissart, éd. Dacier-Buchon, p. 420.(Retour au texte)

Note 218: «Il y avoit dans la suite de l'évêque de Lincoln plusieurs bacheliers qui avoient chacun un œil couvert de drap vermeil, pourquoi il n'en put voir; et disoit-on que ceux avoient voué entre dames de leur pays que jamais ne verroient que d'un œil jusqu'à ce qu'ils auroient fait aucunes prouesses au royaume de France.» Froissart.(Retour au texte)

Note 219: Froissart.(Retour au texte)

Note 220: Pour Carthage, V. Plutarque, Vie de Timoléon. Pour Palmyre, ma Vie de Zénobie, Biogr. Univ.(Retour au texte)

Note 221: «Ils prétendaient qu'il y avait une conjuration des hommes du bas état pour ruiner la noblesse française, et en conséquence ils obtinrent d'abord un ordre du roi pour que tous leurs créanciers fussent mis en prison et leurs biens séquestrés; puis vint l'ordonnance qui réduisit toutes leurs dettes aux trois quarts, à quatre mois de terme, sans intérêt.» (Contin. G. de Nangis.—Ord., t. II)(Retour au texte)

Note 222: Pierre Remy.(Retour au texte)

Note 223: «Appelant ledict Roy Philippe *roi trouvé.*» Oudegherst.(Retour au texte)

Note 224: «Oncques en l'ost du roy ne feit on guet: et les grands seigneurs alèrent d'une tente en l'autre, pour eux déduire, en leurs belles robes. Or vous dirons des Flamans, qui sur le mont étoient... Si feirent trois grosses batailles les Flamans; et veindrent avalant le mont, au grand pas, devers l'ost du roy: et passèrent tout outre, sans cry ne noise: et fut à l'heure de vespres sonnans... Et les Flamans ne s'atargèrent mie, ains veindrent le grand pas, pour surprendre le roy en sa tente.» Froissart, I, c. LXIX, p. 123.—V. aussi Cont. G. de Nangis, p. 90. Oudegherst, c. CLIV, f. 259.—Je regrette de n'avoir pas eu entre les mains l'important ouvrage de M. Warnkœnig, lorsque j'ai imprimé le récit de la bataille de Courtrai: Histoire de la Flandre et de ses institutions civiles et politiques, jusqu'à l'année 1305, par M. Warnkœnig, trad. de l'allemand, par M. Ghueldorf. 1835. Voyez particulièrement aux pages 305, 308, du premier volume, quelques circonstances intéressantes qui complètent mon récit.(Retour au texte)

Note 225: Les châteaux, comme les églises du moyen âge, comme les cités antiques, sont, je crois, généralement, *orientés*. Voyez mon Histoire romaine, et ma Symbolique du droit.(Retour au texte)

Note 226: Un arrêt de la cour de France, prononcé en plein parlement, déboutait pour toujours Robert et ses successeurs de leurs prétentions, et ordonnait: «Que ledit Robert amast ladite comtesse comme sa chière tante, et ladite comtesse ledit Robert comme son bon nepveu.»(Retour au texte)

Note 227: L'ancienne chronique de Flandre allait même jusqu'à lui en donner tout l'honneur: «Et n'estoient mie les barons d'accord de faire le roy, mais toutefois par le pourchas de messire Robert d'Artois fut tant la chose démenée, que messire Philippe... fut élu à roy de France.» Chron... ch. LXVII, p. 131, Mém. Ac. Insc. X, 592.(Retour au texte)

Note 228: Le bruit commun était que Mahaut avait été *enherbée*. Quant à Jeanne, sa fille, «si fut une nuit avec ses dames en son déduit, et leur prit talent de boire clarey, et elle avoit un bouteiller qu'on appeloit Huppin, qui avoit esté avec la comtesse sa mère... Tantost que la Royne fut en son lict, si luy prit la maladie de la mort, et assez tost rendit son esprit, et lui coula le venin par les yeux, par la bouche, par le nez et par les oreilles, et devint son corps tout taché de blanc et de noir.» Chron. de Flandre.(Retour au texte)

Note 229: «Sur ce qu'il lui a esté donné à entendre, que au traitté de mariage de Philippe d'Artois avec Blanche de Bretagne... duquel traicté furent faites deux paires de lettres rattiffiées par Philippe le Bel... et furent enregistrées en nostre Cour ès registre, lesquelles lettres, depuis le deceds dudit comte, ont esté fortraites par notre chière cousine Mahault d'Artois.» 1329. Chron. de Flandre, p. 601.(Retour au texte)

Note 230:«Quædam mulier nobilis et formosa, quæ fuerat M. Theoderici concubina.» Gest. episc., Leod., p. 408.

Elle l'en menaçait même au nom du Roi. «J'ai voulu vous excuser, disait-elle en luy représentant que vous n'aviez nulle desdites lettres, et il m'a répondu qu'il vous feroit ardoir se vous ne l'en baillez.» Ibid. 600.

La Division avait été envoyée tout exprès en Artois pour se procurer le sceau du comte. Elle parvint après quelque recherche à en trouver un entre les mains d'Ourson le Borgne dit le beau Parisis. Il en voulait trois cents livres. Comme elle ne les avait pas, elle offrit d'abord en gage un cheval noir sur lequel son mari avait joûté à Arras. Ourson refusa; alors, autorisée de son mari, elle déposa des joyaux, savoir deux couronnes, trois chapeaux, deux affiches, deux anneaux, le tout d'or et prisé sept cent vingt-quatre livres parisis.» Ibid., 609-610.—«Ensuite elle prit un scel à une lettre qui estoit scellée dudit évêque Thierry, et par barat engigneur, l'osta de cette lettre vieille et la plaça à la nouvelle. Et à ce faire furent présens Jeanne et Marie, meschines (servantes) de ladite Divion, laquelle Marie tenoit la chandelle, et Jehanne li aidoit.» Ibid, 598. Déposition de Martin de Nuesport. La Divion déclara qu'elle assista seule avec la dame de Beaumont et Jeanne à l'application des sceaux «et n'y avoit à faire que elles trois tant seulement.» Ibid., p. 611.—De plus «pour ce que le Roy Philippe avoit accoustumé de faire ses lettres en latin,» on avait demandé à un chapelain Thibaulx, de Meaux, de donner en cette langue le commencement et la fin d'une lettre de confirmation qui devait, disait-on, servir au mariage de Jean d'Artois avec la demoiselle de Leuze. Ibid., 612.

La Divion semble pourtant attacher grande importance à son œuvre; elle faisait passer les pièces, à mesure qu'elle les fabriquait, à Robert d'Artois, «Disant teles paroles, Sire vées ci copie des lettres que nous avons, gardez si elle est bonne; et il respondoit: Si je l'avoie de cette forme, il me suffiroit.» Elle voulut même les soumettre d'abord à des experts. Mém. Ac., X, ib.

Archives, Sect. hist., J., 439, $n°$ 2.—Ils avaient eu soin de ménager à ces témoignages un commencement de preuve par écrit, dans la fausse lettre de l'évêque d'Arras: «Desquelles lettres jou en ay une, et les autres ou traictié du mariage madame la Royne Jehanne furent par un de nos grands seigneurs gettés au feu...» Ibid., p. 597.

«... Et jura au Roy, mains levées vers les saints, que un homme vestu de noir aussi comme l'archevesque de Rouen, il avoit baillé lesdites lettres de confirmation.» Cet homme vêtu de noir était son confesseur; Robert les lui avait données, puis les avait reçues de ses mains; moyennant quoi il jurait en toute sûreté de conscience. Ibid., p. 610.

Jacques Roudelle convint qu'on lui avait dit, que s'il déposait «ce luy vaudroit un voyage à Saint-Jacques en Gallice.» Gérard de Juvigny, «qu'il avoit rendu faux témoignage à la requeste dudit Monsieur Robert, qui venoit chiez luy si souvent, qu'il en estoit tout ennuyé...» Ibid., 599.

Déposition de la Divion: «... Item elle confesse que Prot, sondit clerc, de son commandement, escript toutes lesdites fausses lettres de sa main, et escript celle ou pent le scel de ladite feu comtesse *une penne d'airain*, pour sa main desguizier... Item elle dit que mons. Robert assez tost après en envoya ledit Prot elle ne scet où, en quel lieu, ne en quel part, que elle avoit dit à mons. Robert, Sire, je ne say que nous faciens de cest clerc, je me doubt trop de sa contenance, car il est si paoureus que c'est merveille et que à chacune chose que il oyoit la nuit, il dit: Ay ma damoiselle, Ay Jehanne, Ay Jehanne, les sergents me viennent querre, en soy effreant et disant: Je en ay trop grand paour. Et à moy mesme a il dit plusieurs fois, tout de jours, de la grant paour qu'il en avoit, que se il est pris et mis en prison, il dira tout sans rien espargnier. Et dit que ledit mons. Robert li respondoit, Nous nous enchevirons bien. Mes elle ne scet, ou il est, fors que elle croit que il est en aucuns des hébergements des terouere audit mons. Robert.» *Archives, Section hist.*, T. 440, n° 11. Item elle dit que par trop de fois la dite dame Marie sagenouilla devant elle, en li priant, en plorant et adjointes mains, par telx mos: Pour dieux, damoiselle, faites tant que Monseigneur aie ces lettres que vous savez, qui li ont métier pour son droit don comté d'Artoys, et je say bien que vous le ferez bien se il vous plaist, car ce soit grand meschief s'il estoit desherité par deffaut de lettres, il ne li faut que trop peu de lettre. Le roy a dit à Madame que sil li en puet monstrer letre, ja si petite ne fet, que li delivrera la conté, et pour Dieu pensez en et en mettez Monseigneur et Madame hors de la mesaise ou il en sont. Car il sont en si grant tristesse qu'il n'en pucent boire, mengier, dormir ne reposer nuit ne jour.» *Archives, Section hist.*, J., 440, n° 11.(Retour au texte)

Note 231:*Archives*, Section hist., J. 439.(Retour au texte)

Note 232: Jeannette sa servante y subit quatre ans après le même supplice. Quant aux faux témoins, les principaux furent attachés au pilori, vêtus de chemises toutes parsemées de langues rouges. *Archives.*(Retour au texte)

Note 233: ... Il resta assez longtemps en Brabant; le duc lui avait conseillé de quitter Bruxelles pour Louvain, et avait promis dans le contrat de mariage de son fils avec Marie de France que Robert sortirait de ses États. Cependant il se tint encore quelque temps sur ces frontières, allant de château en château; «et bien le savoit le duc de Brabant.» L'avoué de Huy lui avait donné son chapelain, frère Henri, pour le guider et «aller à ses besognes en ce sauvage pays.» Réfugié au château d'Argenteau et forcé d'en sortir «pour la ribauderie de son valet,» il se dirigea vers Namur, et dut parlementer longtemps pour y être reçu; il lui fallut attendre dans une pauvre maison, que le comte, son cousin, fût parti pour aller rejoindre le roi de Bohême.(Retour au texte)

Note 234: «Les assassins vinrent jusqu'à Reims, ou ils cuidoient trouver le comte de Bar a une feste qu'il y devoit tenir pour dames;» mais on était sur leurs traces, ils durent revenir; ce coup manqué, Robert d'Artois se décida à venir lui-même en France. Il y passa quinze jours, et revint convaincu par les insinuations de sa femme que tout Paris serait pour lui, s'il tuait le roi. Mém. de l'Acad., X, p. 625-6.(Retour au texte)

Note 235: «Entre la Saint-Remy et la Toussaint de la même année 1333, frère Henry fut mandé par Robert, qui, après beaucoup de caresses, débuta par luy faire derechef une fausse confidence, et luy dit que ses amis luy avoient envoyé de France un volt ou voust, que la Reine avoit fait contre luy. Frère Henry lui demanda «que est ce que voust? C'est une image de cire, répondit Robert, que l'en fait pour baptiser, pour grever ceux que l'on welt grever. L'en ne les appelle pas en ces pays voulz, répliqua le moine, l'en les appelle manies.» Robert ne soutint pas longtemps cette imposture: il avoua à frère Henry que ce qu'il venoit de luy dire de la Reine n'estoit pas vray, mais qu'il avoit un secret important à luy communiquer; qu'il ne le lui diroit qu'après qu'il auroit juré qu'il le prenoit sous le sceau de la confession. Le moine jura, «la main mise au piz.» Alors Robert ouvrit un petit ecrin et en tira «une image de cire envelopée en un quevre-chief crespé, laquelle image estoit à la semblance d'une figure d'un jueune homme, et estoit bien de la longueur d'un pied et demi, ce li semble, et si le vit bien clerement par le quevre-chief qui estoit moult deliez, et avoit entour le chief semblance de cheveux aussi comme un jeune homme qui porte chief.» Le moine voulut y toucher. «N'y touchiez, frère Henry, luy dit Robert, il est tout fait, icestuy est tout baptisiez, l'en le m'a envoyé de France tout fait et tout baptisé; il n'y faut rien à cestuy, et est fait contre Jehan de France en son nom, et pour le grever: Ce vous dis-je bien en confession, mais je en vouldroye avoir un autre que je vouldroye que il fut baptisié. Et pour qui est-ce, dit frère Henry. C'est contre une deablesse, dit Robert, c'est contre la Royne, non pas Royne, c'est une dyablesse; ja tant comme elle vive, elle ne fera bien ne ne fera que moy grever, ne ja que elle vive je n'auray ma paix, mais se elle estoit morte et son fils mort, je auroie ma paix tantos au Roy, quar de luy ferois-je tout ce qu'il me plairoit, je ne m'en doubte mie, si vous prie que vous me le baptisiez, quar il est tout fait, il n'y faut que le baptesme, je ay tout prest les parrains et les maraines et quant que il y a mestier, fors de baptisement... Il n'y fault à faire fors aussi comme à un enfant baptiser, et dire les noms qui y appartiennent.» Le moine refusa son ministère pour de pareilles opérations, remontra «que c'étoit mal fait d'y avoir créance, que cela ne convenoit point à si hault homme comme il estoit, vous le voulez faire sur le Roy et sur la Royne qui sont les personnes du monde qui plus vous peuvent ramener à honneur.» Monsieur Robert répondit: «Je ameroie mieux estrangler le dyable que le diable m'estranglast.» Ibid., p. 627.(Retour au texte)

Note 236: Nov. 1330. Ord. II.(Retour au texte)

Note 237:«In aurem nuntiis, quasi fiens conquerebatur, quod ad principem esset inclinatus, et quod rex Franciæ sibi scripserit certis litteris, si Bavarum sine ejus voluntate absolveret, pejora sibi fierent, quam papæ Bonifacio a suis prædecessoribus essent facta.» Albertus Argent., p. 127.(Retour au texte)

Note 238: Il attachait à son départ pour la croisade vingt-sept conditions, entre autres le rétablissement du royaume d'Arles en faveur de son fils, la concession de la couronne d'Italie à Charles, comte d'Alençon, son frère; la libre disposition du fameux trésor de Jean XXII. Il ajournait à trois ans son départ, et comme il pouvait survenir dans l'intervalle quelque obstacle qui le forçât à renoncer à son expédition, le droit d'en juger la validité devait être remis à deux prélats de son royaume. (Villani.) Après bien des négociations, le pape lui accorda pour six ans les décimes du royaume de France.(Retour au texte)

Note 239: Mais en même temps il écrivit au comte et aux bourg-mestres des trois grandes villes pour se plaindre de cette violence. (Oudegherst.)(Retour au texte)

Note 240:«Statutum fuit quod nulla lana crescens in Anglia exeat, sed quod ex ea fierent panni in Anglia.» Walsingh., Hist. Angl. — «Vidisses tum multos per Flandriam textores, fullones, aliosque qui lanificio vitam tolerant, aut inopia mendicantes, aut præ pudore et gravamine æris alieni solum vertentes.» Meyer, p. 137.

«Quod omnes operatores pannorum, undicumque in Angliam venientes reciperentur, et quod loca opportuna assignarentur eisdem, cum multis libertatibus et privilegiis, et quod haberent...» — On leur rendait la nécessité d'émigrer plus pressante, non-seulement en leur refusant les laines, mais de plus en prohibant les produits de leur industrie... «Item statutum fuit quod nullus uteretur panno extra Angliam operato.» Walsingham. 1335, 1336. — Voyez Rymer, passim, l'Hist. du commerce d'Anderson, etc.(Retour au texte)

Note 241: Walsingham dit pourtant qu'on leur interdit pendant trois ans encore l'entrée de l'Angleterre. «Ut sic retunderetur superbia Flandritorum, *qui plus saccos quam Anglos* venerabantur.» Anno 1337.(Retour au texte)

Note 242: Meyer, anno 1322.(Retour au texte)

Note 243:«Mercatoribus S. Joannis Angeliaci et Rupellæ dedit ut liceret illis... frequentare portum Flandrensem apud Slusam ad ferentes quascumque mercaturas constituentesque stabilem sibi sedem vinorum suorum in oppido Dummensi... eaque in mercatura omne monopolium prohibens.» Meyer, p. 135.(Retour au texte)

Note 244: «Et avoit adonc à Gand un homme qui avoit été bras-seur de miel; celui étoit entré en si grande fortune et en si grande grâce à tous les Flamands, que c'étoit tout fait et bien fait quand il vouloit deviser et commander partout Flandre, de l'un des côtés jusques à l'autre; et n'y avoit aucun, comme grand qu'il fut, qui de rien, osât trépasser son commandement, ni contredire. Il avoit tou-jours après lui allant aval (en bas) la ville de Gand soixante ou quat-re-vingts varlets armés, entre lesquels il y en avoit deux ou trois qui savoient aucuns de ses secret; et quand il encontroit un homme qu'il heoit (haïssoit) ou qu'il avoit en soupçon, il étoit tantôt tué; car il avoit commandé à ses secrets varlets et dit: «Sitôt que j'encontrerai un homme, et je vous fais un tel signe, si le tuez sans déport (délai), comme grand, ni comme haut qu'il soit, sans attendre autre parole.» Ainsi avenoit souvent; et en fit en cette manière plusieurs grands maîtres tuer: par quoi il étoit si douté (redouté) que nul n'osoit parler contre chose qu'il voulut faire, ni à peine penser de le contredire. Et tantôt que ces soixante varlets l'avoient reconduit en son hôtel, chacun alloit dîner en sa maison; et sitôt après dîner, ils revenoient devant son hôtel, et béoient (attendoient) en la rue, jusques adonc qu'il vouloit aller aval (en bas) la rue, jouer et ébatre parmi la ville; et ainsi le conduisoient jusques au souper. Et sachez que chacun de ces soudoyés (soldats) avoit chacun jour quatre compagnons ou gros de Flandre pour ses frais et pour ses gages; et les faisoit bien payer de semaine en semaine. Et aussi avoit-il par toutes les villes de Flandre et les chatelleries sergents et soudoyés à ses gages, pour faire tous ses commandemens et épier s'il avoit nulle part personne qui fût rebelle à lui, ni qui dît ou informât aucun contre ses volontés. Et sitôt qu'il en savoit aucun en une ville, il ne cessoit jamais tant qu'il l'eut banni ou fait tuer sans déport (délai); jacil (celui-ci) ne s'en put garder. Et mêmement tous les plus puissants de Flandre, chevaliers, écuyers et les bourgeois des bonnes villes qu'il pensoit qui fussent favorables au comte de Flandre en aucune manière, il les bannissoit de Flandre et levoit la moitié de leurs revenues, et laissoit l'autre moitié pour le douaire et le gouvernement de leurs femmes et de leurs enfants.» Froissart, t. I, c. LXV, p. 184.

Sauvage, p. 143. «Ejus fœderis præcipui auctores fuere Jacob Artevelda, et Sigerus Curtracensis eques Flandrus nobilissimus. Sed hunc Ludovicus... jussu Philippi regis, Brugis decollavit.» Meyer, p. 138, comp. Froissart, p. 187.(Retour au texte)

Note 245: Rymer, t. IV, p. 804. De même avant la campagne qui se termina par la bataille de Crécy, il écrivit aux deux chefs des Dominicains et des Augustins, prédicateurs populaires: «Rex dilecto sibi in Christo... ad informandum intelligentias et animandum nostrorum corda fidelium... specialiter vos quibus expedire videretis clero et populo velitis patenter exponere...» Rymer, Acta public., V. 496.(Retour au texte)

Note 246: Rymer, ann. 1338.(Retour au texte)

Note 247: Ord. II, ann. 1338, ann. 1333.(Retour au texte)

Note 248: Ord. II, ann. 1338.(Retour au texte)

Note 249: Aigues-Mortes, Carcassonne, Beaucaire, Mâcon.(Retour au texte)

Note 250: Froissart.(Retour au texte)

Note 251: Froissart.(Retour au texte)

Note 252: Froissart.(Retour au texte)

Note 253: Chron. de Saint-Denis.(Retour au texte)

Note 254: Froissart.(Retour au texte)

Note 255: Froissart.(Retour au texte)

Note 256: Meyer.(Retour au texte)

Note 257: Froissart.(Retour au texte)

Note 258: Après avoir quitté Édouard, qu'il servait *en l'Empire,* pour défendre Philippe *au royaume,* ce jeune seigneur, irrité des ravages que le roi de France avait laissé commettre en ses États, lui avait porté défi et s'était rallié au roi d'Angleterre.(Retour au texte)

Note 259: «Robert d'Artois les conduisait: Par un mercredi matin il manda tous les chèvetaines de son ost, et leur dit: Seigneurs, j'ay ouy nouvelles que m'en voise vers la ville de Saint-Omer, et que tantost me sera rendue. Lesquels sans délay se coururent armer, et disoient l'un à l'autre: Or tost, compain: Nous bevrons encore en huy de ces bons vins de Saint-Omer.» Chronique publiée par Sauvage, p. 156.(Retour au texte)

Note 260: Froissart.(Retour au texte)

Note 261: Le comte de Montfort était venu lui faire hommage. «Quand le roi anglois eut ouï ces paroles, il y entendit volontiers, car il regarda et imagina que la guerre du Roy de France en seroit embellie, et qu'il ne pouvoit avoir une plus belle entrée au royaume, ne plus profitable, que par Bretagne; et tant qu'il avoit guerroyé par les Allemands et les Flamands et les Brabançons, il n'avoit fait fors que frayé et dépendu grandement et grossement; et l'avoient mené et démené les seigneurs de l'Empire qui avoient pris son or et son argent, ainsi que l'avoient voulu, et rien n'avoient fait.» Froissart, ann. 1341, II, p. 20. Les lettres par lesquelles Louis de Bavière révoque le titre de vicaire de l'Empire sont du 25 juin 1341.(Retour au texte)

Note 262: Voyez Shakespeare.(Retour au texte)

Note 263: Voyez l'Introd. de Walter Scott à son recueil des ballades du border.(Retour au texte)

Note 264: «Et crioit-on moult ce jour alarme, et disoit-on que les premiers se combattoient aux ennemis; si que chacun cuidant que ce fut voir, se hâtoit quant qu'il pouvoit parmi marais, parmi pierres et cailloux, parmi vallées et montagnes, le heaume appareillé, l'écu au col, le glaive ou l'épée au poing, sans attendre père ni frère, ni compagnon. Et quand on avoit ainsi couru demie lieue ou plus, et on en venoit au lieu d'où ce hutin ou cri naissoit, on se trouvoit déçu; car ce avoient été cerfs ou biches.» Froissart.(Retour au texte)

Note 265: «Et fit-on crier que qui se voudroit tant travailler qu'il put rapporter certaines nouvelles au roi, là où l'on pourroit trouver les Écossois, le premier qui celui rapporteroit il auroit cent livres de terre à héritage, et le feroit le roi chevalier.» Froissart. On trouve en effet dans Rymer: «Pro Thoma de Rokesby, qui regem duxerat ante visum inimicorum Scotorum.»(Retour au texte)

Note 266: Voyez, entre autres ouvrages, le beau livre de M. Émile Souvestre: Les Derniers Bretons.(Retour au texte)

Note 267: «Entrerons en la grand matière et histoire de Bretagne, qui grandement renlumine ce livre pour les beaux faits d'armes qui y sont ramentués.»(Retour au texte)

Note 268: Selon Froissart, Charles de Blois en eut toujours de son côté *de sept les cinq.*(Retour au texte)

Note 269: Froissart, t. I, c. 314. «Si chevaucha le connestable premièrement Bretagne bretonnant, pourtant qu'il la sentoit tousjours plus incline au duc Jehan de Montfort, que Bretagne gallot.» — «La dame de Montfort tenoit plusieurs forteresses en Bretagne bretonnant.» — Le comte de Montfort fut enterré à Quimpercorentin. Sauvage, p. 175.(Retour au texte)

Note 270: Procès-verbal et informations sur la vie et les miracles de Charles, duc de Bretagne, de la maison de France, etc. *Ms. de la Bibl. du Roi, 2 vol. in-fol, n° 5, 381.* D. Morice, Preuves, t. II, p. 1, en a donné l'extrait, d'après un autre manuscrit. — 24e témoin. Yves le Clerc, t. I, p. 147: «Non mutabat cilicem suum, dum fuisset tanto plenum pediculis, quod mirum erat, et quando cubicularius volebat amovere pediculis a dicto cilice, ipse dominus Carolus dicebat: «Dimittatis, nolo quod aliquem pediculum amoveatis,» «et dicebat quod sibi malum non faciebant et quod, quando ipsum pungebant, recordabatur de Deo»...

«In tantum quod adstantibus videbatur quod a sensu alienatus erat, et color vultus ipsius mutabatur de naturali colore in viridem.» 17e témoin, Pagan de Quélen, t. I, p. 87.(Retour au texte)

Note 271: La chronique en vers de Guillaume de Saint-André, conseiller, ambassadeur et secrétaire du duc Jean IV, notaire apostolique et impérial, ne laisse aucun doute sur la duplicité dont on usa envers lui. Roujoux, III, p. 178.(Retour au texte)

Note 272: Froissart.(Retour au texte)

Note 273: Froissart.(Retour au texte)

Note 274: Chron. de Flandre.(Retour au texte)

Note 275:«Malus dies lunæ (Den quaden maendah)... Pugnabant textores contra fullones *ac parvum quæstum.* Dux textorum Gerardus erat, quibus et Artevelda accessit.» Meyer, p. 146. «Lesquels ayant occis plus de quinze cents foullons, chassèrent les autres dudict mestier hors de la ville, et réduisirent ledict mestier de foullons à néant, comme il est encoires pour le jourd'hui.» Oudegb. f. 271.(Retour au texte)

Note 276: «Quand il eut fait son tour, il revint à Gand et entra en la ville, ainsi comme à l'heure de midi. Ceux de la ville qui bien savoient sa revenue, étoient assemblés sur la rue par où il devoit chevaucher en son hôtel. Sitôt qu'ils le virent, ils commencèrent à murmurer et à bouter trois têtes en un chaperon, et dirent: «Voici celui qui est trop grand maître et qui veut ordonner de la comté de Flandre à sa volonté; ce ne fait mie à souffrir.»... Ainsi que Jacques d'Artevelde chevauchoit par la rue, il s'aperçut tantôt qu'il y avoit aucune chose de nouvel contre lui, car ceux qui se souloient incliner et ôter leurs chaperons contre lui, lui tournoient l'épaule, et rentraient en leurs maisons. Si ce commença à douter; et sitôt qu'il fut descendu en son hôtel, il fit fermer et barrer portes et huis et fenêtres. À peine eurent ses varlets ce fait, quand la rue où il demeuroit, fut toute couverte, devant et derrière, de gens, spécialement de menues de métier. Là fut son hôtel environné et assailli devant et derrière, et rompu par force. Bien est voir (vrai) que ceux de dedans se défendirent moult longuement et en atterrèrent et blessèrent plusieurs; mais finalement ils ne purent durer, car ils estoient assaillis si roide que presque les trois quarts de la ville étoient à cet assaut. Quand Jacques d'Artevelde vit l'effort, et comment il étoit oppressé, il vint à une fenêtre sur la rue, se commença à humilier et dire, par trop beau langage et à un chef: «Bonnes gens, que vous faus? Que vous meut? Pourquoi êtes-vous si troublés sur moi? En quelle manière vous puis-je avoir courroucé? Dites-le moi, et je l'amenderai pleinement à votre volonté.» Donc répondirent-ils, à une voix, ceux qui ouï l'avoient: «Nous voulons avoir compte du grand trésor de Flandre que vous avez devoyé sans titre de raison.» Donc répondit Artevelde moult doucement: «Certes, seigneurs, au trésor de Flandre ne pris-je oncques denier. Or vous retraiez bellement en vos maisons, je vous en prie, et revenez demain au matin et je serai si pourvu de vous faire et rendre bon compte que par raison il vous devra suffire.» Donc répondirent-ils, d'une voix: «Nennin, nennin, nous le voulons tantôt avoir; vous ne nous échapperez mie ainsi: nous savons de vérité que vous l'avez vidé de piéça, et envoyé en Angleterre, sans notre sçu, pour laquelle cause il vous faut mourir.» Quand Artevelde ouit ce mot, il joignit ses mains et commanca pleurer moult tendrement, et dit: «Seigneurs, tel que je suis vous m'avez fait, et me jurâtes jadis que contre tous hommes vous me défendriez et garderiez; et maintenant vous me voulez occire et sans raison. Faire le pouvez, si vous voulez, car je ne suis que un seul homme contre vous tous, à point de défense. Avisez pour Dieu, et retournez au temps passé. Si considerez les grâces et les grands courtoisies que jadis vous a faites. Vous me voulez rendre petit guerredon (récompense) des grands biens que au temps passé je vous ai faits. Ne savez-vous comment toute marchandise étoit périe en ce pays? je la vous recouvrai. En après, je vous ai gouvernés en si grande paix, que vous avez eu, du temps de mon gouvernement, toutes choses à volonté, blé, laines, avoir, et toutes marchandises, dont vous êtes recouvrés et en bon point.» Adonc commencèrent eux à crier tous à une voix: «Descendez, et ne nous sermonez plus de si haut; car nous voulons avoir compte et raison tantôt du grand trésor de Flandre que vous avez gouverné trop longuement, sans rendre compte; ce qui n'appartient mie à nul officier qu'il reçoive les biens d'un seigneur et d'un pays, sans rendre compte.» Quand Artevelde vit que point ne se refroidiroient ni refreneroient, il recloui (referma) la fenêtre, et s'avisa qu'il videroit par derrière, et s'en iroit en une église qui joignoit près de son hôtel étoit jà rompu et effondré par derrière, et y avoit plus de quatre cents personnes qui tous tiroient à l'avoir. Finalement il fut pris entre eux et là occis sans merci, et lui donna le coup de la mort un tellier (tisserand) qui s'appeloit Thomas Denis. Ainsi fina Artevelde, qui en son temps fut si grand maître en Flandre: poures (pauvres) gens l'amontèrent (l'élevèrent) premièrement, et méchants gens le tuèrent en la parfin.» Froissart, II, 254-9.(Retour au texte)

Note 277: «Si singlèrent ce premier jour à l'ordonnance de Dieu, du vent, et des mariniers, et eurent assez bon exploit pour aller vers Gascogne ou le roi tendoit aller. Au tiers jour... le vent les rebouta sur les marches de Cornouailles... En ce termine eut le roi autre conseil par l'ennort et l'information de messire Godefroy d'Harcourt qui lui conseilla qu'il prit terre en Normandie. Et dit adonc au roi: Sire, le pays de Normandie est l'un des plus gros du monde... et trouverez en Normandie grosses villes et bastides qui point ne sont fermées, ou vos gens auront si grand profit, qu'il en vaudront mieux vingt ans après.» Froissart, II, c. CCLIV, p. 296.(Retour au texte)

Note 278: «Le roi chevauchoit par le Cotentin. Si n'étoit pas de merveille si ceux du pays étoient effrayés et ébahis; car avant ce ils n'avoient oncques vu hommes d'armes et ne savoient que c'étoit de guerre ni de bataille. Si fuyoient devant les Anglais d'aussi loin qu'ils en oyoient parler.» Froissart.(Retour au texte)

Note 279: «Et fit messire Godefroy de Harcourt conducteur de tout son ost, pourtant qu'il savoit les entrées et les issues en Normandie... Si trouvèrent le pays gras et plantureux de toutes choses, les granges pleines de toutes richesses, riches bourgeois, chevaux, pourceaux, brebis, moutons, et les plus beaux bœufs du monde que on nourrit en ce pays.» Froiss., II, p. 303. — «Ils vinrent à Harfleur...

la ville fut robée et pris or, argent et riches joyaux; car ils en trouverent si grand foison, que garçons n'avoient cure de draps fourrés de vair.» Ibidem. — «Et furent les Anglois de la ville de Caen seigneurs trois jours et envoyèrent par barges tout leur gain, draps, joyaux, vaisselle d'or et d'argent et toutes autres richesses dont ils avoient grand'foison jusques à leur grosse navie; et eurent avis par grand'delibération que leur navie à (avec) tout le conquet et leurs prisonniers ils enverroient arrière en Angleterre.» Ibid., 320. — «Et trouva-t-on en ladite ville de Saint-Lo manants huit ou neuf mille que bourgeois, que gens de métier... on ne peut croire à la grand'foison de draps qu'ils y trouverent.» Ibid., p. 311. — «Louviers adonc étoit une des villes de Normandie ou l'on faisoit la plus grande plenté de draperie et étoit grosse, riche et marchande mais point fermée... et fut robée et pillée, sans déport et conquirent les Anglois très grand avoir.» Ibid., p. 523.(Retour au texte)

Note 280: Rymer, III, pars I, p. 76. — Ils auraient promis de fournir 4,000 hommes d'armes, 20,000 de pied dont 5,000 arbalétriers *tous pris dans la province* excepté 1,000 hommes d'armes que le duc de Normandie pourrait choisir ailleurs, mais qui seraient payés par les Normands. Ils s'obligeaient à entretenir ces troupes pendant dix et même douze semaines. Si l'Angleterre est conquise, comme on l'espère, la couronne appartiendra dès lors au duc de Normandie. Les terres et droits des Anglais nobles et roturiers, séculiers, appartiendront aux églises, barons, nobles, et bonnes villes de Normandie. Les biens appartenant au pape, à l'église de Rome et à celle d'Angleterre, ne seront point compris dans la conquête. Robert d'Avesbury rapporte cet acte en entier d'après la copie trouvée, dit-il, à Caen, 1346. — Ce langage belliqueux, cette certitude de la conquête, s'accorde mal avec l'état pacifique où Édouard trouva le pays.(Retour au texte)

Note 281: Froissart.(Retour au texte)

Note 282: «Il n'est nul homme qui put accorder la vérité, spécialement de la partie des François, tant y eut pauvre arroy et ordonnance en leurs conrois (dispositions), et ce que j'en sais, je l'ai su le plus... par le gens messire Jean de Hainaut, qui fut toujours de lez le roi de France.» Froissart, III, 357.

Froiss., I, c. CLCXXXVIII, p. 363. Il y a là un vieil usage barbare. Voyez la Germania de Tacite, et les récits de la bataille de Las navas de Tolosa.

Froissart, c. CCXCIII, p. 373.—Ibid., II, p. 375-380: «Si en eut morts sur les champs, que par haies, que par buissons, ainsi qu'ils fuyoient, plus de sept mille... Ainsi chevauchèrent cette matinée les Anglois querants aventures et rencontrerent plusieurs François qui s'étoient fourvoyés le samedi, et mettoient tout à l'épée, et me fut dit que des communautés et des gens de pied des cités et des bonnes villes de France il y en eut mort ce dimanche au matin, plus quatre fois que le samedi que la grosse bataille fut... Les deux chevaliers messire Regnault de Cobham et messire Richard de Stanfort dirent que onze chefs de princes étoient demeurés sur la place, quatre-vingts bannerets, douze cents chevaliers d'un écu, et environ 30,000 hommes d'autres gens.»(Retour au texte)

Note 283: Contin, G. de Nangis.(Retour au texte)

Note 284: Villani.(Retour au texte)

Note 285: Déjà elle servait à l'attaque et à la défense des places. En 1340, on en fit usage au siége du Quesnoy. En 1338, Barthélemy de Drach, trésorier des guerres, porte en compte une somme donnée à Henry de Famechon pour avoir poudre et autres choses nécessaires aux canons qui étaient devant Puy-Guillaume.(Retour au texte)

Note 286: «Et lors, après la bataille, s'avala le roi Édouard, qui encore tout ce jour n'avoit mis son bassinet.» Froissart.(Retour au texte)

Note 287: Quelques villes de l'intérieur contribuèrent aussi, mais dans une proportion bien différente. La puissante ville d'York donna un vaisseau et neuf hommes. Anderson, I, 322.(Retour au texte)

Note 288: Froissart.(Retour au texte)

Note 289: «Et fit bâtir entre la ville et la rivière et le pont de Nieulai hôtels et maisons et couvrir lesdites maisons qui étoient assises et ordonnées par rues bien et facilement d'estrain (paille) et de genêts, ainsi comme s'il dut là demeurer dix ou douze ans, car telle étoit son intention qu'il ne s'en partiroit par hiver ni par été, tant qu'il l'eut conquise.» Froiss., p. 385.

Knyghton, De event. Angl., l. IV. Froissart dit au contraire que non-seulement il les laissa passer parmi son ost, mais encore qu'il les fit dîner copieusement. II, p. 387.(Retour au texte)

Note 290: Les Anglais ayant donné la chasse à deux vaisseaux qui essayaient de sortir du port, interceptèrent cette lettre du gouverneur à Philippe de Valois: «Si avoms pris accord entre nous que si n'avoms en brief secour qe nous issirome hors de la ville toutz a champs pour combattre peur vivere ou pour morir; qar nous amons meutz à morir as champs honourablement qe manger l'un l'autre,...» Froiss. Le continuateur de Nangis dit que le roi n'avait point cessé de leur envoyer des vivres, par terre et par mer; mais qu'ils avaient été détournés.(Retour au texte)

Note 291: Ord. II.(Retour au texte)

Note 292: «Si s'avancèrent ceux de Tournay, qui bien étaient quinze cents et allèrent de grande volonté cette part. Ceux de dedans la tour en navrèrent aucuns. Quand les compagnons de Tournay virent ce, ils furent tous courroucés, et se mirent de grande volonté à assaillir ces Anglais. La eut dur assaut et grand, et moult de ceux de Tournay blessés, mais ils firent tant que par force et grand appertise de corps, ils conquirent cette tour. De quoi les Français tinrent ce fait à grand prousesses.» Froissart, II, p. 449.(Retour au texte)

Note 293: Il leur offrait encore de faire lever l'interdit jeté sur la Flandre, d'y entretenir le blé pendant six ans à un très-bas prix; de leur faire porter des laines de France, qu'ils manufactureraient avec le privilége de vendre en France les draps fabriqués de ces laines, exclusivement à tous autres, tant qu'ils en pourraient fournir, etc. (Rob. d'Avesbury.)(Retour au texte)

Note 294: Pour le forcer à épouser la fille du roi d'Angleterre, les Flamands le retenaient en prison courtoise. Il s'y ennuyait; il promit tout et en sortit, mais sous bonne garde: «... Et un jour qu'il était allé voler en rivière, il jeta son faucon, le suivit à cheval, et quand il fut un petit éloigné, il férit des éperons et s'en vint en France.» Froiss.(Retour au texte)

Note 295: Froissart dit que le roi, venant au secours de Calais, envoya défier Édouard, et que celui-ci refusa. Édouard, dans une lettre à l'archevêque d'York, annonce au contraire qu'il a accepté le défi, et que le combat n'a pas eu lieu parce que Philippe a décampé précipitamment avant le jour après avoir mis le feu à son camp.(Retour au texte)

Note 296: Villani, qui devait être très-bien instruit des affaires de France par les marchands florentins et lombards, dit expressément qu'Édouard était résolu à faire pendre ceux de Calais *comme pirates, parce qu'ils avaient causé beaucoup de dommages aux Anglais sur mer.* Villani, l. 12, c. 95. — M. Dacier a comparé les récits divers des historiens (Froissart, III, 466-7). Voyez aussi une dissertation de M. Bolard, couronnée par la Société des antiquaires de la Morinie. — Aucun critique, que je sache, n'a senti toute la portée du passage de Villani.(Retour au texte)

Note 297: C'est peut-être pour cela que les historiens contemporains ne désignent point Eustache de Saint-Pierre et ses compagnons, lorsqu'ils font mention de cette circonstance: «Burgenses procedebant cum simili forma, habentes funes singuli in manibus suis, in signum quod rex eos laqueo suspenderet vel salvaret ad voluntatem suam.»Knyghton. Le récit de Thomas de la Moor s'accorde avec cet historien. Villani dit qu'ils sortirent nus en chemises, et Robert d'Avesbury qu'Édouard se contenta de retenir prisonniers les plus considérables. Toutes ces données réunies forment les éléments du dramatique récit de Froissart.(Retour au texte)

Note 298: Froissart dit: «Et puis firent (les Anglais) toutes manières de gens petits et grands, partir (de Calais).» «Tout Français ne fut pas exclu, dit M. de Bréquigny; j'ai vu au contraire quantité de noms français parmi les noms des personnes à qui Édouard accorda des maisons dans sa nouvelle conquête. Eustache de Saint-Pierre fut de ce nombre.» — Philippe fit ce qui était en son pouvoir pour récompenser les habitants de Calais. Il accorda tous les offices vacants (8 septembre, un mois après la reddition) à ceux d'entre eux qui voudraient s'en faire pourvoir. Dans cette ordonnance il est fait mention d'une autre par laquelle il avait concédé aux Calaisiens chassés de leur ville tous les biens et héritages qui lui échoiraient pour quelque cause que ce fût. Le 10 septembre, il leur accorda de nouveau un grand nombre de priviléges et franchises, etc., confirmés sous les règnes suivants. Par des lettres du 8 octobre 1347, deux mois après la reddition de Calais, Édouard donne à Eustache une pension considérable en attendant qu'il ait pourvu plus amplement à sa fortune. Les motifs de cette grâce sont les services qu'il devait rendre soit en maintenant le bon ordre dans Calais, soit en veillant à la garde de cette place. D'autres lettres du même jour lui accordent la plupart des maisons et emplacements qu'il avait possédés dans cette ville et en ajoutent quelques autres. V. Frois., II, n. 473.(Retour au texte)

Note 299: Ce caractère du *fox-hunter* anglais n'est pas moderne. Voy. au t. VI, l'entrée d'Henri V à Paris.(Retour au texte)

Note 300:«Illis autem diebus (1346) levabat dominus rex decimas ecclesiarum de voluntate domini papæ... et sic infinitæ pecuniæ per diversas cautelas levabantur, sed revera quanto plures nummi in Francia per tales extorquebantur, tanto magis Dominus Rex depauperabatur; pecuniæ militibus multis et nobilibus, ut patriam et regnum juvarent et defensarent, contribuebantur, sed omnia ad usus inutiles ludorum, ad taxillos et indecentes jocos contumaciter exponebantur.» Contin. G. de Nangis, p. 108.(Retour au texte)

Note 301: Sur trente-deux mille hommes dont se composait l'armée d'Édouard, Froissart dit expressément qu'il n'y avait que quatorze mille Anglais (4,000 hommes d'armes, 10,000 archers). Les autres dix-huit mille étaient Gallois et Irlandais (12,000 Gallois, 6,000 Irlandais).(Retour au texte)

Note 302: Narbonne demande qu'on lui allége les contributions de guerre: «L'inondation de l'Aude nous a extrêmement incommodés, et le nombre de feux est diminué de cinq cents depuis quatre à cinq ans; plusieurs habitants sont réduits à la mendicité, etc.» D. Vaissette, Hist. de Lang., IV, 231.(Retour au texte)

Note 303: D. Vaissette.(Retour au texte)

Note 304: Contin. G. de Nangis, p. 110, *et le traducteur contemporain de la petite chronique de Saint-Denis, ms. Coaslin, n. 110, Bibl. Reg.* — «Ad sepeliendos mortuos vix sufficere poterant. Patrem filius, et filius patrem in grabato relinquebat.»*Contin. Can. de S. Victore, ms. Bibl. Reg., n. 818, petit in-4º.*

V., entre autres ouvrages, la thèse remarquable de M. Schmidt de Strasbourg, sur les mystiques du XIVe siècle.(Retour au texte)

Note 305: Contin. G. de Nangis.(Retour au texte)

Note 306: Contin. G. de Nangis.(Retour au texte)

Note 307: Johannes Vitoduranus.(Retour au texte)

Note 308:«Noviter adinventas.» Contin. G. de Nangis, III.—M. Mazure, bibliothécaire de Poitiers, a publié un cantique fort remarquable que les frères de la Croix avaient coutume de chanter dans leurs cérémonies:

Or avant, entre nous tous frères
Battons nos charognes bien fort
En remembrant la grant misère
De Dieu et de sa piteuse mort,
Qui fut pris en la gent amère
Et vendus et traïs à tort.
Et battu sa char vierge et dère...
Au nom de ce, battons plus fort, etc.(Retour au texte)

Note 309: Ms. des Chroniques de Saint-Denis, cité par M. Mazure.(Retour au texte)

Note 310: Ms. des Chroniques de Saint-Denis, cité par M. Mazure.(Retour au texte)

Note 311: Contin. G. de Nangis.(Retour au texte)

Note 312: Matteo Villani blâme ceux qui se retirèrent.(Retour au texte)

Note 313: Thucydide nous a retracé le même effet dans la description de la peste de l'Attique. Il exprime aussi un remarquable progrès du scepticisme, lorsqu'il rappelle la fausse interprétation donnée aux paroles de l'oracle (λιμός, faim, pour λοιμός, peste).

«... Sed quod supra modum admirationem facit, est quod dicti pueri nati post tempus illud mortalitatis supradictæ, et deinceps dum ad ætatem dentium devenerunt, non nisi vigenti vel viginti duos in ore communiter habuerunt, cum ante dicta tempora homines de communi cursu triginta duos dentes et supra simul in mandibulis habuissent.» Contin. G. de Nangis, p. 110.(Retour au texte)

Note 314: Matteo Villani.(Retour au texte)

Note 315: Chaucer, 198. Gaguin, apud Spond. 488. Lingard, ann. 1350, t. IV, p. 106-7 de la trad. «Ad fugiendum coram inimicis magis apti.» C. G. de Nangis, p. 105.(Retour au texte)

Note 316:«Non tam corpus amasse quam animam... Quo illa magis in ætate progressa est... eo firmior in opinione permansi; et si enim visibiliter in vere flos tractu temporis languesceret, animi decus augebatur...» Pétrar., p. 356. Il semble qu'il ait reconnu plus tard la vanité de ses amours: «Quotiens tu ipse... in hac civitate (quæ malorum tuorum omnium non dicam causa, sed officina est), postquam tibi convaluisse videbaris... per vicos notos incedens ac sola locorum facie admonitus veterum vanitatum, ad nullius occursum stupuisti, suspirasti, substitisti, denique vix lacrymas tenuisti, et mox semisaucius fugiens dixisti tecum: Agnosco in his locis adhuc latere nescio quas antiqui hostis insidias; reliquiæ mortis hic habitant...» De Cont. mundi, p. 360, ed. Basileæ, 1581. — Voyez aussi, entre autres ouvrages relatifs à Pétrarque, les Mémoires de l'abbé de Sades, l'ouvrage récent, intitulé, Viaggi di Petrarcha, l'article de la Biographie universelle, par M. Foisset, etc.

«Laure, illustre par ses propres vertus, et longtemps célébrée par mes vers, parut, pour la première fois à mes yeux, au premier temps de mon adolescence, l'an 1327, le 6 du mois d'avril, à la première heure du jour (six heures du matin), dans l'église de Sainte-Claire d'Avignon, et dans la même ville, au même mois d'avril, le même jour 6, et à la même heure, l'an 1348, cette lumière fut enlevée au monde, lorsque j'étais à Vérone, hélas! ignorant mon triste sort. La malheureuse nouvelle m'en fut apportée par une lettre de mon ami Louis: elle me trouva à Parme, la même année, le 19 mai, au matin. Ce corps si chaste et si beau fut déposé dans l'église des Frères-Mineurs, le soir du jour même de sa mort. Son âme, je n'en doute pas, est retournée au ciel, d'où elle était venue. Pour conserver la mémoire douloureuse de cette perte, j'éprouve un certain plaisir mêlé d'amertume à écrire ceci; et je l'écris préférablement sur ce livre, qui revient souvent à mes yeux, afin qu'il n'y ait plus rien qui me plaise dans cette vie, et que, mon lien le plus fort étant rompu, je sois averti, par la vue fréquente de ces paroles, et par la juste appréciation d'une vie fugitive, qu'il est temps de sortir de Babylone; ce qui, avec le secours de la grâce divine, me deviendra facile par la contemplation mâle et courageuse des soins superflus, des vaines espérances et des événements inattendus qui m'ont agité pendant le temps que j'ai passé sur la terre.» Trad. de M. Foisset, Biogr. univ., XXXI, p. 457.(Retour au texte)

Note 317: «Que faisons-nous maintenant, mon frère? Nous avons tout éprouvé, et nulle part n'est le repos. Quand viendra-t-il? où le chercher? Le temps nous fuit, pour ainsi dire entre les doigts, nos vieilles espérances dorment dans la tombe de nos amis. L'an 1348 nous a isolés, appauvris, non point de ces richesses que les mers des Indes ou de Carpathie peuvent renouveler... Il n'est qu'une seule consolation; nous suivrons ceux qui nous ont devancés... Le désespoir me rend plus calme. Que pourrait craindre celui qui tant de fois a lutté contre la mort:

Una salus victis nullam sperare salutem.

Tu me verras de jour en jour agir avec plus d'âme, parler avec plus d'âme; et si quelque digne sujet s'offre à ma plume, ma plume sera plus forte.» Pétrarch., Épist. fam. Præf., p. 570.(Retour au texte)

Note 318:«Ita me Reginæ junioris novique Regis adolescentia, ita me Reginæ alterius ætas et propositum; ita me tandem territant aulicorum ingenia equos duos multorum custodiæ luporum creditos video, regnumque sine rege...» p. 639. «Neapolim veni, Reginas adii et reginarum consilio interfui. Proh pudor! quale monstrum. Auferat ab Italico cœlo Deus genus hoc pestis...» Ibid., p. 640-1; — «Nocturnum iter hic non secus atque inter densissimas silvas, anceps ac periculis plenum, obsidentibus vias nobilibus adolescentulis armatis... Quid miri est... cum luce media, inspectantibus regibus ac populo, infamis ille gladiatorius ludus in urbe itala celebretur, plusquam barbarica feritate...» Ibid., p. 645-6.(Retour au texte)

Note 319:«Cave, obsecro, speciosissimam famæ tuæ frontem, propriis manibus deformare. Nulli fas hominum est nisi tibi uni rerum tuarum fundamenta convellere, tu potes evertere qui fundasti... Mundus ergo te videbit de bonorum duce satellitem reproborum... Examina tecum, nec te fallas, qui sis, qui fueris, unde, quo veneris... quam personam indueris, quod nomen assumpseris, quam spem tui feceris, quid professus fueris, videbis te non Dominum Reipublicæ, sed ministrum.» Ibid., p. 677-8.(Retour au texte)

Note 320: Il tira d'eux quelque argent, et s'en retourna plus vite qu'il n'était venu. Les villes fermaient toutes leurs portes; on lui permit avec peine de reposer une nuit à Crémone.(Retour au texte)

Note 321: Ce qu'il y avait de plus humiliant, c'est que le malicieux empereur avait donné la couronne poétique à un autre que Pétrarque.(Retour au texte)

Note 322: Quelques jours auparavant, Boccace lui avait envoyé le Décaméron. Le vieillard en retint par cœur *la patiente Griselidis*, cette belle histoire qui, à elle seule, purifie le reste du livre.(Retour au texte)

Note 323: Ord., 30 mars 1351, et septembre.(Retour au texte)

Note 324: «En ce temps ordonna le roi Jean une belle compagnie sur la manière de la Table ronde, de laquelle devoient être trois cents chevaliers des plus suffisans et eut en convent le roi Jean aux compagnons de faire une belle maison et grande à son coût de lez Saint-Denis, là où tous les compagnons devoient repairer à toutes les fêtes solemnelles de l'an... et leur convenoit jurer que jamais ils ne fuiroient en bataille plus loin de quatre arpents, ainçois mourroient ou se rendroient pris... Si fut la maison presque faite et encore est elle assez près de Saint-Denis; et si elle avenoit que aucuns des compagnons de l'Étoile en vieillesse eussent mestier de être aidés et que ils fussent affoiblis de corps et amoindris de chevance, on lui devoit faire ses frais en la maison bien et honorablement pour lui et pour deux varlets, si en la maison vouloit demeurer.» Froiss., III, 53-58.(Retour au texte)

Note 325: C'était, dit Villani, le bruit public.(Retour au texte)

Note 326: Charles avait aussi à se plaindre de l'insolence du connétable qui l'avait appelé *billonneur monnoie* (faux-monnoyeur).(Retour au texte)

Note 327: «Sur plusieurs de ces monnaies, le roi d'Angleterre était représenté sous forme de lion ou de dragon, foulé par le roi de France.» Leblanc.(Retour au texte)

Note 328: De 1351 à 1360, la livre tournois changea soixante et onze fois de valeur. M. Natalis de Wailly met ce régime en balance avec celui des assignats. (Mémoire sur les variations de la livre tournois.) *Note de 1860*. Leblanc, Traité des monnaies, ibid., p. 261. Jean avait d'abord cherché à tenir secrètes ces honteuses falsifications; il mandait aux officiers des monnaies: «Sur le serment que vous avez au Roy, tenez cette chose secrette le mieux que vous pourrez... que par vous ne aucuns d'eux les changeurs ne autres ne puissent savoir ne sentir aucune chose; car si par vous est sçu en serez punis par telle manière, que tous autres y auront exemple.» (24 mars 1350)... «Si aucun demande à combien les blancs sont de loy, feignez qu'ils sont à six deniers.» Il leur enjoignait de les frapper bien exactement aux anciens coins: «Afin que les marchands ne puissent apercevoir l'abaissement à peine d'estre déclarés traîtres.» Philippe de Valois avait usé aussi autrefois de ces précautions, mais à la longue il avait été plus hardi et avait proclamé comme un droit ce qu'il cachait d'abord comme une fraude. Jean ne pouvait être moins hardi que son père. «Ja soit,» dit-il, «ce que à nous seul, et pour le tout de nostre droit royal, par tout nostre royaume appartiègne de faire teles monnoyes comme il nous plaît, et de leur donner cours.» Ord. III, p. 556. Et comme si ce n'était pas le peuple qui en souffrait, il donnait cette ressource pour un revenu privé qu'il faisait servir aux dépenses publiques «desquelles sans le trop grand grief du peuple dudit Royaume nous ne pourrions bonnement finer, si n'estoit pas le demaine et revenue du prouffit et émolument des monnoyes. Préf., Ord. III.(Retour au texte)

Note 329: Les États de 1355 exigèrent qu'on suspendît ces poursuites.(Retour au texte)

Note 330: En 1338, les nobles du Languedoc se plaignirent de ce que les gages qu'on leur avait payés pendant la guerre de Gascogne n'étaient pas proportionnés à ceux qu'ils avaient reçus dans les autres guerres qui avaient été faites en ce pays. On était au moment de la reprise de la guerre contre les Anglais. Le roi fit droit à la requête.(Retour au texte)

Note 331: Ord. II, p. 395, 15° et 447-8.—Ord. II, p. 408, 27°.—Ord. II, p. 344.—Ord. II, p. 350.—Ibid., p. 422, 432, 434. «Lettres par lesquelles le Roi deffend que ses gens n'emportent les matelats et les coussins des maisons de Paris où il ira loger.» Autre ord., 435-7.—Ord. III, p. 26-29.—Ord. III, p. 22 et seq. Froiss., III, c. 340, p. 450.(Retour au texte)

Note 332: «Protestèrent les bonnes villes par la bouche de Étienne Marcel, lors prévost des marchands à Paris, que ils estoient tous prests de vivre, de mourir avec le roi.» Froiss.—Lire sur Étienne Marcel et la révolution de 1356-58 l'excellent travail de M. Perrens. MM. H. Martin et J. Quicherat (Plutarque Français) avaient déjà bien indiqué le caractère des événements de cette grande époque sur lesquels M. Perrens a concentré la plus vive lumière en les racontant et les discutant avec détail (1860).(Retour au texte)

Note 333: Froissart.(Retour au texte)

Note 334: «Sachez que ce pays de Carcassonnois et de Narbonnois et de Toulousain, où les Anglois furent en cette saison, étoit en devant un des gras pays du monde, bonnes gens et simples gens qui ne savoient que c'étoit de guerre, car oncques ne furent guerroyés, ni avoient été en devant ainçois que le prince de Galles y conversast.» Froissart, III, 104.—«Ni les Anglois ne faisoient compte de peines (velours) fors de vaisselle d'argent ou de bons florins.» Ibid., p. 103. XIX addit. «Si fut tellement pararse (brûlée) et detruite des Anglois que oncques n'y demeura de ville pour héberger un cheval, ni à peine savoient les héritiers, ni les manants de la ville rassener (assigner) ni dire de voir (vrai): «Ci sits mon héritage.— Ainsi fut-elle menée.» Ibid., p. 120.(Retour au texte)

Note 335: Il dut déployer contre ces trois chevaliers tout un appareil de siége «canons, carreaux, bombardes et feux grégeois.» Froissart.(Retour au texte)

Note 336: «Sitôt que ces gens d'armes furent là embattus, archers commencèrent à traire à exploit, et à mettre main en œuvre à deux cotés de la haye, et à verser chevaux et à enfiler tout dedans de ces longues sajètes barbues. Ces chevaux qui traits estoient et qui les fers de ces longues sajètes sentoient, se ressoignoient, et ne vouloient avant aller, et se tournoient l'un de travers, l'autre de costé, ou ils cheoient et trébuchoient dessous leurs maîtres.» Froiss., c. CCCLVI, p. 202-206.—Les archers d'Angleterre portèrent très-grand avantage à leurs gens, et trop ébahirent les François, car ils traioient si omniement et si épaissement, que les François ne savoient de quel costé entendre qu'ils ne fussent atteints du trait.» Ibid., c. CCCLVII, p. 204.—Dit messire Jean Chandos au prince: «Sire, sire, chevauchez avant, la journée est vostre, Dieu sera huy en vostre main; adressons-nous devers vostre adversaire le roi de France; car cette part gît tout le sort de la besogne. Bien sçais que par vaillance, il ne fuira point; si vous demeurera, s'il plaît à Dieu et à saint Georges...» Ces paroles évertuèrent si le prince, qu'il dit tout en haut: «Jean, allons, allons, vous ne me verrez mais huy retourner, mais toujours chevaucher avant.» Adoncques, dit à sa bannière: «Chevauchez avant, bannière, au nom de Dieu et de saint Georges.» Ibid., c. CCCLVIII, p. 205. Je suis ici le continuateur de Guillaume de Nangis de préférence à Froissart. Voyez l'importante lettre du comte d'Armagnac, publiée par M. Lacabane, dans son excellent article *Charles V*, Dictionnaire de la Conversation. Froissart n'y voit que le côté chevaleresque: «Et ne montra pas semblant de fuir ni de reculer quand il dit à ses hommes: «À pied! à pied!» «Et fit descendre tous ceux qui à cheval estoient, et il mesme ce mit à pied devant tous les siens, une hache de guerre en ses mains, et fit passer avant ses bannières au nom de Dieu et de saint Denys.» Ibid., c. CCCLX, p. 211.(Retour au texte)

Note 337: Froissart.(Retour au texte)

Note 338: — «Si étoit le roi de France monté sur un grand blanc coursier, très-bien arréé et appareillé de tout point, et le prince de Galles sur une petite haquenée noire de lès lui. Ainsi fut-il convoyé tout le long de la cité de Londres...» Froiss., c. CCCLXXV, p. 267-8. — «Un peu après fut le roi de France, translaté de l'hôtel de Savoie et remis au chastel de Windsor, et tous ces hostels et gens. Si alloit voler, chasser, déduire et prendre tous ses esbattements environ Windsor, ainsi qu'il lui plaisoit.» Ibid., p. 269.(Retour au texte)

Note 339: «Sur la rive gauche, les progrès de la population n'ayant guère été sensibles, il n'y eut qu'à réparer les murailles et à les reculer de deux ou trois cents pas. Mais sur la rive droite, où les Parisiens se portaient de préférence, Marcel dut ordonner qu'on construisît une muraille flanquée de tours. Cette muraille, partant de la porte Barbette, sur le quai des Ormes, passait par l'Arsenal, les rues Saint-Antoine, du Temple, Saint Martin, Saint-Denis, Montmartre, des Fossés-Montmartre, la place des Victoires, l'Hôtel de Toulouse (la Banque actuelle), le Jardin du Palais-Royal, la rue Richelieu, et arrivait à la porte Saint-Honoré par la rue de ce nom, et jusqu'au bord de la Seine. Sur les deux rives du fleuve, des bastilles furent construites pour protéger les portes, et l'on fortifia d'un fossé l'île Saint-Louis, qu'on appelait en ce temps-là l'île Notre-Dame, afin qu'elle pût, dans le besoin, devenir un lieu de refuge pour les habitants de Paris.

«Ces travaux, poussés avec une activité extrême, se continuèrent durant quatre années, et coûtèrent cent quatre-vingt-deux mille cinq cent vingt livres parisis, qui font huit cent mille livres de notre monnaie, somme énorme pour ce temps-là. Tout l'honneur en revient à Étienne Marcel; à une époque où Paris était si souvent menacé, personne, avant lui, n'avait pensé qu'il fût nécessaire de le mettre en état de défense.» Perrens, Étienne Marcel, page 80 (1860).(Retour au texte)

Note 340: À l'île Louviers, on distingue souvent les deux rivières à la couleur de leurs eaux.(Retour au texte)

Note 341: De ce côté, dès le temps de Charles le Chauve, nous trouvons la foire du Landit, entre Saint-Denis et La Chapelle.(Retour au texte)

Note 342: Elles n'ont de l'autre côté qu'un faubourg.(Retour au texte)

Note 343: Cinq siècles après la chute des Templiers, l'enclos du Temple, bien réduit il est vrai, protégeait encore les petits commerçants contre les règlements des corporations.(Retour au texte)

Note 344:«Luparam prope Parisios.» Philippe-Auguste en acheva la construction vers 1204.(Retour au texte)

Note 345: Le *parloir aux bourgeois*, siége des délibérations des échevins, était situé aux environs du Châtelet. Marcel acheta aux frais de la municipalité, en 1357, sur la place de Grève, l'hôtel au Dauphin ou la *maison aux piliers*. L'Hôtel de Ville actuel ne fut commencé qu'en 1525.(Retour au texte)

Note 346: Rayn., Annal. Eccles., ann. 1331.(Retour au texte)

Note 347: Allusion à la rue de Galilée, près de laquelle siégeait la cour.(Retour au texte)

Note 348: Chef de la *marchandise de l'eau*, dont le privilége exclusif remontait à 1192.(Retour au texte)

Note 349: Froissart.(Retour au texte)

Note 350: En les renvoyant ainsi à leurs provinces, il comptait sans doute sur les dissentiments infinis qui devaient s'élever entre des intérêts si divers, sur la jalousie des nobles contre les villes, des villes contre Paris, dont l'influence avait décidé la dernière révolution.(Retour au texte)

Note 351: «Une autre compagnie roboit tout le pays entre Seine et Loire, parquoi nul n'osoit aller de Paris à Vendôme, à Orléans, à Montargis; ni nul n'osoit y demeurer, ainsi étoient tous les gens du plat pays affuis à Paris ou à Orléans.» Froissart. — «Duce Normandiæ, qui regnum jure hæreditario... defendere et regere tenebatur, nulla remedia apponente, magna pars populi rusticani... ad civitatem Parisiensem... cum uxoribus et liberis... accurrere... Nec parcebatur in hoc Religiosis quibuscumque. Propter quod monachi et moniales... sorores de Poissiaco, de Longocampo, etc.» Contin. G. de Nangis, p. 116.(Retour au texte)

Note 352: M. Perrens s'est attaché à réfuter les calomnies qui ont obscurci ce caractère, p. 85 à 88, Étienne Marcel (1860). Voir aussi sur Le Coq, la judicieuse appréciation qu'en fait M. Henri Martin, t. V, p. 159 (1858).(Retour au texte)

Note 353: Un document publié par M. Douet d'Arcq en donne la liste, lorsqu'une nouvelle victoire de la bourgeoisie modifie la composition de ce conseil. Le clergé obtint d'y être représenté par onze prélats, les nobles par six des leurs, le tiers par dix-sept bourgeois. Bibliothèque de l'École des Chartes, t. II, p. 360 et suiv. V. Perrens, p. 60, Étienne Marcel (1860).

«Sans figure de jugement.» Commission des trois élus des États pour les diocèses de Clermont et de Saint-Flour. 3 mars 1356 (1359). Ordonn. IV, 181.

«Lesquels jureront aux saints évangiles de Dieu, qu'ils ne donneront ni distribueront ledit argent à notre seigneur le Roy, ni à nous, ni à d'autres, si ce n'est aux gens d'armes... Et si aucun de nos officiers vouloit le prendre, nous voulons que lesdits receveurs puissent leur résister, et s'ils ne sont pas assez forts qu'ils appellent leurs voisins des bonnes villes (art. 2). Le duc de Bourgogne, le comte de Flandre et autres nobles ou députés des villes, qui ne sont pas venus aux États, sont requis d'y venir à la Quasimodo, avec intimation que s'ils ne viennent, ils seront tenus à ce qu'auront ordonné ceux qui y viendront (art. 5).» Ordon., III, 126-7.

«Seulement, dans les voyages du roi, de la reine et du dauphin, leurs maîtres d'hôtel pourront, hors des villes, faire prendre par les gens de la justice du lieu, des tables, des coussins, de la paille et des voitures, le tout en payant, et seulement pour un jour.» Ibidem.

Défense aux conseillers et officiers de faire marchandise. «Les denrées sont aucunes foiz par leurs mauvaistiez grandement enchéries; et qui pis est, pour leur gautesse, il est peu de personnes qui osent mettre aux denrées que eulz ou leurs facteurs pour eux bent avoir ou acheter...» Art. 31. Ibidem.

Ceci n'est pas dans l'ordonnance, mais dans la Remontrance déjà citée. On y dit aussi «que ceux qui vouloient gouverner n'étant que deux ou trois, les choses souffroient de longs délais; que ceux qui poursuivoient la court, chevaliers, écuyers et bourgeois, étoient si dommagés par ces délais, qu'ils vendoient leurs chevaux, et partoient sans réponse, mal contens, etc.» *Ms. de la Bibl. royale, fonds Dupuys*, nº 646, *et Brienne*, nº 276.(Retour au texte)

Note 354: L'aide n'est accordée que pour un an. Les états, convoqués ou non, s'assembleront à la Quasimodo.(Retour au texte)

Note 355: Ceci n'excuse point la royauté, mais l'incrimine au contraire de n'avoir voulu que les perpétuer (1860). — M. Perrens dit très-bien, page 11: «Il n'est point vrai de dire que, pour faire contrepoids à la noblesse, le pouvoir royal fit alliance avec les classes populaires: il se servait tantôt de l'une, tantôt des autres, et, à la faveur de leurs discordes, poussait chaque jour plus loin ses empiétements et ses progrès. Si la nation s'est affranchie à la longue, ce n'est point par son concours, mais malgré les obstacles qu'il mettait sur sa route. L'histoire de nos rois n'est, le plus souvent, qu'une longue suite de conjurations qu'ils croyaient légitimes, puisqu'ils se regardaient comme investis d'un droit supérieur pour commander aux autres hommes. Que fût-il arrivé si les successeurs de Hugues Capet, si les Valois et les Bourbons, eussent fait le personnage populaire qu'on a cru voir dans leur histoire? Selon toute apparence, la Révolution française en eût été avancée de quelques siècles, et elle n'eût coûté ni tant de sang ni tant de ruines.»(Retour au texte)

Note 356: «Étienne Marcel donnait tous ses soins à l'organisation des milices bourgeoises, qui existaient depuis longtemps, mais qui manquaient de discipline. Il donna à chaque quartier un chef militaire qui, sous le nom de quartenier, commandait aux cinquantainiers, lesquels commandaient à cinquante hommes, et aux dizainiers qui en commandaient dix. Ainsi, les ordres du prévôt des marchands, communiqués directement aux quarteniers, l'étaient par ceux-ci aux cinquantainiers et par les cinquantainiers aux dizainiers, qui pouvaient, en peu de temps, réunir leurs hommes et se tenir prêts à tout événement. La charge de quartenier avait pris par là une grande importance; Marcel la releva encore en la rendant élective...»

Marcel entrait en même temps dans les moindres détails de l'administration municipale. Il enjoint aux Parisiens, par une ordonnance, «de maintenir la propreté dans les rues, chacun devant sa maison, et de ne point laisser leurs pourceaux en liberté, s'ils ne les voulaient voir tuer par les sergents.»

Ces règlements de police étaient d'autant plus nécessaires qu'à cette époque la population de Paris s'était accrue d'un grand nombre d'habitants des campagnes, qui venaient y chercher un abri. V. p. 315.

Marcel ne ferma jamais les portes à ces malheureux, et préserva Paris jusqu'au dernier moment de la famine et de la peste. (Perrens, Étienne Marcel, p. 139, 1860.)(Retour au texte)

Note 357: «Et mesmement le duc de Normandie le festa grandement. Mais faire le convenoit, car le prévost des marchands et ceux de son accord le ennortèrent à ce faire.» Froissart, III. p. 290.(Retour au texte)

Note 358:«In latino valde pulchro.» Contin. G. de Nangis.(Retour au texte)

Note 359: Chroniques de Saint-Denis.(Retour au texte)

Note 360: Comme dit le cardinal de Retz.(Retour au texte)

Note 361:«Miserias suas exposuit... eleganter.» Cont. G. de Nangis.(Retour au texte)

Note 362: «Le corps du comte d'Harcourt avait déjà été enlevé depuis longtemps. Les trois autres corps furent ensevelis par trois rendus (frères convers) de la Madeleine de Rouen. Chacun de ces corps fut ensuite mis dans un coffre, et il y eut un quatrième coffre vide en représentation du comte d'Harcourt. Ce dernier coffre fut mis dans un char à dames.» Secousse, p. 165. — «Campanis pulsatis... sermone per ipsum regem prius facto, ubi assumpsit thema istud: Innocentes et recti adhæserunt mihi (Ps. XXIV, 21).» Cont. G. de Nangis.(Retour au texte)

Note 363: Le dauphin voulait, disait-il, vivre et mourir avec eux; les gendarmes qu'il réunissait étaient pour défendre le royaume contre les ennemis qui le ravageaient impunément par la faute de ceux qui s'étaient emparés du gouvernement; il aurait déjà chassé ces ennemis s'il avait eu l'administration de la finance, mais il n'avait pas touché un denier ni une maille de tout l'argent levé par les états. — Marcel, averti de l'effet produit par ce discours, fit à son tour assembler le peuple à Saint-Jacques de l'Hôpital. Le duc y vint, mais ne put se faire entendre. Consac, partisan du prévôt, parla contre *les officiers*; il y avait tant de mauvaises herbes, disait-il, que les bonnes ne pouvaient fructifier. L'avocat Jean de Saint-Onde, un des généraux des aides, déclara qu'une partie de l'argent avait été mal employée, et que plusieurs chevaliers, qu'il nomma, avaient reçu, par ordre du duc de Normandie, 40,000 ou 50,000 moutons d'or. «Si comme les rooles le notoient.» Secousse, Hist. de Charles le Mauvais, 170.(Retour au texte)

Note 364:«Omnibus amabilis et dilectus,» dit le second continuateur de Guillaume de Nangis.(Retour au texte)

Note 365: «Dans la première semaine de janvier, ceux de Paris ordonnèrent que ils auroient tous chapperons my partis de drap rouge et pers.» *Ms.* «Outre ces chaperons, les partisans du prévôt portèrent encore des fermeilles d'argent mi-partiz d'esmail vermeil et asuré, au dessous avoit escript *à bonne fin*, en signe d'alience de vivre et morir avec ledit prévôt contre toutes personnes.» Lettres d'abolition du 10 août 1358. Secousse, ibid., p. 163.(Retour au texte)

Note 366:«Admirantibus de hoc et dolentibus præposito mercatorum et civibus, quod per regentem et nobiles qui circa eum erant non remediabatur, ipsum pluries adierunt oxorantes... Qui optime eis facere promittebat, sed... Quinimo magis gaudere de malis insurgentibus in populis et afflictionibus, et tunc et postea Nobiles videbantur.» Cont. G. de Nangis, p. 116.(Retour au texte)

Note 367: Froissart.(Retour au texte)

Note 368:«Eia breviter facite hoc propter quod huc venistis.» Cont. G. de Nangis.(Retour au texte)

Note 369: Chronique de Saint-Denis.(Retour au texte)

Note 370: M. Perrens objecte que le roi de Navarre n'était pas à Paris, «il ne savait qu'à moitié ce qui s'y passait, au lieu que Marcel et les autres chefs de la bourgeoisie, voyant de leurs yeux les deux maréchaux à l'œuvre, et leur opposition constante à l'autorité des États, avaient de plus pressantes raisons de se venger.» Perrens, Étienne Marcel, page 188, note, 1860. — Ce qui est certain, c'est que la mort des maréchaux fut résolue dans l'assemblée des métiers à Saint-Éloi, et qu'on ne voulut point surseoir à l'exécution. — «Quod utinam nunquam ad effectum finaliter devenisset. Et fuit istud prout iste præpositus *cum suis me et multis audientibus* confessus est.» Cont. G. de Nangis, p. 116.(Retour au texte)

Note 371: «Or vous dis que les nobles du royaume de France, et les prélats de la sainte Église se commencèrent à tanner de l'emprise et ordonnance des trois états. Si en laissoient le prévost des marchands convenir et aucuns des bourgeois de Paris.» Froissart, III, ch. CCCLXXXII, p. 287. Conf. Matt. Villani, l. VIII, ch. XXXVIII, 492.(Retour au texte)

Note 372: «Rien ne peut donner l'idée de l'esprit d'opposition qui régnait dans les provinces: les habitants relevaient avec aigreur des détails sans importance, par exemple, le traitement que recevaient les députés chargés de lever le subside... On accusait Marcel et les siens de ne se servir de leur pouvoir que pour piller le royaume et amasser des richesses immenses.» Perrens, Étienne Marcel, p. 141. 1860.(Retour au texte)

Note 373:«Ut illos principales occidi faceret, vel si non posset... expugnaret viriliter civitatem et tam diu dictam urbem Parisiensem... *per impedimentum suorum victualium* molestaret.» Contin. G. de Nangis, p. 117.(Retour au texte)

Note 374: En continuant ces travaux, on retrouva la fondation de tours qu'on regarda comme des constructions des Sarrasins. Là, selon les anciennes chroniques, avait existé autrefois un camp appelé Altum-Folium (rue *Hautefeuille*, rue *Pierre-Sarrasin*).(Retour au texte)

Note 375: Jean Donati partit le 8 mai 1358 pour Avignon, portant à Pierre Maloisel 2,000 florins d'or au Mouton, de la part de Marcel, qui l'avait chargé de lever des *brigands*, et pour y acheter des armes.—Marcel avait aussi dans Paris, dit Froissart, un grand nombre de gens d'armes et soudoyers Navarrois et Anglois, archers et autres compagnons. Secousse, p. 224-5. V. aussi Perrens, Étienne Marcel, p. 229. 1860: «Il envoyait de toutes parts pour enrôler des hommes aguerris et pour acheter des armes. Mais presque partout il était victime des malversations de ses agents et de la mauvaise foi des mercenaires... Marcel y vit, non sans raison, combien il lui serait difficile de se faire une armée, et par suite, de quelle importance il était de gagner définitivement le roi de Navarre, qui en avait une.»(Retour au texte)

Note 376: «Les chevaliers et les écuyers rançonnoient-ils assez courtoisement, à mise d'argent, ou à coursiers ou à roncins; ou d'un pauvre gentilhomme qui n'avoit de quoi rien payer, le prenoient bien le service un quartier d'an, ou deux ou trois,» Froissart, III, 333.(Retour au texte)

Note 377: Froissart.(Retour au texte)

Note 378: Froissart.(Retour au texte)

Note 379: Philippe le Hardi, duc de Bourgogne, l'appelait son compère. Froissart l'appelle Monseigneur.(Retour au texte)

Note 380: Froissart.(Retour au texte)

Note 381: Froissart.(Retour au texte)

Note 382: «Et toujours gagnoient pauvres brigands à piller villes et châteaux... ils épioient une bonne ville ou châtel, une journée ou deux loin, et puis s'assembloient et entroient en cette ville droit sur le point du jour, et boutoient le feu en une maison ou deux; et ceux de la ville cuidoient que ce fussent mille armures de fer;... si s'enfuyoient.. et ces brigands brisoient maisons, coffres et écrins.. Et gagnèrent ainsi plusieurs châteaux et les revendirent. Entre les autres, eut un brigand qui épia le fort châtel de Combourne en Limosin, avec trente de ses compagnons et l'échellèrent, et gagnèrent le seigneur dedans, et le mirent en prison en son châtel même, et le tinrent si longtemps, qu'il se rançonna atout vingt-quatre mille écus, et encore détint ledit brigand le châtel. Et par ses prouesses le roi de France le voulut avoir de lez lui, et acheta son châtel vingt mille écus et fut huissier d'armes du roi de France. Et étoit appelé ce brigand Bacon.»(Retour au texte)

Note 383: «Le coursier de Croquard trébucha et rompit à son maître le col. Je ne sais que son avoir devint ni qui eut l'âme, mais je sais que Croquard fina ainsi.» Froissart.(Retour au texte)

Note 384: Chroniques de Saint-Denis.(Retour au texte)

Note 385: Ces souterrains paraissent avoir été creusés dès l'époque des invasions normandes. Ils furent probablement agrandis d'âge en âge. Une partie du territoire de Santerre, qui à elle seule possédait trois de ces souterrains, était appelée Territorium sanctæ liberationis. Mém. de l'abbé Lebœuf, dans les Mém. de l'Acad. des inscr., XXVII, 179.(Retour au texte)

Note 386: «Dont un si cher temps vint en France, que on vendoit un tonnelet de harengs trente écus, et toutes autres choses à l'avenant, et mouroient les petites gens de faim, dont c'étoit grand'pitié; et dura cette dureté et ce cher temps plus de quatre ans.» Froissart. — Les ecclésiastiques eux-mêmes souffrirent beaucoup: «Multi abbates et monachi depauperati et etiam abbatissæ varia et aliena loca per Parisios et alibi, divitiis diminutis, quærere cogebantur. Tunc enim qui olim cum magna equorum scutiferorum caterva visi fuerant incedere, nunc peditando unico famulo et monacho cum victu sobrio poterant contentari.» Contin. G. de Nangis, II, 122. — La misère et les insultes des gens de guerre inspirèrent souvent aux ecclésiastiques un courage extraordinaire. Nous voyons dans une occasion le chanoine de Robesart abattre trois Navarrais de son premier coup de lance. Ensuite il fit merveille de sa hache. L'évêque de Noyon faisait aussi une rude guerre à ces brigands. Froissart, II, 353. Secousse, I, 340-1.(Retour au texte)

Note 387: Contin. G. de Nangis. Les autres étymologies sont ridicules. Voyez Baluze, Pap. Aven., I, 333, etc.(Retour au texte)

Note 388: «Quand on était dans les bons jours, que l'on ne voulait pas tuer ou qu'on ne le voulait que par hasard et par accident, il y avait une facétie qui se reproduisait souvent et qui était devenue traditionnelle. On enfermait le mari dans la huche où l'on pétrit le pain, et, jetant la femme dessus comme sur un lit, on la violait. S'il y avait là quelque enfant dont les cris importunaient, au moyen d'un lien très-court on attachait à cet enfant un chat retenu par un de ses membres. Voyez-vous d'ici la figure de Jacques Bonhomme sortant de sa huche, blémissant encore de rage sous cette couche de farine qui le rend grotesque et lui ôte jusqu'à la dignité de son désespoir; le voyez-vous retrouvant sa femme et sa fille souillées, son enfant ensanglanté, dévisagé, tué quelquefois par le chat en fureur?» Bonnemère, Histoire des Paysans. *Note de* 1860.(Retour au texte)

Note 389:«Quærentes nobilis et eorum maneria cum uxoribus et liberis exstirpare... Dominas nobiles suas vili libidine opprimebant.» Cont. G. de Nangis. 119.(Retour au texte)

Note 390: Ou Caillet, dans les Chroniques de la France; Karle, dans le Continuateur de Nangis; Jacques Bonhomme, selon Froissart et l'auteur anonyme de la première Vie d'Innocent VI: «Et l'élurent le pire des mauvais, et ce roi on appeloit Jacques Bonhomme.» Froissart. — V. sur Calle, M. Perrens, page 247. 1860.(Retour au texte)

Note 391: Chron. de Saint-Denis. — «Chaque village voulait avoir son chef, et au lieu de le prendre parmi les plus forcenés, ces paysans, qui paraissent dans l'histoire comme des bêtes fauves, s'adressaient de préférence au plus honorable, au plus considérable et souvent au plus modéré. Dans le Valois, on trouve au nombre de ces chefs Denisot Rebours, capitaine de Fresnoy; Lambert de Hautefontaine, frère de Pierre de Demeuille, qui était président au Parlement et conseiller du duc de Normandie; Jean Hullot d'Estaneguy, «homme de bonne fame et renommée,» disent les lettres de rémission; Jean Nerenget, curé de Gélicourt; Colart, le meunier, gros bourgeois de la comté de Clermont; la dame de Bethencourt, fille du seigneur de Saint-Martin le Guillart.» Perrens, Étienne Marcel, page 245, d'après le *Trésor des Chartes*, 1860.(Retour au texte)

Note 392:«Blanditiis advocavit.» Cont. G. de N.(Retour au texte)

Note 393: Chateaubriand, Études hist., édit. 1831, t. IV, p. 170: «Nous avons encore les complaintes latines que l'on chantait sur les malheurs de ces temps, et ce couplet:

Jacques Bonhomme,
Cessez, cessez, gens d'armes et piétons,
De piller et manger le Bonhomme,
Qui de longtemps Jacques Bonhomme
Se nomme.»

Ce couplet est-il bien ancien? — Pour les complaintes latines, voyez Mém. collection Petitot, t. V, p. 181.(Retour au texte)

Note 394: «Si Marcel était trop politique pour ne pas profiter d'une diversion si opportune, il ne pouvait ni la prévoir, puisqu'elle ne fut pas concertée, ni la provoquer, puisque, malgré l'alliance de quelques bonnes villes, il n'exerçait directement aucune action hors de Paris. Tous ses actes sont d'un homme que les événements ont surpris et qui ne songe qu'après coup à en tirer parti. «Plaise vous sçavoir, écrivait-il le 11 juillet (1358), que les dites choses furent en Beauvoisis commencées et faictes sans nostre sceu et volenté.» On objecte qu'il avait intérêt à nier la part qu'il venait de prendre à la Jacquerie; mais il ne la nie que pour les premiers jours.» Perrens, page 239. — «... Et mieuls ameriens estre mort que avoir apprové les fais par la manière qu'ils furent commencié par aucuns des gens du plat paiis de Beauvoisis, mais envoiasmes bien trois cens combatans de noz gens et lettres de credance pour euls faire désister de grans mauls qu'il faisoient, et pour ce qu'il ne voudrent désister des choses qu'il faisoient, ne encliner à nostre requeste, nos gens se départirent d'euls et de nostre commandement firent crier bien en soixante villes sur paine de perdre la teste que nuls ne tuast femmes, ne enfans de gentil homme, ne gentil femme se il n'estoit ennemi de la bonne ville de Paris, ne ne robast, pillast, ardeist, ne abatist maisons qu'il eussent, et au temps de lors avoit en la ville de Paris plus de mille que gentils hommes que gentils femmes et y estoit ma dame de Flandres, ma dame la royne Jehanne et ma dame d'Orliens, et à tous on ne fit que bien et honneur et encores en y a mil qui y sont venus à seurté, ne à bons gentils hommes, ne à bonnes gentils femmes qui nul mal n'ont fait au peuple, ne ne veulent faire, nous ne voulons nul mal...» Lettre d'Étienne Marcel aux bonnes villes de

France et de Flandre (publiée par M. Kervyn de Lettenhove, dans les Bulletins de l'Acad. roy. de Belg., t. XX, n° 9).

«Quand Marcel vit les efforts intelligents de Guillaume Calle pour former un faisceau de tant de bandes dispersées, il comprit le parti qu'on pouvait tirer de cette nouvelle force en la réglant. C'est pourquoi, sur divers points, il indiqua aux Jacques les chefs qu'ils devaient choisir, tandis qu'ailleurs il communiquait avec ceux qu'ils avaient élus d'eux-mêmes... il leur recommandait de raser tous les châteaux qui pouvaient nuire aux Parisiens. S'il redoutait les ravages et les meurtres inutiles, il acceptait le but de cette guerre, qui devait être l'abaissement de la noblesse.

«Mais bientôt il put se convaincre qu'il ne suffisait pas de diriger de loin, par ses conseils, des alliés indociles, et qu'il fallait tout ensemble leur envoyer des hommes d'armes et des chefs qui leur donnassent l'exemple. Il organisa une double expédition de Parisiens et de mercenaires à leur solde. L'une, sous les ordres de l'épicier Pierre Gilles et de l'orfèvre Pierre Desbarres, devait attaquer les châteaux, principalement au sud de Paris... L'autre, dirigée par Jean Vaillant, prévôt des monnaies, devait se joindre à Guillaume Calle...»

La bourgeoisie parisienne, en prenant part à la Jacquerie, communique sa modération aux chefs et aux paysans. «C'est un fait certain que, partout où elle parut, la vie même de ses plus cruels ennemis fut respectée: il n'y a rien à sa charge dans le volumineux recueil du Trésor des Chartes, ni dans les chroniqueurs, si ce n'est la ruine de quelques châteaux qui la menaçaient incessamment. On y voit même que les colonnes bourgeoises parcouraient le pays en annonçant, au nom du prévôt des marchands, qu'il était défendu, sous peine de mort, de tuer les femmes ou les enfants des gentilshommes; elles offraient en outre un asile aux familles de leurs ennemis, lorsque ces familles ne portaient pas un nom trop notoirement odieux aux Parisiens.» Perrens, Ét. Marcel, p. 251, 254. (1860.)(Retour au texte)

Note 395: Froissart. — Lire en regard des exagérations passionnées de Froissart le récit de M. Perrens, fait ici d'après le Trésor des Chartes. (1860.)(Retour au texte)

Note 396: Contin. G. de Nangis. — Marcel trace le tableau de cette effroyable réaction dans la lettre qu'il écrit, le 11 juillet 1358, «aux bonnes villes de France et de Flandre:» «... Nous pensons que vous ayez bien oy parler comment très-grant multitude de nobles, tant de vostre paiis de Flandres, d'Artois, de Boulonois, de Guinois, de Ponthieu, de Haynault, de Corbiois, de Beauvoisis et de Vermendois, comme de plusieurs autres lieux par manière universele de nobles universaument contre non nobles, sens faire distinction quelconques de coulpables ou non coulpables, de bons ou de mauvais, sont venuz en armes par manière d'ostilité, de murdre et de roberie, de ça l'yaue de la Somme et aussi deçà l'yaue d'Oise, et combien que à plusieurs d'euls rien ne leur ait esté meffait, toutevoies il ont ars les villes, tué les bonnes gens des paiis, sens pitié et miséricorde quelconques, robé et pillié tout quanques il ont trouvé, femmes, enfans, prestres, religieux, mis à crueuses gehines pour savoir l'avoir des gens, et ycels prendre et rober, et plusieurs d'iceuls fait morir ès gehines... les pucelles corrompues et les femmes violées en présence de leurs maris, et briefment fait plus de mauls plus cruelment et plus inhumainement que oncques ne firent les Wandres, ne Sarrazins... et encore ès-dits mauls persévèrent de jour en jour, et tous marchans qu'ils treuvent mettent à mort en raençonnent et ostent leurs marchandises, tout homme non noble de bonnes villes ou de plat paiis et les laboureurs tous mettent à mort et robent et dérobent... Et bien savons que monseigneur le duc (le régent), nous, noz biens et de tout le plat paiis a mis en habandon aus nobles et de ce qu'il ont fait et feront sur nous, les a advoez, ne n'ont autres gaiges de li que ce que il peuvent rober, et combien que lidit noble, depuis la prise du roy nostre sire, ne se soient volu armer contre les ennemis du royaume, si comme chascun a veu et sceu, ne aussi monseigneur le duc, toutevoies contre nous se sont armé et contre le commun, et pour la très-grant hayne qu'ils ont à nous, et à tout le commun et les grant pilles et roberies que il font sur le peuple, il en vient grant et si grant quantité que c'est merveille.» Lettre d'Étienne Marcel aux bonnes villes de France et de Flandre (publiée par M. Kervyn de Lettenhove). — V. aussi Perrens, p. 263 et 401 et seq.

Le régent, qui n'eut pas un mot de blâme pour les gentilshommes qui s'étaient rendus coupables de ces meurtres et de ces spoliations, nous apprend lui-même qu'au mois d'août (1358) les nobles continuaient «de piller, de voler, de violer dans les environs de Reims (et ailleurs), malgré les défenses par lui faites.» Les habitants de diverses villes, entre autres Saint-Thierry, Talmersy, le Grand et le Petit-Pouillon, Villers-Sainte-Anne, Chenay, Châlon-sur-Vesle, et Villers-Franqueux voulurent s'opposer à ces indignes traitements; les nobles en tuèrent plus de cinquante. Cependant le prévôt forain de Laon accuse les bourgeois d'avoir attaqué les gentilshommes au service du régent et les veut condamner à l'amende, «et que pis est les diz nobles accompaigniez de plusieurs autres se soient depuis efforciez et s'efforcent encore de jour en jour de chevauchier et chevauchent continuellement ès dites villes de mettre à mort et peurs genz et chevaux de harnais et autres, à rançonner villes et genz, pour lesquelles choses il a convenu tous les diz habitanz desdites villes aler demourer hors d'icelles sanz que aucun y soit demouré, mais sont les maisons demourées vagues et les biens qui sont au pais perissent aus champs et aussi les autres heritages demeurent gastes, incultives et inutiles, dont très-grant domage et inconveniens se pourroient ensuir, car le pais en pourroit estre desers, les villes despeupliees et la bonne ville de Remz perie laquelle des villes du plat pais se gouverne par ycelle.» Lettres de Rémission pour les habitans de Saint-Thierry, etc. (*Trésor des Chartes, Reg. 86, f⁰ 130*).

V. Perrens, p. 265, — p. 267: «Le régent avoue, dans les lettres de rémission, que les nobles incendiaient et détruisaient les villes qui n'avaient pris aucune part à la Jacquerie, par exemple, dans la seule prévôté de Vitry, Heislemarrois, Strepey, Vitry, Bugnicourt et Dully.» Lettres de Rémission pour les habitants de Heislemarrois, etc. (*Trésor des Chartes, reg. 81, f⁰ 122*). — «Les incendies qu'ils allumèrent, dit le continuateur de Nangis, font encore verser des larmes.»

Lire Perrens, chap. X, sur cette réaction nobiliaire: «Les cruautés des nobles et de leurs hommes d'armes surpassèrent celles des paysans par le nombre et la durée.» Froissart parle de cent mille hommes qui auraient pris part à la Jacquerie, tandis que le continuateur de Nangis dit six mille seulement. — La Jacquerie avait commencé le 21 mai 1358, et non en novembre 1357, comme le dit Froissart. Le 9 juin, jour du départ de l'expédition contre Meaux, elle était déjà terminée: elle avait donc, en réalité, duré moins de trois semaines. Les représailles des nobles étaient déjà commencées le 9 juin, et au mois d'août, quand le régent rentra dans Paris, elles duraient encore: elles avaient eu pour théâtre à peu près tout le pays de langue d'oil.» — Pages 240, 271, Étienne Marcel, 1860.(Retour au texte)

Note 397:«Qui vero mortui remanserunt, genti Silvanectensi ampliùs non nocebunt.» Contin. G. de Nangis.(Retour au texte)

Note 398: Froissart.(Retour au texte)

Note 399: Secousse.(Retour au texte)

Note 400: Froissart.(Retour au texte)

Note 401: Ordonn. III. Voyez aussi Villani.(Retour au texte)

Note 402: Chroniques de France.(Retour au texte)

Note 403: «Et portoit l'un son bassinet en sa main, l'autre à son col, les autres par lâcheté et ennui traînoient leurs épées ou les portoient en écharpe.» Froissart.(Retour au texte)

Note 404:V. dans Perrens la discussion de ce fait, si Marcel rentra en ville avant ou après le combat de la porte Saint-Honoré. «Il est probable que si Marcel était rentré avant le combat, il n'en eut la nouvelle que lorsque la lutte était terminée.» Page 305, note. 1860.(Retour au texte)

Note 405:«Ad hoc totis viribus anhelabat.» Contin. G. de Nangis.(Retour au texte)

Note 406: Le plus grave historien de ce temps, témoin oculaire de toute cette révolution, le Continuateur de Guillaume de Nangis qui rapporte ces bruits, semble les révoquer en doute. «On a du moins, dit-il, accusé *depuis* le prévôt et ses amis de toutes ces choses.» V. Perrens, Étienne Marcel. (1860.)(Retour au texte)

Note 407: Froissart.(Retour au texte)

Note 408:V. Perrens, Étienne Marcel. 1860.(Retour au texte)

Note 409: «Ceux qui le matin avaient pris les armes pour «vivre et mourir avec les chefs du peuple,» déclaraient, le soir, ne s'être armés que pour ouvrir les portes de Paris au régent. En un instant, tous les chaperons rouges et pers (bleu foncé) avaient disparu, et chacun donnait des marques bruyantes d'une joie qui n'était pas dans les cœurs.»

Parmi ceux qui donnèrent l'exemple de la résistance aux vainqueurs, il faut nommer surtout Nicolas de la Courtneuve. «Garde de la Monnaie à Rouen, il avait été nommé par Marcel aux mêmes fonctions à la Monnaie de Paris. Il resta à son poste, et il sut empêcher qu'aucun des ouvriers soumis à ses ordres ne se prononçât pour Maillart et le régent. Le lendemain de la mort du prévôt, Jean le Flament, maître de la Monnaie du roi, s'étant présenté à l'hôtel des Monnaies pour en prendre possession et s'en faire remettre les clefs, Nicolas de la Courtneuve refusa d'obéir, attendu, dit-il, qu'on ne savait pas encore qui était le seigneur.... Lorsque enfin il se fut assuré qu'il n'y avait plus d'espérance, plutôt que de remettre les clefs à un officier du régent, il les donna à Pierre le maréchal, que Marcel avait nommé maître particulier des monnaies.» Perrens, Ét. Marcel, p. 319. 1860.(Retour au texte)

Note 410:«Multum solemnes et eloquentes quam plurimum et docti.» Contin. G. de Nangis. — «Les forces de cette opposition étaient sans doute considérables, quoique les auteurs n'en parlent point, puisque, avant de rentrer dans Paris, le régent crut qu'il était nécessaire de nommer une commission chargée d'admettre les turbulents à composition moyennant finance.» Perrens, p. 320, d'après *Trésor des Chartes, reg.* 86, p. 431.

Trésor des Chartes, reg. 90, p. 382. Secousse. — V. dans Perrens le complot et la mort héroïque de Martin Pisdoé, «changeur fort riche et fort estimé.» Décembre 1359, chap. XV, pages 346 et suiv. (1860.)(Retour au texte)

Note 411: «Marguerite des Essarts, veuve d'Étienne Marcel, ne voulut point se remarier. Ce fut en souvenir des services rendus par son père, Pierre des Essarts, à Philippe de Valois, que le régent lui fit restituer tous ses biens meubles et accorder pour elle et ses six enfants en bas âge une rente annuelle de soixante livres parisis, faible compensation de la perte des trois mille écus d'or qu'elle avait apportés en dot, et de tous les biens de Marcel.» Perrens, chap. XIV, page 339. (*Trésor des Chartes, reg.* 90, fo 49.) 1860.(Retour au texte)

Note 412: Ce fut un des principaux griefs contre Marcel qu'il ait peu à peu laissé convertir le conseil en une réunion secrète de ses seuls amis qu'il présidait lui-même et qui s'imposait aux Parisiens comme la seule autorité. À cela l'on répond qu'il était naturel que le prévôt s'appuyât sur ses amis et ne mît pas ses adversaires dans le secret de ses desseins. Ces conciliabules secrets n'en excitèrent pas moins les accusations les plus passionnées, et quand plus tard le dauphin accorda des lettres de rémission à la ville de Paris, il eut soin d'en excepter les membres du conseil secret, comme coupables de haute trahison. (V. Perrens, Étienne Marcel, p. 142.) (1860.)(Retour au texte)

Note 413: Per rusticos, seu *Jacques Bonhomme*, strenuè expeditum.» Contin. G. de Nangis.(Retour au texte)

Note 414:«Et juxtà ejus corporis magnitudinem, habebat in se humilitatem et reputationis intrinsecæ parvitatem, nomine Magnus Ferratus.» Contin. G. de Nangis.(Retour au texte)

Note 415:«Super Anglicos ita se habebant, ac si blada in horreis more suo solito flagellassent.» Contin. G. de Nangis.(Retour au texte)

Note 416:«Sicut nobiles viri faciunt.» Idem.(Retour au texte)

Note 417:«Migravit de sœculo... Quandiu vixisset, ad locum illum Anglici non venissent.» Contin. G. de Nangis.(Retour au texte)

Note 418:«Volo esse *bonus Gallicus*.» Contin. G. de Nangis, ann. 1359.(Retour au texte)

Note 419:«Illa rubea capucia, quæ anteâ pomposè gerebantur, abscondita...» Cont. G. de Nangis.(Retour au texte)

Note 420: «De corsage estoit hault et bien formé, droit et lé par les espaules, et haingre par les flans; groz bras et beaulx membres, visage un peu longuet, grant front et large; la chière ot assez pale, et croy que ce, et ce qu'il estoit moult maigre, luy estoit venu par accident de maladie; chault, furieus en nul cas n'estoit trouvé.» Christ. de Pisan.(Retour au texte)

Note 421: «Le régent ne se contenta pas de dépouiller ceux dont il épargnait la vie: il prenait les biens de ceux-là mêmes que la hache avait frappés, en sorte que personne, en mourant, ne pouvait se flatter d'avoir épuisé la vengeance royale...—Ses rigueurs ne frappaient pas seulement les citoyens qui étaient suspects d'avoir pris une part active à la révolution populaire; la vengeance royale s'acharnait jusque sur les boulangers qui avaient fourni du pain, fût-ce par contrainte, à la faction vaincue. Les personnes qu'on arrêtait pour les mettre à mort étaient soumises à des tortures affreuses, et on leur arrachait ainsi tous les aveux qu'on voulait, même les moins véritables.» Perrens, Étienne Marcel, c. XIV, (Retour au texte) 1860.]

Note 422: «Pensa ce prudent prince, ajoute Christine de Pisan, que si l'on tuoit cet homme, la ville se fust bien pu émouvoir.»(Retour au texte)

Note 423:«Unde arbores per itinera et vineas incidebantur, et annulus lignorum, qui ante pro duobus solidis dabatur, nunc pro unius floreni pretio venditur.» Contin. G. de Nangis, p. 121. — «Quarta autem boni vini... viginti quatuor solidi.» Ibid., p. 125, conf. 129.(Retour au texte)

Note 424:«Vineæ quæ amœnissimum illum desideratum liquorem ministrant, qui lætificare solet cor hominis... non cultivatæ.» Cont. G. de Nangis.(Retour au texte)

Note 425:«Nullus salvus, nisi ab eis salvum conductum litteratorie obtinebat.» Cont. G. de Nangis, p. 122. «... Se eis tributarios reddiderunt.» Ibid., p. 125.(Retour au texte)

Note 426:«Volo esse bonus Gallicus de cætero.» Ibid.(Retour au texte)

Note 427:«Posuerunt se in mare, ut ad Angliam invadendum transfretarent.» Cont. G. de Nangis.(Retour au texte)

Note 428: Froissart.(Retour au texte)

Note 429: Cont. G. de Nangis.(Retour au texte)

Note 430: Froissart.(Retour au texte)

Note 431: Froissart.(Retour au texte)

Note 432: Id.(Retour au texte)

Note 433: Cont. G. de Nangis.(Retour au texte)

Note 434:«Anglici... accesserunt... Nobiles qui in urbe tunc erant, cum domino regente in bona copia, armis protecti se extra muros posuerunt, non multum elongantes a fortalitiis et forsatis... Non fuit tunc præliatum.» Ibid.

«Maxima pars bigarum et curruum in viis et itineribus imbre nimio madentibus remansit, equis deficientibus.» Ibid.(Retour au texte)

Note 435: Cont. G. de Nangis.(Retour au texte)

Note 436: «Et disoient bien les plus notables de la ville: «Nous aouerons les Anglois des lèvres, mais les cuers ne s'en mouvront jà.» Froiss., ch. CCCCXII, p. 229-230. — Les regrets des gens de Cahors ne sont pas moins touchants: «Responderunt flendo et lamentando... quod ipsi non admittebant dominum regem Angliæ, imo dominus noster, rex Franciæ, ipsos derebinquebat tanquam orphanos.» Note communiquée par M. Lacabane, d'après les *Archives de Cahors*, et le *ms. de la Bibl. royale.*(Retour au texte)

Note 437:*Archives, section histor.*, J, 639-640. — Voir la Rançon du roi Jean par M. Dessalles, curieux et savant.(Retour au texte)

Note 438: Mat. Villani, XIV, 617. — «Le roi de France, qui se veoit en danger, pour avoir l'argent plus appareillé s'y accorda légère-ment.» Froiss. IV, ch. CCCCXLIX, p. 79.(Retour au texte)

Note 439: Contin. G. de Nangis.(Retour au texte)

Note 440: Les brigands avaient surpris un fort près de Corbeil. Beaucoup d'hommes d'armes se chargèrent de le reprendre et firent encore plus de mal au pays; les défenseurs nuisaient plus que les ennemis; les chiens aidaient les loups à manger le troupeau. Le Con-tinuateur de Nangis raconte la fable.(Retour au texte)

Note 441: «Ils avoient de leur accord aucuns chevaliers et écuyers du pays, qui les menoient et conduisoient.» Froissart.(Retour au texte)

Note 442: «Mais les pillards n'en tenoient compte, et disoient qu'ils faisoient la guerre en l'ombre et nom du roi de Navarre.» Ibid.(Retour au texte)

Note 443: Froissart.(Retour au texte)

Note 444: «Plusieurs s'en allèrent cette part, chevaliers, écuyers et autres, qui cuidoient avoir grands bienfaits du pape avecques les pardons dessus dit, mais on ne leur vouloit rien donner, si s'en par-toient... et se mettoient en la mauvaise compagnie qui toudis crois-soit de jour en jour.» Froiss., ch. CCCCLXIX, p. 142.(Retour au texte)

Note 445: «Dont le roi Jean et tout le royaume furent grandement réjouis... mais encore en retournèrent assez en Bourgogne.» Froissart.(Retour au texte)

Note 446: Le roi de Navarre descendait d'une sœur aînée, mais à un degré inférieur. Jean allégua: «Que la loi écrite si dit que outre les fils des frères, nul lien n'a représentation, mais l'emporte le plus prochain du sang et du côté.» Secousse, Preuves de l'Hist. de Ch. le M., t. II, p. 201.(Retour au texte)

Note 447: Froissart.(Retour au texte)

Note 448:V. la chronique en prose de Duguesclin.(Retour au texte)

Note 449: «Après la prédication faite, qui fut moult humble et moult douce et dévote, le roi de France par grand'dévotion emprit la croix..., et pria doucement le pape qu'il lui vousist accorder.» Froissart.(Retour au texte)

Note 450:«Causâ joci,» dit le sévère historien du temps. Contin. G. de Nangis.(Retour au texte)

Note 451: «Pour traire hors du royaume toutes manières de gens d'armes appelées compagnies... et pour sauver leurs âmes.» Froissart.(Retour au texte)

Note 452: «Oil, dit le roi d'Angleterre, je ne leur débattrois jamais, si autres besognes ne me sourdent, et à mon royaume dont je ne me donne garde.—Onques le roi ne put autre chose impetrer fors tant que toujours il fut liement et honorablement traité en dîners et en grands soupers.» Froiss., ch. CCCLXXVIII, p. 167.(Retour au texte)

Lightning Source UK Ltd.
Milton Keynes UK
UKHW020246020121
376235UK00002B/109